未名社科·新闻媒介与信息社会译丛

主　编　曹　晋
学术顾问　李金铨

发掘新闻
美国报业的社会史

Discovering the News
A Social History
of American Newspapers

〔美〕迈克尔·舒德森（Michael Schudson） 著
陈昌凤 常江 译

著作权合同登记号　图字:01-2007-0955

图书在版编目(CIP)数据

发掘新闻:美国报业的社会史/(美)舒德森著;陈昌凤,常江译. —北京:北京大学出版社,2009.1

(未名社科·新闻媒介与信息社会译丛)

ISBN 978-7-301-14603-3

Ⅰ.发… Ⅱ.①舒…②陈…③常… Ⅲ.报纸-新闻事业史-研究-美国　Ⅳ.G219.712.9

中国版本图书馆 CIP 数据核字(2008)第 182041 号

DISCOVERING THE NEWS: A Social History of American Newspapers by Michael Schudson
Copyright © 1978 by Basic Books, Inc.
Simplified Chinese translation copyright © 2009 by Peking University Press
Published by arrangement with Basic Books, a Member of Perseus Books Group
ALL RIGHTS RESERVED

书　　　　名:	发掘新闻——美国报业的社会史
著作责任者:	〔美〕迈克尔·舒德森(Michael Schudson)　著 陈昌凤　常　江　译
责 任 编 辑:	周　婧　周丽锦
标 准 书 号:	ISBN 978-7-301-14603-3
出 版 发 行:	北京大学出版社
地　　　　址:	北京市海淀区成府路 205 号　100871
网　　　　址:	http://www.pup.cn
电　　　　话:	邮购部 62752015　发行部 62750672　编辑部 62765016 出版部 62754962
电 子 邮 箱:	ss@pup.pku.edu.cn
印 刷 者:	三河市博文印刷有限公司
经 销 者:	新华书店
	890 毫米×1240 毫米　A5　9 印张　200 千字 2009 年 1 月第 1 版　2022 年 7 月第 7 次印刷
定　　　　价:	48.00 元

未经许可,不得以任何方式复制或抄袭本书之部分或全部内容。
版权所有,侵权必究
举报电话:010-62752024　电子邮箱:fd@pup.pku.edu.cn

丛书总序[①]

笔者一直渴望梳理出美国传播研究的知识地图,以便为选修硕士课程《大众传播与当代社会》的学生准备必读文献。但在翻阅若干美国传播研究文献之后,甚感困惑,因为处于绝对优势的实证主义取向的传播研究,和笔者课程设计的媒介社会学路径相去甚远。在疑虑重重之际,幸获李金铨教授的教诲,他多次推荐了不同于实证传统的若干传播研究论著,本套译丛就是在这样的语境中诞生的。数年之后,笔者仍然对李教授的引路感念至深,而且对他关于译丛所选著作的社会学论述的赞誉和他对美国传播研究的评论记忆犹新。他认为前者的遗憾之处是缺少国际视野;而后者则在积极为行政与市场的权力机制提供合理化阐释中陷入了统计技术的泥淖,研究旨趣和社会脉络脱节,缺少社会批判与弱势关怀(李金铨,2004:8—12)。

[①] 本套译丛是复旦大学新闻学院副教授曹晋主持的"复旦大学国家哲学社会科学新闻传播与媒介化社会创新基地全球媒介化社会研究"项目和上海市2007届"曙光"计划项目的系列成果之一,也作为复旦大学新闻学院国际出版研究中心系列读本和硕士课程"大众传播与当代社会"的配套阅读资料。

我们看到,20 世纪 90 年代以来,以法国学者皮埃尔·布尔迪厄(Pierre Bourdieu)等提出的"媒介场域"(media field)概念为中心的新闻社会学研究新范式引领了媒介社会学的典范研究。①同时,在西方学术界,"阶级"、"社会性别"和"种族"作为研究人类社会与历史的基本分析范畴,也成为传播研究讨论大众传播产业与传播制度中建构社会权力关系的三个轴心,对深入探索阶级、社会性别与种族等范畴的权力关系如何镶嵌在媒介机构和媒介产品中,以及受众收获物质(政治经济)和思想(意识形态)的进程甚有助益(曹晋,2008)。这大大有别于美国主流传播研究中增进社会控制的行政导向(administrative orientation)研究和扩大媒介影响消费效果的市场导向(marketing orientation)研究。本土媒介社会学的研究也应该由更加广阔的,交织着国家、阶级、社会性别、城乡、区域、公民、性存在等范畴的权力等级关系的分析的研究路径来建构中国媒介制度、媒介产业与媒介技术领域的社会学研究理论。因此,本套译丛乃抛砖引玉之举,仅仅是我们认识国际传播学界成果的一个步骤,并不是研究目的所在。作为本土传播学的研究者,我们的最终目的还是回到中

---

① 1994 年 3 月,皮埃尔·布尔迪厄和他的合作者 Alain Accardo、Patrick Champagne、Rémi Lenoir、Dominique Marchetti 及 Louis Pinto 编写的以"新闻的影响"为题的"社会科学研究"专集,发展了一种以"媒介场域"(media field)概念为中心的新闻社会学研究新范式,其中心论点是面对经济场域已然增强的影响和渗透性,新闻的自主(autonomous)性减弱了。新闻媒介,作为统治权力的代言人(agent),正在削弱其他文化生产领域的自主性(autonomy),因此也损害了科学知识生产和艺术创新的最佳社会条件(罗德尼·本森文,韩纲译,2003)。布尔迪厄两年后出版的《关于电视》(法文原著出版于 1996 年,简体中文版许均翻译,2000)与上述研究保持一致的内在逻辑;该书作为媒介社会学的新范式,深刻地揭示了新闻生产如何被高度的商业化所侵蚀。作者敏锐地感悟到,伴随西方媒体机构自 20 世纪 80 年代以来迅速的彻底私有化,新闻场域的生产过程与市场竞争、商业利润密切纠葛。因此,布尔迪厄认为,一个传播机构的"内部自主性"与广告的进账或是国家补助的多寡成反比关系;换句话说,传播机构愈是依赖政府的补助与广告代理商所提供的广告收益,其内在自主化的程度就愈低(参见舒嘉兴,2001:18)。

国的社会情境来提炼本土的媒介社会学理论。但笔者以为了解国际传播学界的多种图貌是追求上述建树的必要之旅,因为其对建构中国自己的东方社会情境中的媒介社会学理论有十分重要的借鉴意义。

尽管甘斯(Herbert J. Gans)、舒德森(Michael Schudson)的论著是20世纪70年代末期的作品,但时至今日,其经典的洞见与其开创的研究方法仍然为学者们津津乐道。

笔者应北京大学出版社之邀,遵循学术前辈的文献阅读路径,组织了"新闻媒介与信息社会译丛",译丛所收书目是理解西方新闻生产和信息社会的基础研究。甘斯所著《什么在决定新闻》一书,是对 CBS 晚间新闻、NBC 夜间新闻、《新闻周刊》及《时代》周刊的实地调查研究,李立峰学者的译本导读对该书的原创价值有丰富的钩沉,笔者不再赘述,仅借用莫斯可在其《传播政治经济学》(Mosco, 1996)中的评论来深刻解读甘斯论著的光芒和局限性。莫斯可认为,塔克曼(Tuchman, 1978)、费什曼(Fishman, 1980)和甘斯(Gans, 1979)等人的著作考察了官僚主义控制的系统如何经营管理复杂的生产过程,特别是新闻生产过程。他们的研究阐释了那些简化的机械流程,包括突发新闻如何报道、烦琐的分工、程式化的特写文章等,说明新闻机构运用大量的组织计划和预先处理,通过机械流程来收集、整理并发布新闻与信息。这项研究对政治经济学很重要,它强调的是劳动过程,用丰富的经验性细节描述了有助于建构生产过程的社会—技术进程。然而,这类研究虽然涉及政治和经济因素对新闻过程的影响,却没有把它们纳入理论中进行探讨;研究者们更喜欢以官僚机构和组织为基础建立理论框架,强调的是抽象的行政上的需要和职能(Mosco, 1996)。

舒德森的《发掘新闻》原本是想成为论述新闻行业历史和专

业意识形态发端的案例研究,但其围绕新闻的客观性问题所展开的论述却成为全书的核心思考。可以说,他在探索新闻客观性的生产机制。作者认为,在当代各专业、行业将知识和权威正规化的过程中,客观性是一种主导性理念。本书绪论部分指出:"显然同其他专业一样,新闻业对客观性的信念不仅关乎我们应信赖何种知识,同时也是一种道德观,关乎我们在进行道德判断时应遵从何种标准。它同时还是一种政治承诺,指导人们应该选择哪些人来评判我们的言行。评判者的选择是由社会机制来决定的。通常认为,有两种社会控制机制在不同领域内保障着客观性。第一是高级教育和职业培训,用科学知识和客观的态度,使受教育者放下个人的喜好和情绪。比如,医学培训能使医生冷静超然,从而可以面对一般人无法面对的病痛。法学学生在培训中要区别'法律'问题(通常是技术性的)和'道德'问题(通常在法律教育和法律实践之外)。第二种社会控制的基本形式是与公众绝缘。科技语言、行话术语等就是这样的一种绝缘机制。其他的还有制度性的机制。譬如,法律学者认为法庭能比立法机构更加客观,因为从体制上来看,法官比议员要更加远离选举政治的压力。这样一来,自主的专业团体就保证了业内客观性的存在,因为它摆脱了市场和大众意愿的束缚,而独立的职业个体通过业内培训,也不会受自身价值取向的影响。"(中译本第5—6页)舒德森发现新闻的客观性与上述原则相违背,记者也不掌握高深的技术和语言。报纸直接依赖市场生存,直接面对着民意取向,新闻业无法与大众绝缘。新闻业现在没有,将来也不会有法律界和医学界确保客观性的种种条件,那为什么客观性仍然是一个严重的问题?为什么不干脆放弃对客观性的追求?作者没有一味纠结于关于新闻客观性的论辩,而是将重点放在对现代新闻机制与经济、政治、社会、文化生活的互动关系的阐释之中。关于新闻从业者之所以如此信奉客观性,尾声的总结如是:"一方面是因为想要这样做、必须这样做;另一方面,在大众深深怀疑和无所适从的情况下,他们需要一种逃避。托马斯·曼(Thomas Mann)曾写道:我们这个时代无法就'为什么'、'目的何在'等问题给出令人满意的答案。这席话不得不让人正视。当然,客观性作为一种理想,在过去,乃至今天,都常被用来作为权力的掩饰,有时甚至是用不诚实的方式去掩饰。但客观性的根源并没有那么肤浅,它不是用来为权威、特权提供掩饰,而是用来遮掩我们在凝视现代社会时眼神中流露出的失落感。"(中译本第145页)

大卫·克罗图(David Croteau)与威廉·霍伊尼斯(William Hoynes)的著作《媒介·社会》以作者建立的"媒介与社会世界的模型"为基本框架,分析了媒介产业、媒介内容、媒介技术、积极的受众以及媒介外的社会世界诸多要素之间的关联,为我们勾勒出媒介与社会世界关系的生动图景。本书共分为十章:第一部分以作者所构建的"媒介与社会世界"模型为基础(第一章);第二部分以"新闻生产的视角"考察经济、政治和组织性因素对媒介决策和产品的影响(第二、三、四章);第三部分侧重于讨论媒介产品的内容以及媒介是如何表现社会世界的(第五、六章);第四部分描述了受众与媒介的关系,研究了媒介对社会的影响方式和人类活动对媒介的解读及运用(第七、八章);第五部分则将重点转向媒介技术的作用,研究了在不同的媒介形式推动下形成的各种不同的技术间的交互作用(第九章);最后探究大众媒介全球化的本质及可能的结果(第十章)。《媒介·社会》以社会学的视野来考察大众媒介,高屋建瓴,尤其强调大众媒介与社会因素的关系中的结构和能动性之间的张力关系,不失为一本综合性的基础文献。

弗兰克·韦伯斯特(Frank Webster)的《信息社会理论》的英文第一版曾经由台湾的冯建三教授翻译为中文(繁体版,《资讯社会理论》,1999,台湾远流)。韦伯斯特发现,当下社会中所有与创意产业相关的生意人、管理人员、软件工程师和媒体创作者等,都被视为信息社会的核心。在大众对信息的持续关注的过程中,分析家的注意力已逐渐从科技转移到人的身上,这种转变鼓励韦伯斯特修订出《信息社会理论》的第三版。为了细察人们对信息的共同关注,韦氏关注了不同学者对信息内涵大相径庭的定义与论证。而为了研究有关信息社会的各种图景,本书细察了现代世界中几种对于信息概念的主要理解方式。之后,该书每章集中讨论一个特定的理论和它突出的代表人物,并根据另一种理论分析和经验观察来评估它的优点与不足。当中有丹尼尔·贝尔(Daniel Bell)的"后工业社会"概念;在后工业社会中,贝尔特别强调信息的重要性(第三章)。接着,读者会了解到主张社会正从福特主义过渡到后福特主义的论点,这些思想家也认为在这个过渡过程中产生了信息,同时也必须依靠信息才能取得成功(第四章)。读者还会接触到曼纽尔·卡斯特(Manuel Castells)的理论,他提出了"信息资本主义"操纵着"网络社会"这个有影响力的观点(第五章)。除此以外,读者还能读到赫伯特·席勒(Herbert Schiller)和尤尔根·哈贝马斯(Jürgen Habermas)的观点。前者主张,先进的资本主义必须依靠对信息的控制(第六章);后者则认为,随着信息的整合,"公共领域"(public sphere)正在不断被削弱(第七章)。另有安东尼·吉登斯(Anthony Giddens)的"现代化自反性"论述,他聚焦于信息所发挥的监督和控制功能(第八章)。最后,该书为读者介绍了吉恩·鲍德里亚(Jean Baudrillard)和齐格蒙特·鲍曼(Zygmunt Bauman)的后现代主义和后现代性论点,他们两位都特别关注现代的符号爆炸(第九章)。韦伯斯特确信现代全球化经济象征着资本主义行为方式的蔓延和发展,见证着市场机制的增加、私人而不是公共财产的膨胀、收益性成为各种组织存在的理由、工资劳动的出现以及支付能力支配着商品和服务的质量等现象。简而言之,我们生存于其中的"全球网络社会"延续(有人喜欢用"转变")着长久以来的资本主义原则(第十章)。韦伯斯特不主张运用测量的方法来统计信息社会,而是强调那些以历史发展解释信息化趋势的理论才能使我们更好地理解信息在现今世界的意义。因为"一方面,他们抵制了用人为的测量方法观察信息社会和信息本身。另一方面,虽然这些思想家承认信息科技、信息流通和信息网络等在量上出现了巨大的增长,但是他们厌恶这些去社会化的孤立的概念,他们喜欢回到现实社会中寻找解释。利用大量的历史知识,他们能够准确地定位信息膨胀的意义,辨析出每种信息都有一个确定的起源和背景:这种类型的信息是为了某个目的,为吸引拥有某种共同兴趣的群体而设的"(第十章)。韦伯斯特坚持从梳理资本主义的历史发展脉络中考察信息社会的本质,他敏锐地洞察到全球化使我们所说的"商业文明"(business civilisation)压倒性地覆盖全世界,全球化使美国成为引领世界的资本主义国家,同质化意味着世界上其余的国家必须接受美国化,新自由主义经济的全球推进正是捍卫了美国霸权世界范围内的合法性。从这个意义上来认识赫伯特·席勒提出的"我们能够对信息做什么?"的问题,就能让我们把注意力集中到全球化资本主义的需求上,使我们认识到全球化资本主义需要利用广告、信息与通信科技、公司计划和有效销售等手段。

的确,迈入21世纪,西方传媒产业的彻底商业化、去管制化、集中化不是被削弱,而是更加剧烈。詹森(Jansen,2002)发现,全球资本主义制度中的结构性变化,在西方已有长期的酝酿过程,且在近二十年中明显加速,已经被新保守主义理论视为向后工业主义的转变,被左派视为向后福特主义的前进,被所有意识形态阶层中的许多人视为信息或后现代时代的来临。她还指出:从新马克思主义立场出发,大卫·哈维(David Harvey)将这种资本扩张中的转变描述为牵涉到一种他称之为"弹性积累"(flexible accumulation)的新布局(Harvey,1989:123),它"以消费行为中地理流动性和快速变化引发的更具弹性的劳动过程及市场为特征"。在这种布局中,对准确及时的信息和即时的数据分析能力的把握变成了高价值商品。科学知识的价值上升了,对信息流和"流行品味、大众文化传播工具的控制……成为竞争中的致命武器"(Harvey,1989:160,quoted from Jansen,2002:170)。詹森又引雅克·安塔里(Jacques Attali)指出:"世界正在变成一个单一意识形态的市场,生命被围绕着普通消费需求加以安排,不管这些需求是否可以得到满足。"(Attali,1992)在这种崭新的后工业,或者后福特世界秩序中,政治候选人、立场和节目就像音乐影带、华夫饼干模子和去头屑香波那样被推向市场(Jansen,2002:180)。也就是说,在新自由主义经济政策营造的世界秩序中,处于新全球市场结构中的新闻和超市商品一样被推向全球意识形态市场。

在甘斯和舒德森论著产生之后的20世纪80年代,新自由主义经济政策在英、美拉开序幕,20世纪90年代新自由主义经济的全球扩张与渗透达到空前状态。《信息社会理论》对我们理解资本主义激烈的商业竞争与资本扩张语境中的信息社会属性颇具现实性意义。

在被媒介生产市场化、商业化的合法性与正当性笼罩的21世纪的媒介生产环境中,如果再次审视曾经被甘斯与舒德森论述过的美国新闻生产,那么罗伯特·麦可切斯尼(Robert W. McChesney,2004)的力作《媒体问题:21世纪美国的传播政治》是最佳读本,它一针见血地指出,当前美国媒体系统及建立并维系此系统的决策过程全然受制于企业财团的支配。毋庸置疑,美国新闻与娱乐媒体的表现自然受制于资本主义的商业化,美国媒体之所以受企业财团之操纵且受到保护,主因是政策制定的堕落。除了媒体所有权之外,商业支配的一个重要面向是广告越来越成为媒体公司的收入来源。归根结底,这是回应以大型企业为主的资本主义资本积累与扩张的需要,并且自20世纪80年代以来的新自由主义与传播科技发展更加得到强化。作者专门举例论述了"新闻实务的商业化"形式与危害:其一是商业利益产生于或直接渗透入新闻本身,损及其诚信;其二是新闻记者使用他们的特权去报道有利于其雇主的商业投机或投资,也就是说,商业化让记者制作迎合媒体产权所有者和广告商的特定内容,专业主义不再提供抵抗商业压力的保护,这对民主与健康文化的运行,业已构成严峻的挑战。

  研究国际传播政治经济学的学者们都体察到新自由主义政策加速催生了传媒产业的彻底商业化,表现形式之一是媒介产权的高度集中化(媒介公司的纵向整合与横向整合)。这导致了作为社会公器的媒介的"公共"服务完全转换成为由市场竞争者提供的"以成本为基础"的服务,广告严重制约传媒的内容生产与受众的共识,传媒技术的更新再造新的国际传媒分工利益的不平等(涵盖阶级、种族与社会性别等范畴)。所有这些都腐蚀了媒体从业者的操守,摧折了媒介产品的质量,削弱了民主社会的根基,压制和排斥了民众的意见表达(曹晋,赵月枝,2007:10)。笔者以为上述研究揭示的媒介生态状况正在塑造中国本土的媒介生产场域。有鉴于传播产业产权高度集中与经营的绝对垄断,在今天的本土传播学界,政治经济取向的媒介社会学研究是认识中国当下媒介化社会(也是信息社会)的关键途径之一。

另外,因为版权问题,本套译丛未能囊括所有关键性的媒介社会学研究论著,目前仅能呈现四部论著以飨读者,所幸北京大学出版社正同时热情引荐西方传播政治经济学的论著。

作为主编,笔者特别感谢北京大学出版社的编辑周丽锦女士的积极推动和数位译者的辛勤劳动。遗漏之处,敬请读者谅解!

曹晋　吴冬妮

参 考 文 献

1. 曹晋(2008),《媒介与社会性别研究:理论与实例》,上海三联书店。
2. 曹晋,赵月枝(2007),《传播政治经济学英文读本》(The Political Economy of Communication: A Reader),复旦大学出版社。
3. 李金铨(2004),《超越西方霸权:传媒与"文化中国"的现代性》,香港:牛津大学出版社。
4. 舒嘉兴(2001),《新闻卸妆:布尔迪厄新闻场域理论》,台北:桂冠。
5. 布尔迪厄著,许钧译(2000),《关于电视》,辽宁教育出版社。
6. 罗德尼·本森(Rodney Benson)文,韩纲译(2003),《比较语境中的场域理论:媒介研究的新范式》,《新闻与传播研究》2003 年第 1 期。罗德尼·本森认为:致力于该知识性课题的布尔迪厄和他的合作者至少在三个重要的方面对英—美式的新闻媒介研究传统贡献良多。首先,聚焦于中观层面的"场域"为传统上割裂的宏观的新闻媒介"社会"(societal)模式(诸如政治经济、霸权、文化和技术理论)和微观的"组织"(organizational)研究路径架设了理论与实证合而为一的桥梁。其次,相对于不是集中于新闻机构就是集中于受众(但很少同时集中于这两者)的那些研究,他们的场域理论侧重于两者间的联系。此外,它挑战"被动"—"主动"受众这种二分法,坚持生产和接受周期的预设的和谐。再次,场域理论突显变化的过程,包括媒介场域自身是如何变化的,以及一个重组(reconfigured)的媒介场域是如何影响其他主要的社会部门的。最后,与英—美式的严格区分研究与政治间关联(engagement)的趋势相反,布尔迪厄、尚帕涅(Champagne)等人建议并实施一个将政治和知识分子行动混合在一起的项目,以此为他们所认定的社会顽疾疗伤。每个场域在"经济的"和"政治的"两极之间复制更大的社会区隔(societal division),围绕着"他律的"极(pole,代表经济和政治资本,是场域的外力)与"自主的"极(代表特定的资本,例如,艺术的,或科学的,或其他的文化资本类别)之间的对立而建构。

7. Croteau, David and William Hoynes(1997), *Media Society: Industries, Images, and Audience*, Pine Forge Press.

8. Gans, Herbert J. (1979), *Deciding What's News*, New York: Pantheon Books.

9. Harvey, David(1989), *The Condition of Postmodernity*, Oxford: Basil Blackwell, 1989.

10. Jansen, Sue Curry(2002), *Critical Communication Theory: Media, Power, Gender, and Technology*, Rowman & Littlefield.

11. McChesney, Robert W. (2004), *The Problem of the Media: U. S. Communication Politics in the 21st Century*, Monthly Review Press, N. Y.

12. Mosco, Vincent(1996), *Political Economy of Communications*, Sage, London.

13. Schudson, Michael(1978), *Discovering the News*, New York: Basic.

14. Webster, Frank(2006), *Theories of Information Society*, Routledge.

导读

在国际传播学会(ICA)第66届学术年会(日本福冈,2016)上,迈克尔·舒德森(Michael Schudson)教授于1978年出版的《发掘新闻:美国报业的社会史》(*Discovering the News: A Social History of American Newspapers*)一书,获得国际传播学会的最高学术奖"国际传播学会院士图书奖"(ICA Fellows' Book Award)。在该奖项自2000年创设以来获奖的13部著作中,除了埃弗雷特·罗杰斯(Everett Rogers)的《创新的扩散》(*Diffusion of Innovations*)外,这部著作是出版最早的一部。[1]

新闻与传播学界都知道,舒德森教授的学术作品一直在源源不断地出版和发表,他本人在学术界也十分活跃,仅他在日本福冈举行的这次国际传播学会学术年会上,他就发表了一篇论文、参加了一场会前会(Pre-conference),并做了精彩的点评。在国际传播学会发表的论文中,他研究了战后美国新闻理念的变迁——关于透明度的问题,与38年前研究客观性的《发掘新闻》刚好同在一个逻辑,是他2015年的新著《知情权的崛起》(*The*

Rise of the Right to Know)的提炼成果。他个人也曾表示他的学术水平比初出道时的《发掘新闻》提高了许多。2008年他为我和常江翻译的中译本而写的序言中,就明确说明过这一点。但是,为何他的这部出版了38年的著作,能得到来自世界各地的5位著名的评委专家的一致肯定而独获此奖呢?

国际传播学会院士图书奖及对《发掘新闻》的评价

国际传播学会院士图书奖是目前国际传播学会的最高奖,该奖项设于新世纪初,是由全体国际传播学会的院士(ICA Fellows)[2]自由提名,再由评委会投票议决。本届评委会的组成,是来自世界各地的5位著名的院士:主席是美国的史蒂夫·琼斯(Steve Jones),委员包括美国的桑德拉·考维特(Sandra Calvert)、英国的詹姆斯·卡伦(James Curran)、丹麦的科斯滕·德罗特纳(Kirsten Drotner)以及香港的陈韬文。评委会的意见认为:[3]

我们觉得这部著作富有创意,睿智自信,写作精良。运用情境化的媒介史研究方法,该书提供了一个沿着新闻与报纸的不断进化的过程来理解美国新闻业的思路。它充分运用一手、二手的资料加以研究,发现新闻清晰地表明了社会、文化、政治、商业与媒体的互动驱动了美国报纸的进化,而不是关注个人或机构。该著作强调媒介史上的变革是清晰地与嵌入其中的更宏大的文化的、社会的时刻相交融的。该著作激发了后面几代媒介学者去探究特定社会、政治、文化、经济形态下的新闻业和媒体。

与此同时,五评委之一的陈韬文教授在仔细斟酌之后,给笔者发来了他自己的评价:[4]

除了评委会的评价外,我想强调的是此书以多层次的历史资料回答新闻客观性以至专业性出现的过程及成因,个中讲究实质证据及逻辑推理,为研究的理论提问提供了具有说服力和想象力的答案,成就了一个社会史模型,无疑是以历史方法研究传播理论的时代典范。

从如此高的评价中,可以了解《发掘新闻》在国际学术界的影响。获得国际传播学会院士图书奖的作品必须经过时间的检验(出版 5 年以上),且在传播研究领域产生过与众不同的、根本性的影响,[5]作者必须是传播学领域的学者。也许是由于要求很高,2000 年开始创设此奖后,首届奖颁给了已故学者罗杰斯的《创新的扩散》,但之后有几年该奖项空缺,17 年来仅有 13 部著作获奖。而舒德森教授尽管有多部著名而有影响力的著作,但获此殊荣的,唯有这部处女著作《发掘新闻》。

舒德森其人

首先,还是想说明一下,美国人读 Schudson 时的发音,其实更近似"夏森",或者至少更接近"夏德森",而不是我们现在采用的"舒德森"。我在 2002 年写过一篇文章,当时称呼他是"夏德森"。不过我们翻译《发掘新闻》时还是采用了"舒德森",而中国的读者也都已经习惯了"舒德森"的译法,所以现在就约定俗成了,这一点与 Wilbur Schramm 被称为"施拉姆"、Times 被称为《泰晤士报》是一个意思。

迈克尔·舒德森是当代美国,也是当代世界最具影响力的新闻史、媒介社会学学者之一,资深教授,2006 年以来任教于美国哥伦比亚大学新闻学院,同时兼任哥伦比亚大学社会学教授。他本科就读于著名的文理学院索思摩学院(Swarthmore College),于哈佛大学获得社会学硕士、博士,曾任教于芝加哥大学(1976—1980)、加州大学(圣迭戈)(1980—2009)。

舒德森教授迄今著有 8 部专著:《发掘新闻》(1978),《广告:不舒服的劝服》(Advertising, the Uneasy Persuasion, 1984),《美国人记忆中的水门事件》(Watergate in American Memory, 1992),《新闻的力量》(The Power of News, 1995),《好公民》(The Good Citizen, 1998),《新闻社会学》(The Sociology of News, 2003),《为什么民主需要不可爱的新闻界》(Why Democracies Need an Unlovable Press, 2008),《知情权的崛起》(The Rise of the Right to Know: Politics and the Culture of Transparency, 1945—1975, 2015)。此外,他还参与主编了 3 部著作。他的著作有 5 部已有中文译本,有的已经成为中国新闻专业学生的必读书。

舒德森教授得过多个奖项,包括斯坦福大学的"行为科学高端研究中心"的古根海姆奖(Guggenheim Fellowship),麦克阿瑟天才奖(MacArthur "Genius" Fellowship)等。1990 年他被提名为麦克阿瑟学者时,该基金会对他的评价是"公共文化的阐释者,集体记忆和公民记忆的阐释者"。《美国历史》杂志认为,他的《好公民》一书"中肯、富于创造力,而且实事求是",《经济学人》杂志敦促所有的美国人都应去读一读。《泰晤士高等教育》认为《为什么民主需要不可爱的新闻界》一书"意味深长、充满智慧"。当然,最近,也是新闻与传播学界最"正宗"的奖,要数"国际传播学会院士图书奖"。

舒德森教授在他的中译本序言里称,"很高兴地看到在今日的中国,人们重拾对新闻学的热忱和对新闻业历史研究的兴趣"。2015 年春,他第一次来到中国,在上海访问了 4 天(其中一天去了杭州),在复旦大学的讲座开场时,他提及他的父亲是一名美国空军杂志编辑,曾于 1944—1945 年来上海,作为美军人员参与了日本向中国投降过程中的相关工作。他虽然没有更多时间亲身了解中国,但在上海期间还是挤出时间接受了中国学者和记者的采访。他对笔者也表示他很愿意将来到中国参加中国新闻史学会组织的学术活动。

《发掘新闻》历久不衰之谜：新闻史研究的转向

《发掘新闻：美国报业的社会史》是舒德森教授的第一部著作，也是他的成名作，三十多年来历久不衰。他在中译本写的序言里也说到他三十多年学术生涯中"知名度最高、影响最大、口碑最佳的，便是这部《发掘新闻》"，但是，他自己觉得后来写出了更好的书，但是无论是在美国本土还是其他地方，却没有任何一本他的其他书如《发掘新闻》这样赢得了如此热烈的反响。他显然表现出一种困惑：为何人们对这部书这么热衷？他甚至用很严厉的学术态度，深入审视并批判了自己的这部成名之作，认为该书忽略了政党政治对新闻业的影响力；反省自己是用社会学的框架去做的设想和问题，只是道出了各种相似行业的普遍性，而缺乏新闻业的特殊性；只是分析了美国特色的新闻界及其规则的形成，没有充分重视民族、国家之间的文化差异。为此他针对该书为读者贴上了"警示标签"。当然，他的《为什么民主需要不可爱的新闻界》和《好公民：美国公共生活史》于2010年和2014年先后在中国出版中译本后，也很快在学界畅销，不仅新闻学界，而且非新闻学界的学者们也纷纷撰写评论、发起讨论，甚至众多学界以外的人也争相阅读。

而《发掘新闻》的意义，不仅是讲述了新闻界唯一可被称作旗帜的原则"客观性"在美国从无到有的故事，还开创了美国新闻史研究的社会科学路径。

作为新闻学的一个分支领域，新闻史研究在西方和中国有着不尽相同的地位，却面临着共同的困境，那就是如何锚定自身在历史学科和新闻学科中所据有的地位。

在西方,新闻史研究长期以来亟待解决的一个问题是如何明确自身的独特性,从而与范围更为宽泛的媒介史(传播史)区分开来。不妨说,由于长期受限于媒介史的思路,新闻史研究始终缺乏某种可为学界普遍认可的独特价值。詹姆斯·凯瑞(James Carey)在 1974 年《新闻史》(*Journalism History*)杂志的创刊号上曾专门刊文,尖锐地指出:"新闻史研究迄今始终是一个捉襟见肘的领域。"[6]凯瑞的这番锐利的评述,是针对当时美国新闻史研究的三个普遍性倾向而言的:第一,研究者大多持有改革派的立场,并在此立场上对新闻业的历史做出不无偏颇的阐释;第二,一味深掘史料,而缺乏足够的现实关怀,与新闻的天性相抵牾;第三,"纪传体"色彩强烈,自始至终十分关注著名出版人、记者和编辑的经历,缺乏科学的规律性梳理。实际上,长期以来对新闻史和新闻学研究持悲观态度的知名学者不仅凯瑞一人。舒德森教授在 20 世纪 90 年代初,还曾用"老古董"(antiquarian)一词来形容新闻史研究,意指该领域始终存在的显著的价值判断和人文主义色彩;[7]在他看来,《发掘新闻》的成功似乎并未令美国新闻史研究出现根本性的起色——当然,这并不完全是事实。

上述问题直到现在也仍然困扰着世界新闻史研究的某些领域。例如,英国谢菲尔德大学教授马丁·康博伊(Martin Conboy)便在 2010 年撰写的反思文章中指出,当下的(西方)主流新闻史研究存在着五方面的问题:缺乏对于"新闻"及"新闻业"等核心概念的普遍共识、以回顾历史的方式考察着眼于未来的新闻这一行为的内在分裂性、无法兼顾国家和全球语境、过分强调新闻的流行品质有可能导致对新闻真正意义上的大众化功能的不正确认识,以及总是倾向于对技术变迁进行"驯化"(domesticate)而不能正视新技术所驱动的行业创新。[8]在康博伊看来,对于新闻本体认识的含混和新闻史研究方法论的保守性,自始至终都是该领域须不断警惕和反思的"原罪"。

但事实上,今时今日的情况已与70年代初不可同日而语。由于社会学对传统新闻学的大举"入侵"以及大量接受过严格社会科学训练的学者从70年代中后期开始陆续进入新闻研究领域,并在80年代出版了有影响力的著作,新闻史研究也开始呈现出焕然一新的面貌:"新的著述越来越多地将新闻业置于社会、文化和政治史的宏大脉络中加以考察,而且工作量浩大的内容分析法也开始成为新闻史研究的重要方法。"[9]这一"社会学转向"的发生,不但在很大程度上改变了传统新闻史研究的面貌,也为该领域的发展演进提供了新的标准;而这一"转向"的发生,可以说,是以舒德森的这部《发掘新闻》的出版为滥觞。

超越描述与阐释

在20世纪70年代以前,新闻史研究的视角主要有描述性研究和阐释性研究两大类。前者以曾供职于《纽约先驱论坛报》的弗雷德里克·哈德森(Fredrick Hudson)于1873年出版的《美国新闻业》(*Journalism in the United States*)为滥觞,多按报刊、广播或影视媒体的产生、发展和演进脉络,广泛搜集史料,事无巨细地呈现史料,尤其注重对重要机构和人物的介绍;而后者则以莫特(F. L. Mott)于1941年出版的《美国新闻史》(*American Journalism*)和爱默里(E. Emery)于1954年出版的《报刊与美国:大众传媒解释史》(*The Press and America: An Interpretative History of the Mass Media*)为代表,这种视角强调在社会、政治和经济的情境中去解读新闻业的发展,超越了从新闻业自身的史料出发去总结新闻业发展规律的狭隘思路。[10]

从描述视角到阐释视角,我们可以很清晰地看到一种去中心化(decentralization)倾向的产生,那就是研究者逐渐正视新闻业与其他社会机构和社会领域之间相互构成,甚至相互依存的关系,而不再试图将新闻视为一个绝对独立而自洽的领域。对此,长期在哥伦比亚大学新闻学院从事新闻史教学的安迪·塔克(Andie Tucher)教授的观点很有代表性。她说:"新闻既是文化的参与者,也是文化的后果,研究新闻史的本质也就是研究社会如何以不同的方式来告诉自己哪些故事是重要的,并且将这些故事作为真理来接受。"[11]当然,新闻史研究的主流视角在20世纪中叶从描述式研究转向阐释式研究,在很大程度上是一种历史叙事(narrative)方式的改良,而远谈不上是理论视角的革命,这是因为,新增的阐释性的内容,其实仍无法脱离人文主义的价值判断色彩。由于无法从经验上升到理论的高度,故这些史料翔实、适于作教科书的著作,其实无法对行业发展的规律做出科学的总结。其中一个最显著的问题,便是新闻史研究者对新技术及其可能给行业带来的改变的忽视。

因而,阐释式研究思路最主要的问题体现于,在认同新闻业的非中心化特征的同时,却又认定新闻业存在着高度稳定、不会被社会变迁所改变的价值内核。这一问题导致了两方面的后果:第一,新闻史研究始终倾向于将"新状况"和"新语境"纳入某种"永恒"的规律中加以解释,甚至认为前者应当对自身加以改变去适应后者,一如约瑟夫·弗兰克(Jeseph Frank)于1961年所斩钉截铁地指出的:我们今天所认识的(政治)新闻的基本规律,早在1655年于英国出现的报纸雏形阶段便已形成了。[12]第二,所谓的解释,其实是带有强烈人文色彩的价值解释,而非科学的、理论的解释,这种解释因而成为一套关于新闻业的带有伦理学色彩的规训性话语,它所强调的是新闻业和新闻从业者"应当如何",而在这套话语的支配下,对新闻业发展演进规律的准确归纳也便无从谈起。

但舒德森的《发掘新闻》的出版,超越了上述思路。它是第一部真正意义上的以社会科学而非人文科学为主导性理论视角的新闻史研究著作。舒德森将焦点对准了被传统新闻学视为一般性规律的"客观性法则"。他反问:"为什么批评人士认为新闻业就理所当然应该客观呢？商业性机构的第一要务就是生存,要求它们客观真是很奇怪。同样地,由于沿袭历史的原因,这些机构有的公开支持某党派,本身便带有政治性,对其提出客观性的要求也是很奇怪的。编辑、记者并没有似医生、律师或科学家那样的专业性机制,要求他们客观,也真是奇怪。"[13]事实上,这部著作之所以在新闻学和新闻史研究领域拥有巨大而持续的影响力,主要原因便在于其对美国新闻业的一项通常被视为"不言自明"的行业价值标准——客观性法则——做出了冷峻的考察。通过深掘史料,舒德森发现,滥觞于便士报时代的美国现代新闻业,其实长期以来只是强调新闻事实信息的准确(accuracy),以及事实(fact)与观点(opinion)区分开来这两项操作性的准则,所谓的客观性则无从谈起;1894年出版的一本名为《新闻业入门》(Step into Journalism)的业务手册,甚至强调优秀的记者应当"持重和文采并重",即使记者没有亲眼看见事件,没有当事人的直接陈述,也可以运用想象力创造出一幅幅画面来。[14]

19世纪末20世纪初是美国现代报业迅速成形的关键时期。这一时期美国新闻业经历了两个巨大的变化:新闻职业的出现,以及报纸的工业化。以纽约地区为代表性个案,舒德森归纳出不同种类的报纸为迎合工业化转型社会中的人的不同需求,而做出的两种不同风格的选择:他将以普利策(Joseph Pulitzer)报团旗下的《世界报》为代表的娱乐化风格称为"故事模式",而将奥克斯(Adolph Ochs)主持下的《纽约时报》所倡导的严肃、庄重的风格称为"信息模式"。舒德森并未如传统新闻史家一般对两者做出高低优劣的判断,因为这两种风格的形成在他看来都是社会变迁导致的报纸功能分化和读者社会分层所带来的必然结果:"《世界报》……对新近接受教育的群体、刚从乡村进城的群体、工人阶层和中产阶级而言……恰好忠实地反映了他们的日常生活……《时报》奠定其'高级新闻'的基础则在于它迎合了特定社会阶层的生活体验,这类阶层所处的社会地位使他们对自己的生活有较强的操控力。"[15]

在舒德森看来,即使在报业迅速发展、高度发达的19世纪末,美国也未能出现得以哺育客观性法则的土壤。但毫无疑问,"故事模式"和"信息模式"的差异和矛盾,预示着美国社会阶层之间的分化程度正在日趋加深,这种分化发展到一定程度,在特定外力的刺激下,则完全有可能导致共识的分裂,乃至冲突的产生。舒德森指出,从19世纪末开始,随着富裕的中产阶级逐渐搬离城市、移居近郊,"前所未有的阶级隔离"出现了,这一状况"在20世纪20年代以新的方式影响了美国的政治地理学局面"[16]。与此同时,第一次世界大战的爆发及其导致的惨绝人寰的后果,使得民主市场社会的价值和内在逻辑受到前所未有的强烈质疑,极端怀疑主义开始在知识界和精英阶层中弥漫,最具代表性的莫过于沃尔特·李普曼(Walter Lippmann)对民主制度和"公众"(the public)的尖锐质疑。反理性思潮波及新闻业,带来的直接后果是公共关系行业的崛起,以及"事实"的衰落和记者职业的存在危机。正是在这样的历史语境下,新闻业被迫做出了自己的反应:这种反应体现在业务层面上,是阐释性报道的兴盛;体现在观念层面上,则是客观性理念的滋生。用李普曼的话来说:"当我们的头脑深刻意识到人类思想的主观性时,我们的心灵却前所未有地迸发出对客观方法的热情。"[17]以李普曼为代表的新闻从业者和以普利策为代表的报业巨头,开始呼吁新闻专业主义教育,主张以"方法的统一"而非"目的的统一"来推动新闻业的专业化。由此,"客观性理想至高无上"的信念开始在新闻从业者中深入人心。

舒德森对客观性理念在美国新闻业出现的过程的考察,与其说是对传统新闻史研究思路的简单反拨,不如说是一种探求(美国)现代新闻业发展规律的尝试。由客观性法则的从无到有,舒德森发现,新闻业与社会变迁之间的关系并不是单向的、决定论式的;新闻业的发展演进既是社会互动的一部分原因,也是社会互动的一部分结果。他选择客观性理念作为归纳和挖掘这种规律的切入口,原因便在于该理念恰恰是新闻区别于其他纪录性社会机构和文本形态的核心所在。于是,不但现代新闻业的变迁规律得以厘清,新闻史相对于一般性的媒介史的独特性也得以彰显。他明确新闻业有其独特的使命,至今他依然强调新闻在一个民主国家是必要的,至于是印在报纸上,还是发在网站上,或者出现在 App 里,在他看来无关宏旨。他不久前还强调美国的新闻业这么多年来不断发展,有两个因素起了重要作用:一是市场本身以一种复杂的机制在运作,促进了媒体间的竞争,激发优秀报道的生产;二是记者开始讲求新闻专业主义,并持续加强,在 20 世纪 60 年代末开始发生了一个重要的转变:记者不再以成为熟知体制内幕的知情者为荣,而开始追求监督的功能。这一观念引领着美国的记者,也深深影响了全球新闻行业和新闻教育领域。他的观点,与《挖掘新闻》以来的研究成果是一脉相承的,重视新闻的独特性。他认为 20 世纪六七十年代那种狭义的客观报道已经越来越少,今天采用的多是分析解释

11

性的报道,要挖掘事件背后的内容。[18]

抓住新闻业的独特属性,在社会变迁的脉络中以点带面地深掘新闻业发展的规律,是《发掘新闻》在理论视角上对新闻史研究领域做出的一个重要贡献。一系列以之为参照系的社会学视角的研究成果相继问世,并使得新闻史研究在西方日趋成为一个兼顾史料记载与现实观照的、充满活力的领域,直到今日仍是如此。而这种理论视角上的重要转向,始自《发掘新闻》。

方法论:社会史

《发掘新闻》一书的副标题是"美国报业的社会史",这标志着该著作在视角和方法论上对传统新闻史研究的革新。正是对社会史方法的采用,使得《发掘新闻》在形态和叙事上令人耳目一新,并对后来的同类著作产生了深远的影响。

社会史(social history),也称新社会史(new social history),是历史研究的一种方法。与传统的"政治史"(political history)侧重于关注政权和领袖人物的活动不同,社会史将目光对准历史中的普通人,并尝试通过对日常生活经验的描述和阐释,来归纳历史演进的规律。社会史方法从 20 世纪六七十年代开始全面进入西方主流史学研究视域并保持持续的影响力。2014 年的一项针对英国和爱尔兰大学历史学者的研究表明,26% 的受访者以社会史为主要研究方法,而坚持传统政治史研究方法的人则为 25%。德国历史学家于尔根·柯卡(Jürgen Kocka)曾对社会史方法做出两个层面上的界定:在表层上,社会史可以被视为历史学的一个分支,其关注的议题是实实在在的社会结构和社会过程;在深层上,社会史则是一种看待历史的全新方式,主张严肃审视被传统历史学方法所忽略的东西,包括"阶层与运动、城市化与工业化、家庭与教育、工作与休闲、流动、不平等、冲突与革命",即强调"结构和过程加诸人物和事件的影响"[19]。

《发掘新闻》无疑是最早出现的"新闻社会史"的重要著作。一如舒德森在本书的绪论中所言:"我深信在新闻业和美国社会发展的关系中蕴含着一些至关重要的问题,这些问题从未有过答案,甚至未被提及。传统的美国新闻史研究谈到社会背景时只是一笔略过,我这本书却将重点放在研究现代新闻机制与经济、政治、社会、文化生活之间的互动关系上。"[20]这意味着,在写作该书时,舒德森对于美国新闻史的主流研究传统是有着清醒的认识的。受政治史方法影响,传统的研究方法多侧重于知名新闻从业者和知名报人的活动,以及重要新闻机构的"成就"。而舒德森选择了一套理念,一种价值观、道德观作为自己首要的研究对象;这套观念为全体新闻从业者所信仰和尊奉,是一套根植于新闻业日常生产和新闻从业者日常工作的话语,因而也就不可避免地与社会语境之间保持着密不可分的互构关系。一如有些学者所指出的,新闻既是作为一种叙事类型(genre)发展变迁的,也是作为一个职业(profession)发展变迁的,这意味着新闻既有其自身内在的规律,也不可避免地要受到外部条件的冲击——公关行业的大规模发展、诽谤法的修订,以及政权对新闻业的约束,都应当被纳入考察的范围。[21]

在舒德森看来,作为被美国新闻从业者普遍奉行的"圭臬"的客观性法则,其实也是一种既有其内在逻辑,也须在社会互动中不断改变形态的观念。例如,在本书的第五章,舒德森深入探讨了国家的新闻管理政策与20世纪60年代美国社会风起云涌的批判文化对人们看待和评价客观性法则的方式所产生的影响,并借此指出任何行业理念都是自塑与他塑相结合的产物这一事实。他归纳了六七十年代社会舆论对客观性理念的三套批评话语:新闻报道的内容建立在一整套从未被质疑过的基本政治假设之上、新闻报道的形式构成了其自身的偏见,以及采访新闻的过程本身建构出了一种旨在巩固官方观点的现实。[22]这实际上精确地阐述了客观性理念在社会历史变迁中的某种终极命运:从一套新闻从业者旨在拯救"衰落的事实"的话语策略,到一种最终被权力所吸纳并为既存社会秩序服务的话语资源。实际上,客观性理念与社会结构和社会过程互动的结果,是将自身转化成了一种如福柯所言之"真理的暴政"(regime of truth)。[23]由是,舒德森得出结论:"有一些职业实践中的仪式和程序会受到某种广义意识形态的保护。"[24]他还表示了对另一位媒介社会学家盖伊·塔克曼(Gaye Tuchman)的赞同:"客观性就是一套具体的惯例习俗,之所以能够长久不衰,就是因为它可以降低记者为其文章负责的程度。"[25]

可以说,正是由于采用了在当时仍相当前沿的社会史方法,《发掘新闻》得以成功地从观念演进而非机构变迁和人物经历的角度,更为深刻地揭示出美国新闻业的内在规律,并使历史研究的成果能够真正用于解释现实问题。美国历史学家保罗·约翰逊(Paul Johnson)曾指出,社会史方法能够使历史成为"一种预测性的社会科学"[26],这一不无争议的说法在相当大的程度上由《发掘新闻》在新闻史领域变成了事实,它证明了"环境……和结构是新闻的内容及新闻业实践的主要塑造者……必须将新闻业置于社会语境下,才能真正理解新闻的独特性及其与大环境之间的关系"[27]。

在《发掘新闻》的影响下,社会史成为西方新闻史研究的主导性方法,这在一定程度上也源于新闻业自身复杂的政治经济属性,及其与社会变迁之间极为密切的关系。英国历史学家乔治·特里维廉(George M. Trevelyan)曾指出:"离开了社会史,经济史会变得贫瘠,而政治史则会变得莫名其妙。"[28]这对于新闻史的研究显得尤为重要。社会史研究的终极目的,不在于揭示社会的某些断面,而在于从特定领域切入社会变迁的总体脉络,及至对整个人类社会的历史进程做出"自下而上"的科学描摹。一如舒德森在《发掘新闻》的序言中所说:"我认为,在当代各专业、行业将知识和权威正规化的过程中,客观性是一种主导性理念;如果在某一行业内能发掘出其根基,我就有希望揭示其他行业的基础。"[29]这某种程度上可以说是《发掘新闻》得以在一定程度上超越传统的新闻史研究范畴,进而在新闻学、社会学和历史学发展的长河中,保有其地位的原因。

观念遗产:走向科学的新闻史研究

对《发掘新闻》留给新闻史乃至新闻学研究的观念遗产做出评价,并不是一件容易的事。第一,在社会结构与社会过程中对某一行业的历史加以透析,不可避免地要受制于研究对象所处的那个特定的社会语境,因此我们不免会问《发掘新闻》对客观性法则的考察究竟在多大程度上能够被其他国家和制度下的研究者所参考。舒德森在为本书中译本所写的序言中也坦言:"这部书对美国之外的读者而言可能无关紧要……美国新闻界及其规范的形成,具备一些独特的美国特色。"[30]第二,我们进行历史研究的目的是什么?这一问题若不能得到明确的回答,对于《发掘新闻》的"社会学转向"及其给新闻史研究方法论领域带来的革新的意义的评价,也便无法做到客观、公允。舒德森本人在2015年所接受的一次访谈中坦言,自己从未接受过历史学的专门训练,因此"有些事情对有历史学博士学位的人而言,理所当然,但对我却不那么不言自明……但这也让我因此能提出历史学家不会或不能提出的问题"[31]。这意味着,《发掘新闻》所关注的历史及其使命,与一般意义上的历史研究及其使命,可能有着很大的差别。

当然,对于上述两个问题,我们都没有办法在此时给出确切的答案。事实上,如前文所述,《发掘新闻》对于新闻史研究做出的贡献,主要还是视角和方法论意义上的。即,在假设所有的新闻史研究者都能获得同样的史料和素材的前提下,社会学出身的舒德森发现了一条重新组织这些史料和素材,并以之为基础讲述一个"新故事"、阐释历史规律的路径。这条路径在史料搜集的过程中并未真正打破传统的描述式研究思路,在对现象的解释上也未彻底跳出阐释式研究的框架。《发掘新闻》所做的工作,其实首要在于令新闻史脱离了人文学科的传统,而投入了社会科学的怀抱。通过对史料的描述和解释工作,新闻史上的现象能够上升到一般性的规律,甚至上升为理论和科学。

在社会学的"科学化"改造下,美国新闻史和新闻学研究者的工作最终突破了新闻文本和知名新闻从业者经历的束缚,他们开始切切实实地走进新闻业生动而波澜壮阔的发展演进的社会进程中。在回顾70年代开始从事新闻学研究的经历时,舒德森说:"甘斯和塔克曼当时整天就泡在新闻编辑室里,而吉特林则……通过采访了解他们,然后从更大的政治、社会学角度对他们的行为进行解释……对我而言,真正听新闻记者、编辑自己谈,谈他们的工作,谈他们的实践,这更能够吸引我和说明问题……如果中国有学者这么做新闻学研究,这就是一个突破。"[32]也就是说,在社会学的框架下,新闻不再仅仅是作为文体和媒介内容产品的新闻,更是作为文化(生活方式)的新闻,只有切实深入作为文化的新闻的历史变动,才能对人类社会这种独特的生活方式形成准确的理解。正是在社会学路径的指引下,"不擅长历史"的舒德森得以实现了"新闻学内部史、论、业务的融通"[33],使新闻史研究的结论具有了理论价值和指导行业实践乃至预测行业前景的潜能。

当然,正如上文所提的那两个问题所预示的那样:舒德森在美国社会语境下使用的思路、方法和结论究竟能对中国的新闻史和新闻学研究具备多大的启发价值,以及从事历史研究的目的究竟在于冷峻描摹、供后人评说,还是对研究对象有着更为积极和深度的参与,这都是我们在借鉴和评价《发掘新闻》一书的观念遗产时必须慎重考虑的问题。但至少,舒德森的研究为整个新闻史领域打开了一扇窗、揭示了一种可能,那就是历史与科学之间并不存在无法打通的樊篱。"社会学转向"令美国的新闻史和新闻学研究焕发了新的青春,也对其他的社会与文化语境中的新闻史研究充满启发。

最后,我要特别感谢舒德森教授的友爱和周到。在福冈的2016年国际传播学会年会期间,我在6月10日他宣读完他的论文后跟他说起《发掘新闻》的中译本前两次印刷已经售罄,即将重印,他便告诉我第二天有一场活动与该著作相关。第二天即6月11日下午我和我的好友、密苏里大学新闻学院的张咏教授早早就赶到了活动地点,原来他说的就是国际传播学会的年度颁奖会和会长离职前的演讲会(The ICA Annual Awards Ceremony and Presidential Address)。我和咏占到前面中间第二排的座位,置身于国际传播学会的前主席们的群中,最主要的目的是更清楚地了解与《发掘新闻》相关的活动。会后我立即跑到右侧第一排,希望拍一张舒德森教授的奖牌和他拿奖牌的照片。舒德森教授非常配合地从众多围着他祝贺的学者中,走到国际传播学会会议背板前,抱着他刚刚获得的奖牌让我给他照了相。很庆幸我去了现场获得了一手信息,否则连二手信息都无法获得——国际传播学会并不重视其自身活动的对外传播，因此什么学界大咖获奖、学会主席致辞，他们都没有报道，即使到现在，我在网上都搜不到一条舒德森教授获此奖的信息——只搜到了两条我自己在现场发的微博。

还要特别感谢舒德森教授在2008年常江和我翻译这部著作时给予的热情帮助。他在百忙中为我们2009年出版的中译本写了一篇十分用心的序，他非常中肯地，甚至非常严厉地审视、批判了自己的作品，并且梳理了自这部《发掘新闻》出版后他的学术脉络。后来，在2011年10月他的《新闻社会学》第二版出版后的一周，他还曾委托正在他那里访学的富布莱特访问教授黄煜老师致信于我，很希望我们翻译这本书，或托付我找人完成此项任务。由于版权等方面的原因，我未能完成他的嘱托，甚是遗憾。他待人的诚恳与热忱，一如他对待学术的精神，成为我们的楷模、榜样。

陈昌凤

2016年6月28日

于北京至南京的高铁上

〔1〕 Fellows Book Award Winners, http://www.icahdq.org/news/fellows_book.asp.

〔2〕 美国明尼苏达大学荣休教授、香港城市大学教授李金铨，香港中文大学教授陈韬文均为ICA Fellows。陈韬文教授最初将其译为"国际传播学会院士"，他说后来觉得"国际传播学会会士"也是可以的。国际传播学会每年都会评选出新一届的院士，2016年评出了7位院士。

〔3〕 笔者译自评委会原文。香港中文大学陈韬文教授2016年6月29日给笔者回复的邮件中，附了该评委会的评价。国际传播学会2016年年会颁奖会上，也宣读了此段评价。

〔4〕 香港中文大学陈韬文教授2016年6月29日给笔者回复的邮件。

〔5〕 http://commpilings.asc.upenn.edu/2007/08/ica-fellows-book-award-winner-the-control-revolution/.

〔6〕 James Carey, "The Problem of Journalism History," in Eve Stryker Munson and Catherine A. Warren (eds), *James Carey: A Critical Reader*, Minneapolis: University of Minnesota Press, 1997, p. 86.

〔7〕 Michael Schudson, "Historical Approaches to Communication Studies," in Klaus Bruhn Jensen and Nicholas W. Jankowski (eds), *A Handbook of Qualitative Methodologies for Mass Communication Research*, London: Routledge, 1991, pp. 175—189.

〔8〕 Martin Conboy, "The Paradox of Journalism History," *Historical Journal of Film, Radio and Television*, 30 (Sep.), 2010, pp. 411—320.

〔9〕 Mark Hampton and Martin Conboy, "Journalism History: A Debate," *Journalism Studies*, 15 (2), 2014, p. 155.

〔10〕 陈昌凤:《从哈德森到夏德森:美国新闻史研究的视角和方法谈》,《新闻春秋(第六辑)》,成都:四川大学出版社2003年版。

〔11〕 Andie Tucher, "Teaching Journalism History to Journalists," *Journalism Practice*, 5 (5), 2011, p. 552.

〔12〕 Joseph Frank, *The Beginnings of the English Newspaper*, Cambridge, MA: Harvard University Press, 1961.

〔13〕 迈克尔·舒德森:《发掘新闻:美国报业的社会史》,陈昌凤、常江译,北京大学出版社2009年版,第1页。本文所引该书原文均出自此译本,以下简称《发掘新闻》。

〔14〕《发掘新闻》,第69页。

〔15〕《发掘新闻》,第107页。

〔16〕《发掘新闻》,第117页。

〔17〕 引自《发掘新闻》,第137页。

〔18〕《专访哥大新闻学院领军人舒德森:新闻是必要的,报纸不是》http://www.thepaper.cn/newsDetail_forward_1311820.

〔19〕 Jürgen Kocka, *Industrial Culture and Bourgeois Society: Business*,

Labor, and Bureaucracy in Modern Germany, 1800—1918, New York: Berghahn Books, 1999, p. 276.

〔20〕 《发掘新闻》,第 7 页。

〔21〕 Mitchell Stephens, *A History of News*, New York: Oxford University Press, 2006; Monika Djerf-Pierre, "The Logic and Practice of Writing Journalism History: Some Thoughts on the Future of Research on Media History," *Nordicom Information*, 2002, pp. 85—94.

〔22〕 《发掘新闻》,第 167—169 页。

〔23〕 Michel Foucault, "Truth and Power," in James Faubion (ed), *Michel Foucault Essential Works: Power*, Harmondsworth: Penguin, 2002, p. 131.

〔24〕 《发掘新闻》,第 170 页。

〔25〕 《发掘新闻》,第 169 页。

〔26〕 Paul Johnson, "Reflections: Looking Back at Social History," *Reviews in American History*, 39 (2), 2011, pp. 379—388.

〔27〕 Mark Hampton and Martin Conboy, "Journalism History: A Debate," *Journalism Studies*, 15 (2), 2014, p. 166.

〔28〕 George Trevelyan, *English Social History: A Survey of Six Centuries from Chaucer to Queen Victoria*, London: Read Books, 2008, p. i.

〔29〕 《发掘新闻》,第 7 页。

〔30〕 《发掘新闻》中文版序言,第 3 页。

〔31〕 邓建国、迈克尔·舒德森:《我对新闻业未来谨慎乐观——迈克尔·舒德森学术访谈》,《新闻记者》2015 年第 2 期,第 10 页。

〔32〕 《我对新闻业未来谨慎乐观》,第 11 页。

〔33〕 田秋生:《迈克尔·舒德森的新闻史研究取径》,《全球传媒学刊》2015 年第 4 期,第 91 页。

(本文刊于中国新闻史学会会刊《新闻春秋》2016 年第 3 期。)

中文版序言

欣闻《发掘新闻》一书的中文版将在中国问世,特作此序。很高兴在今日的中国,人们对新闻学和新闻史研究有如此的热忱和兴趣。

我的学术生涯凡三十余年,所出著作、所撰文章中,知名度最高、影响最广、口碑最佳的,便是这部《发掘新闻》。它是我的第一部著作,写成并出版于我踏入学术界之初。我后来还写出了一些比《发掘新闻》更好(至少在我眼中更好)的书,但却没有一本如《发掘新闻》这般赢得如此热烈的反响,无论是在美国本土还是在其他地方。

纵然如此,在此我仍希望读者诸君能关注我的另外三部(篇)后续之作。在美国新闻史的研究领域内,它们或许可以提供与《发掘新闻》不尽相同的视角。

首先,也是最重要的,在视"客观性"为新闻界的理想与职业规范时,《发掘新闻》一书忽略了一个重要的因素,那便是美国政党政治的发展对新闻业的影响力——Michael McGerr 所著之 The Decline of Popular Politics (Oxford, 1986) 一书是在这一领域开展研究的最佳指南。19 世纪晚期,一个庞大的革新者群体(19 世纪 80 年代的"中立派"①及追随此派的进步主义者)成功地促进了社会变革,削弱了政党的权力。他们认定各大政党只谋私利,无视公众利益;在他们眼中,政党权力广遭滥用,腐败不堪,便要致力于探索新的制度对其进行遏制。他们期待建立一个"富有智慧的公民体",而非"忠于政党的公民体"。自然,比起那些亲近某些党派的报纸来,他们更青睐独立的、无党派背景的报纸。

撰写《发掘新闻》时,我并未意识到美国政治中这股"反政党"潮流的重要性。19 世纪末,在美国民众心中,一种信念日益高涨,那就是公民应当努力超越党派之分,应当富有智慧和独立性。这一潮流,究竟怎样影响了记者们对新闻业的理想与期望,《发掘新闻》也未曾涉及。我在后来的著作 The Good Citizen: A History of American Civic Life (Free Press, 1998) 中,对此进行了探讨。

其次,我认为,《发掘新闻》之所以流传较广,部分原因是它讲述了一个故事,一个关于某物——美国新闻业的客观性规范——如何从无到有的故事。但这究竟是一个怎样的故事呢?它到底展示或阐明了人性与社会实践中的哪些方面?这些概念化的问题并未得到充分的解答。我所受的是社会学的教育,驱使我写作《发掘新闻》的那些设想和问题,也都是社会学意义上的。我构思这本书时,是想以新闻业的案例来探讨一种行业发

---

① 原文为 Mugwumps,源自阿尔冈琴语,本意为"领导者、首脑、官员"。该词自 18 世纪早期开始在英文中广泛应用。1884 年,《纽约太阳报》为它赋予了新的含义,意指一批身为共和党却为民主党投票的政治叛逆者。此后,mugwump 一词即指政治上的中立派或骑墙派。——译者注

展的历史。对我而言,在那些与新闻界一样探索自身价值,寻求独立于国家、政党与市场力量之外(并不充分)的实践标准的行业里,这个故事的模式也将同样适用。单就本书的立场来看,其社会学的框架隐现于背景之中。在另一篇文章里,我对此进行了更充分的讨论——该文为"The Emergence of the Objectivity Norm in American Journalism",收录于 Michael Hechter 和 Karl-Dieter Opp 编辑的 *Social Norms*(New York:Russell Sage Foundation, 2001)一书中,尔后又改换题目为"The Objectivity Norm in American Journalism",重刊于 *Journalism* 杂志(August, 2001:149—170)。

再次,尽管我期盼《发掘新闻》一书对于民族、国家之间的文化差异不至麻木不仁,但我也清楚这部书对美国之外的读者而言可能无关紧要。今天的我比1978年的我更加清楚地认识到,美国新闻界及其规范的形成,具备一些独特的美国特色(在某种程度上,是美国独有的特色)。在"The U. S. Model of Journalism:Exception or Exemplar?"(in Hugo de Burgh, ed., *Making Journalists*, London:Routledge, 2005)一文中,我对这些"美国特色"进行了论述。这篇文章亦被收录在我的新论文集 *Why Democracies Need an Unlovable Press*(Cambridge, UK:Polity Press, 2008)之中。

我还要以这篇序言表达对本书的翻译者陈昌凤教授与博士候选者常江,以及北京大学出版社的诚挚谢意。此外,它也是我给读者诸君的"警示标签"。我当然并不认为《发掘新闻》有何错误之处,但它显然不够尽善尽美。无论它有何瑕疵,我都衷心希望读者们能享受阅读的乐趣。

迈克尔·舒德森

(Michael Schudson)

2008年6月

目录

致　谢 ………… 1

绪　论　客观性理想 ………… 1

第一章　平等主义时代的美国新闻革命：便士报 ………… 8
　　便士报的革命 ………… 10
　　与新闻业革命相关的解释 ………… 24
　　平等主义时代与新闻业 ………… 35
　　便士报的社会地位 ………… 41
　　结论 ………… 48

第二章　讲故事：1880年后新闻业成为一种职业 ………… 52
　　科学与文学现实主义 ………… 62
　　新闻从业者的职业理想 ………… 67

第三章　故事与信息：19 世纪 90 年代的两类新闻 ………… 78
　　作为娱乐的新闻业：约瑟夫·普利策和
　　《纽约世界报》 ………… 80
　　作为信息的新闻：《纽约时报》的兴起 ………… 95

第四章　客观性成为意识形态：一战之后的新闻业 ………… 109
　　对民主市场社会失去信心 ………… 110
　　"事实"在新闻中的没落 ………… 120
　　报界的主观与客观 ………… 130

第五章　客观性、新闻管理与批判文化 ………… 146
　　政府与新闻界："新闻管理" ………… 149
　　批判文化的兴起 ………… 161
　　对传统新闻业的批评及后果 ………… 167

注　释 ………… 178

索　引 ………… 223

致谢

这本书的诞生源自五年前我同大卫·里斯曼(David Riesman)的一次对话。谈话中,我提到自己很有兴趣追溯一下重要现代价值的社会发展历史。既然思想的发展有历史可循,知识也可以从社会学角度来研究,那理想不是也应该有历史,价值观不是也可以从社会学角度来审视吗? 从一开始提出这个宽泛的问题,到最后详细研究美国新闻业的客观性,我在中间走过了很长的一段路。而当初正是大卫·里斯曼明智的答复使我开始认真考虑这个问题。我非常感谢他在智慧和精神上的慷慨相助。

这本书原先是哈佛大学社会学系的博士论文,主要研究美国法律和美国新闻业中客观性理想的发展历史。本书内对法律职业这一方面并没有阐述,但我非常重视将这两个行业进行比较;如果没有这种比较,那我关于新闻学的讨论就更是不值一提了。论文导师丹尼尔·贝尔(Daniel Bell)和莫顿·霍维茨(Morton Horwitz)对项目产生了浓厚的兴趣,对我个人也十分关照。在此我要表达最诚挚的感激之情,感谢他们在学术和道德上给予我的支持。

许多人都为我这篇论文得以成形做出了贡献。感谢柯拉·布鲁克斯(Cora Brooks)、罗伯特·马诺夫(Robert Manoff)和罗伯特·斯诺(Robert Snow)阅读手稿,鼓励我继续前进。感谢罗伯特·波斯特(Robert Post)对几个章节提出了详尽的批评,这对我的论文写作有重大的指导意义。如果没有理查德·舒尔登弗莱(Richard Schuldenfrei)在此项目上表现出来的极大热情和学术兴趣,论文恐怕也就不会成形了。

把论文改写为本书期间,更多的朋友、同人纷纷向我伸出了援手。我要感谢莫里斯·雅诺维茨(Morris Janowitz)、彼得·诺维克(Peter Novick)、保罗·斯塔(Paul Starr)、盖伊·塔克曼(Gaye Tuchman)以及我在 Basic Books 细心的编辑马丁·凯斯勒(Martin Kessler)通读全稿,提出了宝贵的意见。赫伯特·甘斯(Herbert Gans)针对前言,罗伯特·弗格森(Robert Ferguson)对第一章,尼尔·哈里斯(Neil Harris)对第三章,罗纳德·斯蒂尔(Ronald Steel)对第四章,保罗·赫什(Paul Hirsch)、罗伯特·马诺夫、马莎·米诺(Martha Minow)及保罗·斯塔对第五章都提供了详尽的批评建议。Basic Books 的莉比·布鲁赫(Libby Bruch)一丝不苟地完成了版式加工的重任。

本研究的资金来源于丹佛斯(Danforth)基金会、罗素塞奇法律与社会科学基金会(Russell Sage Foundation Residency in Law and Social Science)以及芝加哥大学社会科学部。在此要感谢艾丽斯·莱尔森(Alice Ryerson)邀请我去位于伊力诺依州森林湖的拉格戴尔(Ragdale)基金会住了一个礼拜,我就是在宁静的湖边完成了最后一章的写作。

我要感谢无数记者腾出时间来与我分享他们的经验。他们一眼就能看出这本书的不足之处,因为正是这些人构成了复杂多样的美国新闻业。不过我希望,通过关注大都会日报业的主要发展方向及报纸和社会之间的主要联系,我能够为这些记者描绘出一个他们所熟知的世界。

在此要对以下图书馆和图书馆管理员表达深深的谢意:哈佛大学怀德纳(Widener)图书馆、麻省伍斯特(Worcester)的美国古文物收藏家协会(American Antiquarian Society)、哥伦比亚大学新闻学院图书馆、纽约历史协会图书馆(New York Historical Society Library)、耶鲁大学斯特林(Sterling)图书馆、国会图书馆、芝加哥大学里根斯坦(Regenstein)图书馆以及《芝加哥论坛报》档案室。许多朋友、同事和学生看到对我有帮助的文章或书籍后,都来向我推荐。要想围绕着这样一个大话题展开研究,博览群书是必不可少的,能有这么多朋友热心帮助我,我感到无比的荣幸。

为什么作家经常要强调说明,如果作品出现错误,要怪就怪作家,不能责怪那些曾经伸出援手的人?现在我终于明白了。即使作家的写作风格是自己的,但学术研究是集体努力的结晶。作品完成后,自然会在某种程度上辜负那些好心人良好的祝愿和热情的期待。我记得一位朋友曾经说过,制陶时最美妙的一刻就是陶器将要成形前、轮盘还在转动的那一刹那,就在无限的可能被最终固定在某一种可能性中之前的那一时刻。写作的进程是由希望和抱负驱使的,因此在一定程度上,作品必须要受到写作自身局限性的约束。

最后,我还要感谢父母,感谢他们对我一直鼓舞有加,在我童年时代就鼓励我用绘画、音乐、诗歌和散文来表达自己。在此我衷心地将本书献给父亲,并纪念身在天堂的母亲。

绪论

客观性理想

美国新闻业经常受到"不够客观"的指责。无论是1952年民主党抱怨报刊对阿德莱·史蒂文森（Adlai Stevenson）的偏向一党的报道，还是尼克松—阿格纽（Nixon-Agnew）政府攻击报纸、电视的报道过于自由主义，美国的新闻业总是被批评为没能"客观"报道每日新闻。

为什么批评人士认为新闻业就理所当然**应该**客观呢？商业性机构的第一要务就是生存，要求它们客观真是很奇怪。同样地，由于沿袭历史的原因，这些机构有的公开支持某党派，本身便带有政治性，对其提出客观性的要求也是很奇怪的。编辑、记者并没有似医生、律师或科学家那样的专业性机制，要求他们客观，也真是奇怪。

尽管如此，记者和批评人士还是都用客观性的标准来评判报纸。不是所有记者都认为新闻工作一定要客观，但这种理念早已被广泛认可[1],如今所有的记者都习成自然。那么到底为什么？我们所处的是什么样的社会？新闻机构是什么样的机构？为何它非要维护"客观"这个特殊的理想？这就是本书探讨的主题。我在这里不会问"报纸是否客观"这个大家都很熟悉的问题,而是要问:为什么这些问题耳熟能详？

假如大家知道在19世纪30年代之前,新闻界根本就不考虑客观性问题,那么对我的问题就会饶有兴趣。当时的美国报纸都只代表某一党派的观点,而不中立。当时的"新闻"不是我们今天想象的样子,在杰克逊时代(Jacksonian era),"新闻"是制造出来的。若要了解新闻业的客观性理念,就当检视杰克逊时代报纸的转变过程。此即第一章的主旨,将"新闻"的本源与政治民主化、市场经济扩张、城市中产阶级的崛起关联起来。

新闻为何会在19世纪那段之后逐渐转向无党派,奉行实事求是的原则？很显然,这与美国第一家通讯社——联合通讯社(Associated Press,简称美联社)的兴起相关。19世纪40年代电报发明后,利用其传播新闻的快捷性,纽约的一些报纸在1848年组成了美联社。美联社收集的新闻要提供给各种政治立场不同的报纸,只有尽可能使其报道"客观",才能为所有成员和客户接受。到了19世纪后期,美联社发出的电讯稿,明显不同于一般报纸带有强烈批评色彩的报道。[2]有人就此认为,美联社的实践成了新闻业界的理想。[3]

此言乍看似有道理,但基本没有证据能够支持,而且有两个怀疑的理由。第一,客观报道关乎通讯社的生死存亡,而报纸则未必,那么为何客观性能成为通则？各报可以视通讯社的新闻为其多样化新闻的一种选择。**即使**美联社的风格真的成了日报记者效仿的对象,各报纸仍会考虑客观报道是否符合自身的利益和需要。这就带出了第二个更难的问题:在19世纪后期,正值美联社成长壮大之际,客观报道并**没有**成为新闻业的规范。对此,我将在第二、三章呈现。在世纪之交,对于大报而言,"讲好故事"比报道事实更重要。多种形式的煽情主义报道才是主流。记者采集新闻的同时,还致力于"文学"写作。直到1896年,在低俗新闻(yellow journalism)*的弥漫中,《纽约时报》(*New York Times*)开始强调"信息"模式的报道,摒弃了"故事"模式,攀升到了同行的前列。美联社的报道迎合持不同政见的客户的需求,而《纽约时报》则以信息方式有针对性地吸引同质性的富裕阶层读者。同杰克逊时代一样,19世纪90年代新闻业理想的改变,也没有将科技方面的革新转化为业界的规范准则,促使报纸理念和操作相一致的是社会主导阶层的文化。

进入20世纪头10年后,即使是《纽约时报》的记者也很难辨清事实和价值判断之间有何明显的区隔。[4]然而客观性的理念是:应该将事实和价值判断区分开来。在此理念下,事实是关乎世界的,不受个人判断和好恶影响。而价值判断是个人有意识或无意识中对大千世界的好恶,是主观的,不能推及他人。客观的信念就要忠于"事实"、不相信"价值",将二者剥离开来。

第一次世界大战之前的记者并不遵循这项主张。他们即使对事实感兴趣,但也是天真的经验主义者,以为事实不是人类对世界的陈述,而是世界的本来面貌。他们忽略了世界是由人类心灵活动和沿袭传统的方式构成的。人们的见闻受传统影响,而传统却不一定真实。哲学、科学史、心理分析和社会科学一直费尽口舌来说明人类是文化的动物,是通过社会滤色镜去认识、去看、去听这个世界的。自20世纪20年代起,社会理论的核心

---

* 该词常译为"黄色新闻(业)",本书则译为"低俗新闻(业)"。下文出现的yellow press,yellow journals等,亦译为"低俗……"。——译者注

就是:人类以个体或集体层面构建自身所面对的现实。[5]

在20世纪20年代之前,新闻工作者较少考虑认知的主观性,很少怀疑自己所处"现实"的确定性。尽管存在着许多严重的问题,美国社会当时仍然是乐观积极的。政治上,民主是毋庸置疑的;经济上,自由创业受到广泛推崇;文化上,霍雷肖·艾尔杰(Horatio Alger)*的小说很畅销。人们多认为进步是历史的必然。但第一次世界大战后,这一切就改变了。新闻工作者与人们一样对民主社会和市场经济的基础失去了信心。亲身体验了战时政府的宣传和之后的公关,新闻工作者确信,自己报道的世界其实是利益集团为他们建构而成的。在现实世界中,天真的经验主义没有立足之地。

这个转折点就是本书第四章的主题。20世纪二三十年代,许多新闻工作者都忧心忡忡,他们发现,他们认为真实的信息其实是不能信任的。对此的第一反应是主观报道的新类型开始兴起,日报开始大规模地将政治专栏等主观报道体制化。第二反应是为减少让他们手足无措的焦虑,记者也不再简单地信奉事实,转而信奉一整套规章制度,以应对连事实都成问题的世界,这就是"客观性"。从这个意义上说,客观性意味着:如果按照专业集体的既成规范对世界进行陈述,那是可以相信的。事实已经不再是世界本身的呈现,而是对世界的共识的表述。[6]尽管天真的经验主义并没有彻底在新闻界消失,并且在我们心中或多或少地留存下来,但在第一次世界大战后,它便已经被更加复杂的"客观性"理念取而代之了。

在自然科学、医学、法律、社会科学、新闻和其他领域内,对

---

* 霍雷肖·艾尔杰(1832—1899),美国作家,作品多表现穷苦者如何通过努力奋斗实现"美国梦"。——译者注

客观性理念(或意识形态)的讨论一般会走向两个极端:要么试图揭示该专业的真面目,要么将其美化;要么否定现状,要么自我维护。否定者认为,专业人士以客观、科学而自夸,但实际上他们是想用科技术语来塑造、定义政治问题,从而巩固自己的权力。此言极是。但问题在于,首先,为什么他们要选择"客观性"来使自己正当化?其次,为什么"客观性"就有如此说服力?专业人士宣称自己是知识权威时,为什么要基于客观性,而不是神的启示或民意投票?持否定态度者并未对此给予解答。

与此相反,有人用"科学"来确认新闻学、法律等专业的客观性,视科学为通往知识真、确、佳的途径。科学通常被认为是和意识形态相对的,但在这里却险些变成意识形态了。但正是这一点让我充满兴趣:并非因为科学内部发展了作为知识行为的体系,而是因为科学的**理念**和客观性的**理想**会在我们的文化中产生共鸣。尽管科学比过去的知识体系让我们更接近真理,但我们仍要去探究为什么20世纪的西方文化就应该明智到足以认识上述共鸣。这个问题是对科学和客观性的溢美之词无法解答的。

显然同其他专业一样,新闻业对客观性的信念不仅关乎我们应信赖何种知识,同时也是一种道德观,关乎我们在进行道德判断时应遵从何种标准。它同时还是一种政治承诺,指导人们应该选择哪些人来评判我们的言行。评判者的选择是由社会机制来决定的。通常认为,有两种社会控制机制在不同领域内保障着客观性。第一是高级教育和职业培训,用科学知识和客观的态度,使受教育者放下个人的喜好和情绪。比如,医学培训能使医生冷静超然,从而可以面对一般人无法面对的病痛。法学学生在培训中要区别"法律"问题(通常是技术性的)和"道德"问题(通常在法律教育和法律实践之外)。

第二种社会控制的基本形式是与公众绝缘。科技语言、行话术语等就是这样的一种绝缘机制。其他的还有制度性的机制。譬如,法律学者认为法庭能比立法机构更加客观,因为从体制上来看,法官比议员要更加远离选举政治的压力。这样一来,自主的专业团体就保证了业内客观性的存在,因为它摆脱了市场和大众意愿的束缚,而独立的职业个体通过业内培训,也不会受自身价值取向的影响。

由此看来,新闻业的客观性理念就显得反常了。记者接受的培训不会颁发他们塑造他人世界观的执照。记者也不掌握高深的技术和语言。报纸直接依赖市场生存,直接面对着民意取向。新闻业无法与大众绝缘。平常我们指责律师时,会说"我虽然不是律师,不过……",质疑医生时,也会说"我虽然不是医学专家,不过……",但我们抨击晨报或电视新闻时可没有这种顾虑。我不是说新闻业比其他行业低等,而是想说新闻业这个行业内的客观性存在的问题。既然这个行业没有自我约束的社会权威机制,那为什么还为客观性而争论不休?有一种回答认为,一种职业若无法自我证明自身是客观的,争辩肯定就会更加激烈。但这个答案还不够。新闻业现在没有,将来也不会有法律、医学界确保客观性的种种条件,那为什么客观性仍然是一个严重的问题?何不干脆放弃对客观性的追求?

到了20世纪60年代,无论批评者还是拥护者都承认,客观性是美国新闻界的象征,它表示这一行业摆脱了过去的煽情主义,也超越了欧洲的党派报纸。无论将其视为美国新闻业的致命伤还是最高美德,大家都公认客观性就是美国新闻业的精神所在。在过去十年中,人们对客观性理想的辩论更加全面,更加多元。在本书最后一章,我会检视瞬息万变的世界、新闻来源和受众是如何搅起这场大辩论的。第一次世界大战后政府对新闻的管制变成了国家安全机制的建立问题，二战后则成为帝国式的总统统治，政府对新闻业的管理越来越让人揪心。越战期间，政府的新闻管理同大学、新闻界、政府内部甚至广大人民之间蓬勃兴起的"对抗文化"(adversary culture)发生了激烈冲突。客观性理念不仅未被遗忘，反而更加深入人心。战火使客观性更受关注，同时之前一直笼罩在客观风格的阴影下的传统客观报道，借机又焕发了活力。客观性的理想并未被取而代之，其权威性反而被大家接受。

　　本书原本是针对行业历史、专业意识形态发端进行的案例研究。我认为，在当代各专业、行业将知识和权威正规化的过程中，客观性是一种主导性理念。如果在某一行业内能发掘出其根基，我就有希望揭示其他行业的基础。这个目标在本书中被保留了下来，不过我的研究很快就转向了另外一个方向。在研究中，我深深迷上了新闻业本身，我深信在新闻业和美国社会发展的关系中蕴含着一些至关重要的问题，这些问题从未有过答案，甚至未被提及。传统的美国新闻史研究谈到社会背景时只是一笔略过，我这本书却将重点放在研究现代新闻机制与经济、政治、社会、文化生活之间的互动关系上。

　　我野心过大，这两个目标都超出了我的能力。如果我没有达到自己的目标，那么我希望至少本书能够激发读者的兴趣，以带动进一步的研究和探讨。

第一章

平等主义时代的美国新闻革命:便士报

詹姆斯·费尼莫·库珀(James Fenimore Cooper)出生于美国显贵家庭,接受的是贵族教育,娶的是名门之女。对他而言,权力和威望总是唾手可得。但他同时又是一位热心的民族主义者,是杰斐逊,甚至杰克逊的崇拜者。他的小说《亡命徒》(*The Bravo*, 1831)歌颂法国七月大革命,致力于揭发"牺牲社会大众以追求一己之利的人"[1]。

《亡命徒》完成于库珀在法国停留的七年期间(1826—1833)。在那段时期,他逐渐"疏离了自己所在的阶层,对欧洲和美国被剥夺了政治权利的下层民众表现出深刻的同情"[2]。但这种疏离感并不持久,库珀回到美国后,发现美国已非记忆中的合众国,一群只关心个人利益的新兴阶层逐渐对社会产生威胁。他日渐不满,因而攻击起美国的报纸来。他写下一系列文字来攻击新闻业,比如在《归途》(Homeward Bound,1838)和《重归故里》(Home As Found,1838)两书中所刻画的斯戴法斯特·道奇(Steadfast Dodge),就是一个人见人厌的报纸主编。在政治短评《美国民主党人》(The American Democrat,1838)中,他写道:

> 报纸有益于推翻暴政,但报纸只是要建立自己的暴政。新闻媒体对公众人物、文学、艺术、戏剧甚至私人生活尽情施暴。在保护公共道德的假面具下,报纸其实是在彻底腐化道德;在保障自由的外貌下,报纸其实逐渐在建立一个暴政,与其他基督教国家的暴政一样无礼、贪婪和粗鄙。大声呐喊意见自由,却缺乏容忍;打着爱国主义的旗号,却不愿牺牲自己的利益;过分推崇礼仪教化,实质却粗俗不堪。[3]

这样的描述或许对19世纪30年代的美国报界过于严苛了,但它无疑揭露出既有势力对民主化(中产阶级)社会秩序的反抗。库珀对新闻媒体的道德影响力深感焦虑,在他眼中,新闻媒体是"腐化"、"粗俗"和毫无教养的。在他看来,媒体拥有最不受欢迎的中产阶级特质:狭隘的地方观念、对私生活的极不尊重、贪求个人利益等。更令人不安的是,它拥有左右民意却无正当性的巨大权力。

库珀对"报纸专政"(press-ocracy)的恐惧虽然夸张,却反映出美国新闻业的巨大转变。1830年,美国共有650份周刊、65份日报。日报的平均发行量为1200份,总发行量为7.8万份。及至1840年,周刊达1141份,日报达138份。日报平均发行量为2200份,城市总发行量为30万份。同一时期的人口数虽有增长,但增长率很缓慢,总人口由1290万增至1710万,城市人口则从90万增至150万。[4]但库珀的感慨并不是针对统计数字而发。他知道,报纸和以往不一样了,不仅数量比他离开美国的

1826 年大增,最大的不同是"便士报"(penny papers)成为最有影响力的报纸。新兴的报刊反映出政治、社会和科技各方面的转变,让库珀这样的有识之士倍觉惊慌。一般公认,19 世纪 30 年代那十年在许多方面都可圈可点,是美国新闻业革命的标志。这场革命使"新闻"战胜了社论,"事实"战胜了观点。这场变革伴随着政治民主化和市场经济范围的扩大而逐渐成形,不久之后,客观性便成了新闻工作者不得不遵守的法则。

便士报的革命

库珀离开美国时,以及托克维尔(Tocqueville)几年后访问美国时,美国的主流报纸都是周报,但沿海城市已经出现了许多日报。典型的日报是四版的篇幅,头版和第四版几乎全是广告,封面和封底两页看起来就像书刊杂志,必须翻开才看得到内容。二版有评论性专栏。第二和第三版的主要内容为各类船期及其货物信息和海上消息。第二版还有一篇政治社论和简短的消息。短文大多直接抄自其他报纸,通常会注明出处。其他的短文也大多是总编辑或其所属政党的观点,编排、印刷和风格都和社论没什么差别。

部分报纸以广告为主,其他的则主要是政治内容。政治性报纸侧重对全国性政治内容的报道,财源主要来自政党、党内派系或有志竞选公职的候选人;这些资助者主导了社论的方向,有时甚至自己写社论。这不能算是欺骗,因为在当时这是众所周知的常态运作。政党报纸之所以仰赖政治领袖,不仅是为了获得办报资金和专栏内容,更是为了在该政党当权后,可以承包政府印刷品业务。纽约州民主党党报《阿尔巴尼看守人报》(Albany Argus)的发行人埃德温·克罗斯威尔(Edwin Croswell)在

1824至1840年间便担任纽约州官方印刷商。这是全州最有油水的职务,克罗斯威尔一年赚了大概3万美元。之后《阿尔巴尼晚报》(Albany Evening Journal)的发行人苏罗·韦德(Thurlow Weed)接替了这个职位,他和两个合伙人1841年大约赚了5万美元,而克罗斯威尔估计他们赚了6.5万美元。[5]

商业化报纸和党报有一些共同的特征。第一,二者都很贵,一份报纸售价约为6美分,当时非务农的劳工平均一天所得不到85美分。而且读者只有到承印的办公室去才能买到报纸,所以一般都是订阅,一年订费约在8—10美元间。在这种情形下,报纸发行量低就不足为奇了,最有名的都市报的发行量也不过是1000到2000份。读者群多为商界、政界的精英,报纸内容也难免局限在商业和政治等领域。

倒不是说当时的报纸就沉闷呆滞。报纸上确实以广告和船运消息为主,在商界人士眼中,它们形同商业告示。不过报纸的社论却是其引以为自豪的部分,党派立场鲜明、煽动性浓重、火药味十足。各报主编在报纸上激烈地互相攻讦,有时甚至恶化成打架或决斗。纽约日志作家菲利普·霍恩(Philip Hone)曾记录了1831年的一次事件:

> 今早我刮胡子时,看到窗外《晚邮报》(Evening Post)的主编威廉·卡伦·布莱恩(William Cullen Bryant)和《商业广告人报》(Commercial Advertiser)的主编斯通(Wm L Stone)在打架,布莱恩用牛皮鞭抽斯通的头,抽了几下后,斯通夺下了鞭子,结束了这场打斗。[6]

当时办报极端个人化。早期报纸的规模很小,一个人兼任编辑和记者(如果有新闻报道的话)、业务经理和印刷商。虽然办报是个人行为,当时的编辑对后台的政治老板却卑躬屈膝,而且对什么东西适合报纸刊登毫无概念。詹姆斯·戈登·贝内特（James Gordon Bennett）*的同代传记作家写道："记者其实就好比依赖政阀、商人、掮客和公职候选人的秘书,衣食住行、社会地位都由他们来决定……"[7]直到19世纪30年代报业革命后,主编在自己报纸上表达自身的观点的能力才见增强,而且是朝一个新方向增强:主编出名的手段已经不再是写社论,而是通过工业、企业和在新闻采编上的创新来使自己名扬四方。奇特的是,当报纸将重心由社论转往新闻采访时,它的个人机器色彩反而更加浓厚了。

我们可由报纸名称的改变来追溯上述发展。19世纪30年代以前,报纸的主要读者群为商业精英,报纸的名称也反映了此种情形。1820年,波士顿有两份日报,分别是《波士顿广告日报》(The Boston Daily Advertiser)和《波士顿爱国者及商业广告日报》(Boston Patriot and Daily Mercantile Advertiser)。1820年,巴尔的摩的日报有《美国及商业广告日报》(American and Commercial Daily Advertiser)、《联邦公报及巴尔的摩广告日报》(Federal Gazette and Baltimore Daily Advertiser)、《联邦共和党人及巴尔的摩电讯报》(Federal Republican and Baltimore Telegraph)（原《联邦共和党人及商业公报》[Federal Republican and Commercial Gazette]）、《巴尔的摩广告及晨间纪事报》(Morning Chronicle and Baltimore Advertiser)、《巴尔的摩爱国者及商业广告报》(Baltimore Patriot and Mercantile Advertiser)等。1820年,纽约、波士顿、巴尔的摩、费城、华盛顿、查尔斯顿和新奥尔良半数以上的周报和日报冠有"商业"或"广告"等字样。但1830年以后,很少有报纸

---

* 詹姆斯·戈登·贝内特（1795—1872）,美国新闻记者、主编。1835年创办著名便士报《纽约先驱报》。——译者注

用这些名字了，许多报纸选用了带行动和操作性的名字来取而代之，比如"时评"、"先锋"、"论坛"等。此外，一些报纸会选用"明星"、"太阳"等照耀世界的物体为名。单从报纸名称来判断，我们可以说，1830年以后的报纸更主动、更自觉地表达了编辑的个性和信念。[8]

19世纪30年代报纸名称由"广告报"转为"先锋报"、"明星报"的这次变革，被称为美国新闻业的"商业革命"。[9]这场革命并非包括所有的报纸，而是专指当时勇于打破传统并成为后来报业典范的"便士报"。顾名思义，"便士报"最具开创性的特征就是售价为1便士（1美分——译者），而非当时常见的6便士。除了按年订阅，报社还雇报童在街头叫卖。和售价6分钱的报纸比起来，"便士报"的发行量相当大。第一份便士报《纽约太阳报》(New York Sun)于1833年9月3日创刊，数月内便成为纽约最大的报纸，到1834年1月发行量增加到5000份，两年内更增至1.5万份。《晚讯报》(Evening Transcript)和詹姆斯·戈登·贝内特1835年5月6日发刊的《纽约先驱报》(New York Herald)随后创办。到了1835年6月，3份报纸的日发行量已达4.4万份。而1833年《太阳报》初创之时，全市11份日报的总发行量才不过26.5万份。[10]

"便士报"迅速扩展至波士顿、费城和巴尔的摩等其他都市商业中心。《波士顿每日时报》(Boston Daily Times)于1836年2月16日创刊，短短几周内便成为波士顿最大的报纸，3月中旬发行量便达到8000份。《费城公共基石报》(Philadelphia Public Ledger)于1836年3月25日创刊，由本杰明·戴(Benjamin Day)的两位好友——纽约印刷商威廉·斯温(William Swain)、阿儒纳·亚贝尔(Arunah Abell)及他们的合伙人亚撒利亚·西蒙斯(Azariah Simmons)合办。创刊8个月内发行量即达1万份，18

个月后激增至 2 万份,而当时该城最大报纸的发行量不过 2000 份而已。1837 年,亚贝尔和他在《费城公共基石报》的伙伴合创了《巴尔的摩太阳报》(*Baltimore Sun*),9 个月内,发行量即超过 1 万份,是其他巴尔的摩报纸发行量的 3 倍。[11]

"便士报"的经营之道是以大发行量来吸引广告,不依靠订报费和政党补助,因此报纸出版的经济结构趋于合理。广告和销售所带来的以市场为基础的收入,取代了倚赖社会关系和政党关系的财源。销售收入转为现金进账,以往常见的订户呆账减少。首先,广告的内容也开始迎合广大民众,以往大报广告多为船讯、商务消息或律师的法律宣告,现在则呈现出读者的各种生活需求。专利药物广告占据了广告专栏,[12]各种"求才广告"渐渐成为主打。巴南(P. T. Barnum)于 1834 年、1835 年之交的冬天迁居纽约,便是通过每天早晨《太阳报》的"求才"专栏找工作,并找到了商务所的工作。[13]

其次,广告渐渐变成纯粹的经济信息交换,不牵扯道德判断。以往,报纸会拒刊一些有争议的广告,譬如纽约的《商报》(*Journal of Commerce*)便拒登戏院、彩券或"安息日仍然营业"的广告,波士顿的《新英格兰守护神》(*New England Palladium*)亦有相同的广告政策,而《纽约晚邮报》(*New York Evening Post*)则拒登彩券广告。这种拒登政策在 19 世纪 20 年代非常普遍,而便士报的广告政策则是来者不拒。关于这套放宽了限制的广告政策,他们有一套自以为是的说辞:

> 有些读者抱怨本报大幅刊登专利医药广告,对于这些抱怨,我们只能说本报为自身利益而刊载的职责仅在于确保这些广告没有不雅或不妥之语言,并无责任探究广告内容是否名实相符。那是对此广告有兴趣的读者所做的工作,与我们无关。我们的目的是收取广告费,同时拒载不适

合读者阅读的内容。对于登广告的客户,我们奉行秉公原则,绝对不会因刊登广告的版面小而对行业、个人有任何歧视。人人都享有相同的权利,只要他支付费用,都可以在本报展示他的商品、货物、灵丹妙药、职业专长等。[14]

这篇刊载在《波士顿每日时报》上的评论,再好不过地呈现出放任主义的政策和道德观。这就是"便士报"的代表,"便士报"一切向钱看,只要付出广告费,人人平等,谁都可以花钱雇用公共报刊。"便士报"这种自以为是的态度和既有的报纸相比完全相反:他们自豪地拒绝担当道德评判的权威或责任者,并毫不为耻地以自身利益来捍卫自己。

六便士报起而抨击便士报的广告政策,特别是大量专利药物广告。贝内特的《先驱报》首当其冲成为众矢之的,并同时成为其他便士报辱骂的对象。并非臆测,其他的便士报是觊觎《先驱报》读者众多,包括霍雷斯·格里利(Horace Greeley)1841年创刊的便士报《纽约论坛报》(*New York Tribune*)及亨利·雷蒙德(Henry Raymond)1851年创刊的便士报《纽约时报》。格里利1841年曾批评《太阳报》、《先驱报》刊登纽约有名的堕胎医生雷斯特尔女士(Madame Restell)的广告。其实他的《纽约论坛报》也充满了专利医药的广告,读者来信抗议时,格里利回函道:"这位读者应当向广告主抗议才对,只要文字无不雅之处,广告主无须为广告的风格或文字(前提是不要有伤风化)向报社负责,我们也无权控制他们。"[15] 1852年,《纽约时报》批评《先驱报》为"江湖庸医公认的喉舌"[16]。其实大家都彼此彼此:就在这期《纽约时报》上,也刊登着"美国精神术士"凯灵格(Kellinger)医生的擦剂、侯顿(Houghton)医生的消化药和爱雅(Ayer)樱桃止咳剂等广告。那天的《纽约时报》和《先驱报》都以三分之二的广告版来刊登医药广告。当时几乎所有的便士报在用语和道德上都或多或少有自由放任主义的色彩。

新新闻学(new journalism)*除了呈现经济组织的本性外,也改变了报纸的政治姿态。大部分的便士报,包括所有行业先锋在内,都宣称不受政党影响,这种姿态早期的报纸连假装都不会。贝内特认为,便士报的政治独立和"不靠订户"而以街头叫卖的零售为主有关。他写道:只有便士报才能算作自由的报纸,"因为它完全不屈从于读者,甚至不知道读者是谁"[17]。便士报不仅形式上不受政党影响,甚至对政治事件都漠不关心。《纽约太阳报》的某条国会短新闻的导语就是代表:"国会目前的议程进展,读者不会感兴趣。"[18]《纽约太阳报》在创刊号中说:"本报的主旨,是在读者负担得起的范围内,为读者提供当天的新闻,并提供最大篇幅的广告。"一个字都没有提到政治。《纽约抄录报》(New York Transcript)早期的头版是小说,内页则以地方新闻为主,甚少报道政治。拿某一天的报纸为例,新闻包括强暴未遂、暴动、自杀未遂、邮车抢劫、墨西哥无刺蜜蜂等简短报道,甚至还提到了放在篮子里丢在别人家门口的弃婴。[19]但一年后,报道变长了,法庭新闻增多了,全国性政治新闻也增加了。

和其他的便士报一样,《纽约抄录报》也公开宣布不涉及政治。它的发刊词中明确写着:"**我们没有**"政治新闻。《波士顿每日时报》则宣称"政治立场中立",并建议政党以广告方式出现在报纸上。《巴尔的摩太阳报》也宣称:

> 本报不给宗教争议或带有党派立场的政治讨论提供篇幅。至于有关政治原则、国家荣誉利益等话题,我们将以坚定、温和的立场开放版面讨论。我们的目标是以全民之福祉为主,不考虑党派立场,也不畏惧其压力。[20]

---

* 国内常译为"新新闻"、"新新闻主义"、"新新闻学"、"新新闻业"。——译者注

虽然部分便士报一开始对政治新闻不感兴趣,但其他便士报对政治事件的报道比六便士报还详尽,而文字生动一如六便士报。不过,包括《纽约先驱报》在内的这些报纸认为它们的使命和希望不是由政党政治来确定的,政党世界只不过是整个新闻寰宇中的一部分。不是所有便士报都抱持政治立场中立,霍雷斯·格里利便说他1841年创立《纽约论坛报》的宗旨是要办一份"既不偏袒政党,亦不畏畏缩缩、假装斯文死守中立"的报纸。[21]但格里利这段遵守党派政治准则的宣言其实也是竞争的手段,格里利是为了与其他"畏畏缩缩、假装斯文死守中立"的竞争对手抗衡。

便士报不仅在经济构成和政治立场上首创先例,在内容上也另辟蹊径。便士报的原创性可以一语概之,即它发明了现代的"新闻"概念。美国报纸第一次开始习惯于刊登政治新闻,不仅是国际政治新闻,还有国内政治新闻;不仅是全国性新闻,还有地方新闻。美国报纸也首度报道法庭、警察局、街头及家庭新闻。我们可以说,报纸不仅第一次反映了商业和政治活动,还刻画了社会生活。更精确地说,在19世纪30年代,报纸不再只反映一小群商业精英的生活,而是描摹大都会的迅速崛起以及多彩多姿的贸易、运输、制造业等中产阶层活动。

面对便士报的兴起,六便士报的反应是指责其太过煽情。这并非指便士报以煽情手法处理新闻(当时没有煽情的照片、卡通,也没有大字标题),而是指便士报只要是"新闻"(我们今天的概念)就登。譬如,便士报通常会逐字逐句地在头版以大半版或整版刊登一则对谋杀审判的报道;在六便士报看来,刊登谋杀审判的新闻根本不道德。当时便士报典型的新闻报道就是把原文贴上,总统讲话、谋杀案审判、美国财政部年度报告等都原封不动地往报纸上搬。

新闻逐渐成为报纸的重心，便士报不再坐等报道常态的消息，而是去寻找新闻，并引以为自豪，正如《纽约抄录报》在1834年所写的：

> 本市有11家主流大报，除了《询问快报》(Courier and Enquirer)和《时报》外，没有一家报纸雇用记者，也不努力核对本地新闻是否准确。但是有两家小型新闻日报(我们和另一家友报)派了4名记者，就为了能以最快、最完整、最正确的方式为您报道每一起本地消息。其中两位记者早上3点便起床，到法院或警察局为读者采集新闻，中间只有短暂的休息，一直工作到晚上8点机关休息为止。而其他人则在全城奔走采集确实的新闻。[22]

1835年，《先驱报》加入了《抄录报》和《太阳报》的行列，一起自派记者。到1837年底，他们号称在华盛顿驻有两位特派记者，在牙买加和基韦斯特(Key West)也有常驻记者，偶尔会派记者至伦敦、费城、波士顿；1837年麦肯锡(MacKenzie)叛乱时，也派出两名加拿大的特约记者去采访；此外还有一名记者在纽约州内四处走访燕麦收成。《先驱报》说，派驻记者的支出相当可观，但这是为了满足大众的需求。[23]一年后，《先驱报》在欧洲共聘用了6名长期特约记者。[24]

这种花钱聘雇记者的做法史无前例，在业界引起了一定震动。19世纪20年代末之前，纽约报纸对华盛顿政治的报道全都是依赖国会议员偶尔给家乡报纸写的信稿。这些"写信员"发出来的新闻稿，经常是枯燥乏味的国会报告和演说摘要。贝内特于1827到1828年间，为《纽约询问报》(New York Enquirer)撰写了一系列的"约翰·亚当斯(John Q. Adams)庭上新闻"，这才为国会新闻注入一丝活力。[25]但亚当斯本人则表示消受不起这种粗鄙的新式报道,他在1842年的日记中嫌恶地写道:泰勒(Tyler)总统的儿子"向贝内特的《先驱报》雇来的记者帕马里(Parmalee)和约翰·霍华德·佩恩(John Howard Payne)尽情倾吐内阁的秘密……"[26]他在"记者"两字前面特别冠上"雇来的",可见报纸雇用记者仍是个新举,他们还可能是声名狼藉的人。

由便士报兴起的"新闻"成为报纸主流,换个角度来看,这就等于社论的没落。虽然这个变化并不能全面地反映出整体局势的走向,但是至少当时的人可以借由新闻观察到所处世界的转变。格里利的传记作者詹姆斯·帕顿(James Parton)于1866年在《北美评论》(North American Review)上,试图解释贝内特的《先驱报》何以获得前所未有的成功和影响力。帕顿论及当时对贝内特之所以成功的看法。有的人认为,《先驱报》是一份下三烂的报纸,靠迎合读者的低俗口味而获得成功;另一种看法是,《先驱报》是一份好报纸,只不过对好报纸的界定与批评者不同罢了,这也是帕顿自己的看法。帕顿认为,反对者抨击《先驱报》是劣报,应是针对它的社论而言;帕顿自己也承认,该报的社论确实令人难以卒读。贝内特是个顽固、偏执、孤僻的机会主义者,他的社论也反映出其性格。但是帕顿指出,社论的时代已经逝去,新闻才是报纸"竞争的重点"。一份报纸的成功在于"它获得新闻、呈现新闻的技巧"。**报纸**一词就是指一个真正的记者致力于对事件进行准确而全面的描述。[27]

的确,新闻已成为便士报的竞争重点。时至今日,我们已彻底认同"新闻"就代表了报纸本身这一观点,所以难以想象便士报当时引发了多么戏剧性的变革。19世纪30年代以前,报纸只为政党、商业人士提供服务,直到便士报出现,报纸才变成销售给一般读者的商品,然后它再把读者销售给广告客户。便士报卖给读者的商品便是"新闻",在很多方面它都是个新创产品。

首先,它旨在反映出一个多姿多彩的世界,不带任何党派色彩。一报和另一报在同一条新闻上可以就准确、全面、生动和及时性加以比较。1840年,《先驱报》就吹嘘自己准确、详实地报道了丹尼尔·韦伯斯特(Daniel Webster)的一篇演说,并嘲笑给一家六便士报撰写同条新闻的斯坦布理(Stansbury)先生"对速记一无所知,用大写字洋洋洒洒写了三四十张四开大纸"[28]。《先驱报》还曾自夸独家派记者采访市议会和基金委员会官员走访各校学生的活动,有一次还自得于原文照登了美国财政部报告书。[29]至于新闻的时效性,《先驱报》和《太阳报》则经常以号外竞争,自鸣得意。譬如,《先驱报》十分自豪于1840年11月21日以号外报道前一日英军宣称抵达广东的新闻:"纽约市唯有本报刊登此消息,别报无从获悉,因为他们太懒惰、效率太低。"[30]

19世纪前叶,越来越多的报纸努力提高时效性,特别是船抵的信息及航船带来的新闻。纽约的报纸派遣小船到大船上采访新闻;20年代末,几家报纸联合购买了一艘快艇迎候海上大船作采访。只有便士报才使"独家报道"成为报业竞争的坚实基础。因为有了贝内特,连广告都变得讲求时效性。40年代之前,广告客户都是按年付费,一则广告会日复一日出现在报纸上。1847年贝内特宣布,自1848年1月1日起,《先驱报》的广告稿必须天天送,鼓励广告求变。贝内特的常务副总编弗雷德里克·哈德森(Frederic Hudson)写美国新闻史时谈道:

>……广告是最有趣、最实用的新闻。广告代表了人们的希望、思想、欢乐、计划、羞耻、损失、灾祸、幸运、愉悦、痛苦、政治与信仰。因此每个广告客户就像是一名记者,登点小稿付点小钱,区别只在于他要付钱。《先驱报》的广告向人们描画了一个什么样的大都市的图景啊![31]

便士报使新闻变成一个市场化的产品,其特性(尤其是新闻时效性)可以进行量化;更重要的是,它体认并增强了日常生活的重要性。直到18世纪,文学作品中的贵族传统一直认为,日常生活题材如果值得描绘,也只能当作喜剧来表现。[32]当时的报纸也遵循着这一惯例,根本不报道平常人的生活。虽然1812年的战争结束了外国新闻主宰美国报纸的时代,但在便士报出现之前,地方新闻仍然只占报纸的极小分量。商业挂帅的报纸报道的当地期货股票价格远不如国际新闻和船运消息那么可靠。[33]相反地,便士报聚焦报道接近读者的、日常生活中的新闻,首次定期雇用记者报道当地新闻,固定派出记者采访警察局、法院、商业区、教堂、社交圈和体育界。便士报不仅让"人情趣味新闻"成为每日新闻的重要部分,更使其成为最有特色的部分。

对于以往新闻界认为微不足道的日常事件,便士报却能从中发现新闻。有时连最野心勃勃的便士报,也不得不绞尽脑汁从日常事件中榨出新闻来。1837年3月12日,《先驱报》一篇题为《本周新闻》("The News of the Week")的文章是这样写的:

本 周 新 闻

入选为本周新闻的事件看似并不重要,但即使是最微不足道的事件,我们若有兴趣追根溯源或刨根问底,也可以成为极重要的事件。枝微末节的事情,都可以构成我们的过去或将来,在时空中交融为永恒。对那些主宰舆论、统治国家的肤浅的呆鸟,或对欺骗大众、倒卖假药、搅乱政局或盘踞于华尔街的人士而言,我们的每日新闻或一周新闻不值一提,对那些人就是这样。但对那些勤于钻研的有哲学头脑的人来说,就大不一样了。[34]

便士报首创了对待世间事务的民主态度:任何事件,不管看来多么微不足道,都可能适合报纸刊载。

关注日常生活不一定就是关注大家耳熟能详的事件,便士报刊载的许多新闻,对普通中产阶层而言是新奇的,因为它报道其他阶层的日常生活。《太阳报》的本杰明·戴首开先例报道犯罪新闻,特别关注警界新闻。贝内特早期在《先驱报》报道过纽约和萨拉托加市(Saratoga)的上流社会生活。贝内特与往常一样在《先驱报》上大肆推销自己的新举措:

> 以往从没有人展示高级社交圈中优雅、高贵、迷人、亮丽、超然的情态。假如我们不从丰富的生活素材中汲取养分,不去报道纽约高级社交圈中的时尚、狂欢、政治、土豆、面粉或各式各样的用品,我们就无缘成为独立、快乐、富有卓见的人民。我们的目的就是要为纽约高级社交圈注入一股活力,使其更加生动、活泼、光彩夺目,焕发新的活力,彻底将欧洲早已没落了20代的贵族抛在身后。[35]

日志作家菲利普·霍恩曾记录一位记者1840年采访社交舞会的经过。主人之所以同意让那位记者到场采访,是"想让记者承担起责任,因为一旦拒绝采访,他的笔可能会辱及那所房屋、舞会的主人及显贵宾朋"。霍恩继续写道:"这也是别无选择;向媒体的监视屈服,越来越让人难耐,唯有舆论的力量才能匡正这种无礼的行为……"[36]可是舆论根本无动于衷。贝内特用了第一版的大半版来报道那场舞会,并提示说:舞会"在时髦的圈子里,创造了自上帝创世、美女堕落红尘、诺亚离开方舟开始酗酒以来最大的轰动"[37]。

对日常事件尤其是富人的社交生活的关注,模糊了私生活和公共事务之间的界线。对贝内特这样的总编而言,没有所谓的隐私或私事,不过他在报道名人时都小心地只采用姓名缩写。便士报首度让家庭口角和丑闻成为新闻。当时的报纸刊登讣告和结婚启事是常事,但刊登出生启事还未曾有过。当《匹兹堡每日快报》(*Pittsburgh Daily Express*)刊登出生启事时,贝内特在《先驱报》上用嘲讽的言论表示赞成,同时不忘维护一下对礼仪的重视:"此事定会激怒许多体面的卫道士。这类事在英国当然很常见,但英国人做的许多事并不适合美国!"[38]

1848年2月,《纽约论坛报》驻华盛顿记者以"柿子"(Persimmon)为笔名,写了一篇关于俄亥俄州众议员威廉·索亚(William Sawyer)的午餐习惯的报道。文中描述不厌其详:索亚每天两点一到,就会离开国会的座位,走到后面议长座椅左边靠近窗边的地方;他打开油漉漉的纸,吃完面包和香肠,再用那张纸擦手,然后把纸丢到窗外。文中还提到索亚拿折叠刀当牙签,袖口和紧身裤就是他的餐巾。索亚对这篇报道提出抗议,后来他的朋友们以119票对46票通过决议,把《纽约论坛报》所有记者赶出众议院。《纽约论坛报》的记者后来在一篇报道中写道:"《论坛报》到底冒犯了谁?谁也没有!我们不过是写出了一些事实,陈述了一位议员的个人习惯,根本没有批评任何人的人格道德。"[39]

这起事件之前不久,民主党的机关报指称一位国会议员是骗子,国会差点投票对其正告,因为他们习惯了旧式的新闻报道。便士报的新式新闻却创造了一种新秩序,在其共享的社会体系中,"私人"和"公众"的定义需要重新界定了。毋庸置疑,这种变化也吓坏了那些坚信美利坚合众国已让古希腊城邦、古罗马议会的崇高精神得以复活的人。一场新的变革,已严重威胁到原本静谧的田园生活,汉纳·阿伦特(Hannah Arendt)称之为"社会"的诞生,"在这个怪异的混杂的精神国度里,私人的兴趣被裹以公众事务的重要性"[40]。"兴趣"一词,不管是指自夸自大还是指猎奇,用在这里都恰到好处。城市和商业日渐发达,日常生活的密度与其迷恋的事物也就有了转变,"社会"前所未有地浮现出来,而报纸,尤其是便士报,便代言、表达了这种改变。

假设以上的描述恰如其分地呈现了19世纪30年代美国新闻业的变革,那我们要问:为什么会发生这种转变?何时发生的?发生在哪里?简要回顾可知,19世纪30年代,有一种便宜的报纸,诞生在全美城市贸易、交通和通信业的枢纽纽约。[41]它迅速传到费城、波士顿和巴尔的摩等其他商业都会中心。这种新型报纸特色非常明显:经济上,售价便宜,利用报童到街头叫卖,以广告作为财源;政治上,宣称无党无派;内容上,聚焦于它自己发明的"新闻"这个题材。那么,到底是什么导致了这样的变迁?

新闻业的变迁,与广阔的社会、经济和政治的转变有着密切关系。我把这些转变,视为"民主的市场社会"的兴起,即市场经济和政治民主范围的扩大。换言之,就是由支持"平等"的都市中产阶层掀起的商业和政治的平民化。要想说明19世纪30年代确实发生了这样的变革,并证明新闻业与此密切相关,仅凭高度概括的总结性证据不足为据。其实还是有足够证据用以说服读者的,而在此基础上若再揭示其他理论的缺失之处,就更具说服力。最值得关注的两种解释是科技论和识字率论。

与新闻业革命相关的解释

科技论

持科技论者认为,印刷技术及相关行业的科技进步、铁路运输及后来电报通信行业的发展,是新闻业得以变革的先决条件,它们决定了售价低廉、发行广大、对新闻如饥似渴、独立自主的报纸得以诞生。此种观点，与其说是经过深思熟虑的"理论"，还不如说它是对美国报业史的"自然反映"。但它却成为一种共识，也是立论的基础，因此有必要作进一步检视。[42]

毋庸置疑，科技的进步和19世纪30年代美国报业的巨变相关。自古登堡（Gutenberg）以来几乎没有改变过的手动木版印刷，到19世纪初终于升级为铁版印刷。虽然铁版不比木版印刷快捷，但至少操作上更简易，印刷质量也更好。其后20年内，虽然一连串的技术创新改进了人工操作的平版印刷，但手动印刷还是逐步进化为机器印刷，滚筒印刷开始取代平版印刷。美国第一本以蒸汽机印刷的书诞生于1823年。到了19世纪40年代，蒸汽机印刷已主宰了美国市场。滚筒印刷取代平版印刷也同样重要。这两样发明都是弗雷德里克·科尼格（Frederick Koenig）的贡献，他发明的蒸汽驱动滚筒印刷在1814年11月29日由伦敦《泰晤士报》(*London Times*)率先采用，一小时可单面印刷1000张，速度差不多是最好的手工操作平版印刷的10倍。但是他的发明并没有马上普及，一方面是因为滚筒印刷机需要更好的操作技能，另一方面是因为印刷效果并没有那么好。此外，它的生产能力远远超过一般印刷商的需求，因此早期只有报纸和杂志在使用。第一个双筒印刷机是"何氏（Hoe Type）滚筒印刷机"，1847年《费城公共基石报》首次采用。何氏和之后的改良机种遂在19世纪为全球报业通用。19世纪50和60年代之间，"刻版印刷"（用范本来印刷）的诞生非常适合滚筒，因此滚筒印刷的方便性和速度又增加了不少。

19世纪初最大的科技进步也许要算造纸技术了。18世纪印刷商最大的困扰，就是纸张不够。当时，纸张的主要材料是碎布。作为早期消费者生态保护的一种尝试，当时大众教育强调保存碎布的重要性,以手推车来收集碎布运往造纸厂造纸。1799年,N. L. 罗伯特(N. L. Robert)为他的长网(Fourdrinier)制纸机*申请了专利,但仍以布为原料。(直到1844年,人类才研究出如何以木浆作为造纸原料,至1866年才引进美国。)到18世纪末,布料化为纸浆的技术,仍比纸浆化成纸的技术进步得更快。长网制纸机的诞生改变了这一状况,1827年引进美国后便被广泛采用。[43]

上述革新都和交通的变革有关。19世纪初铁路和运河的覆盖范围不断扩大,使最先进的生产设备可以抵达更广阔的市场。1810年,美国200多家纸厂只能为附近供应新闻用纸,但到了30年代,铁路运输可以把最先进的机器设备生产出的最优秀的产品运到遥远的地方。1830年美国总共只有23英里的铁路,1840年美国铁路总长为3000英里。到了南北战争时,铁路总长已为3万英里。[44]

必须肯定,这些发展都是报纸发行量快速增长、售价降低的至关重要的因素(同时也使办报需要更大的成本投资)。但科技发展与报业成长之间的关系不是纯单向的。19世纪早期的发明大都是纯机械性的,若有需求,其实凭借数十年甚至数百年前的知识技术,绝大多数发明可能早就出现了。因此,若不是外部刺激,印刷机和制纸机就不会应需而生。人们对书本和报纸日益增加的需求,便是一位印刷界史学家所谓的"对新发明的永恒刺激"[45]。另外,较不为人注意的是,当时的报纸是科技发明的支持者,科尼格的发明就是《泰晤士报》的创办人约翰·沃尔特(John Walter)赞助的。在美国,便士报总是最新型印刷机器的

---

* 其生产的"机造纸"(machine-made paper),能快速使纸定型、干燥、上浆、平整,能造同样尺寸和相同纹理的纸。——译者注

引领者。甚至可以说,是便士报将蒸汽印刷机引进了美国报界,而不是因为有了蒸汽印刷机才有了便士报。《纽约太阳报》以手工操作平版印刷机印制创刊号,1小时才印200份。数月后,编辑本杰明·戴宣布买进滚筒印刷机,1小时可印1000份。当时《太阳报》的快速成功十分引人注目,该报以4000份的发行量与城里最大的六便士报竞争。到了1835年,当《太阳报》成为全美国第一家买进蒸汽印刷机的报纸后,它的发行量已增至近2万份。[46]

电报的发展也和上述科技发展一样,同报业有着相似的互动关系。电报于19世纪40年代诞生,这时便士报在市场上已经获得了成功。报纸鼓励了电报的发展,便士报《巴尔的摩太阳报》最能说明这一点。全美第一条电报电缆线是从华盛顿接到巴尔的摩的一条实验性电缆,《巴尔的摩太阳报》率先采用,鼓励了更多人采用电报通信。不过,当时许多报纸和大多数民众一样,一开始不敢相信,也不明白电报真的有用。[47]1846年,《巴尔的摩太阳报》用电报通信的方式刊载了波尔克(Polk)总统的战争声明,巴黎科学院拿它和原稿对比刊出,证实了电报通信的准确性,促使法国政府决定在巴黎和布鲁塞尔之间铺设一条电报线。[48]罗伯特·卢瑟·汤普森(Robert Luther Thompson)在关于美国电报史的论述中指出,1846年爆发的美墨之战才是"迫使"美国新闻界使用电报的原因,但他所列出的证据却另有意义。他说,《纽约先驱报》的詹姆斯·戈登·贝内特、《纽约论坛报》的霍雷斯·格里利、《纽约太阳报》的新主编摩西·比其(Moses Beach)、《费城公共基石报》的威廉·斯温是最早完整利用电报的人。[49]这显示当时只有便士报率先充分利用了电报,一如便士报率先启用其他新发明的机器一样。只有便士报,而不是所有的报纸,使用了电报服务。并非战时快速新闻通信的吸引力无法抗拒,而是便士报本身拥有追求新闻时效性的特性,这一点至关重要。

若无19世纪初的科技进步,报纸的大量发行是不可能的。科技进步显然推动了便士报的成长,却无法解释便士报的成长。科技变革并不是自发产生的,它本身就需要理论来解释。虽然科技进步使报纸大规模发行成为可能,但并没有使其成为必须或不可避免的事情。进一步而言,虽然"科技论"与便士报的低廉成本与广大的发行量相关,但丝毫不能解释便士报的独特内容。

识字率论

这第二个观点则值得我们深入思考。按此观点,可以说,19世纪教育和识字的普及刺激了人们对报纸的需求,这些新的读者水平不高、品味简单、具体实际,重视当地所发生的新闻。这个论点不但解释了发行量的增长,也解释了便士报何以重视地方新闻和人情味新闻。

和科技论的论点一样,这个论点也像是美国新闻史的一个"自然反映",很难去验证它是对是错。[50]尽管很难追踪科技的影响,但至少我们很容易知道那些发明是在何时发明、何时改良的。而关于19世纪的识字率,我们几乎所知无几。大部分针对当时识字率的研究更倾向于文盲研究;也就是说,我们可以得知当时某个村子的已婚男子中有多少人不识字,无法在结婚证书上签名,却无法确知多少男子会阅读。[51]即使是那些可以签名的男人,我们也不知道他们的识字能力到底如何:有能力广泛阅读吗?读报吗?读《圣经》吗?读布莱克斯通(Blackstone)吗?想读吗?需要读吗?

当然,识字率不提高,发行量便不可能增加。但仅仅靠识字率的提高便会刺激发行量的增长吗？这很值得怀疑。或许我们对所谓"识字率"过于盲目崇拜了。完全不识字和识得一点字之间的差距未必具有很大的社会和心理的重要性，也未必代表抽象思考的能力和心智能力有大幅跃升。或许它只表明人们对包括印刷品在内的外在事物的接收能力稍稍增强。能否识字与一个人的智慧以及是否有机会接受正式教育，并没有特别紧密的联系，而与周围的环境与教育的特质关系更加密切。

可以从两方面来说明这个问题。第一，环境的本质会限制识字率的高低。伊恩·瓦特(Ian Watt)描绘18世纪的英国时写道："识字率无法提高的主要原因，可能是没有积极的诱因让人们去学习。"他认为：

> 学习识字，是那些注定要从事中产阶级行业，如商业、政治和专门行业的人士才需要的成就。既然阅读的本质是一个困难的心理过程，需要长期不断地练习，就只有极少数本身已经识字的劳工阶层会去阅读，而且他们大多集中于需要具备读写技能的行业中。[52]

假如瓦特的理论是正确的，民众学习识字真的因为阅读变得愈来愈重要，那么识字率这个论点其实应该倒过来看。与其去调查识字率，我们还不如从探讨有何必要、有何诱因让人去识字入手，并假设就是这些原因导致识字率越来越高。因此，与其去查有多少人会在结婚证书上签自己的名字，还不如去看当时的广告牌和店铺招牌上的用词，或者是去查当时的咖啡店、电灯和报纸数量的增长状况。[53]想通过报纸、书籍、绘画、文学、文化等的历史变迁，来证明渐渐多起来的识字人口的"需求"，而且是不断变化中的"需求"，真是本末倒置。不可否认，一个识字普及的社会和一个文盲社会有极大的不同，而且文字的诞生对人类意识的发展有绝对的影响。[54]但要在不识字的社群中普及识字,是一个比想象要复杂精细得多的过程,而且这极有可能是印刷的普及所导致的。

不过,"诱因促使识字普及化"这个观点的视野也仍嫌狭窄。这就牵涉到第二点:学习阅读是一个社会过程,其成功牵涉到教学者是谁、使用何种教材、学生对自己的感觉如何。巴西教育学者保罗·弗莱雷(Paulo Freire)针对识字率的社会背景曾说过:

> 学习读写给人提供机会,使其能明白"说话"的真正意义:言语体现了人类的思想和行动,因而它是全体人类的天赋权利,不只限于少数人所有。若只"说",而不能同时与表达自我、表达自己的世界观、创造、再创造、选择、决定等诸权利相结合,就根本不能算是真的会"说话",不能够最终参与人类历史进程。[55]

因此识字普及的一大原因应是政治和经济权利的扩展。也就是说,感觉自己是历史参与者的人增多了。18、19世纪的美国人比欧洲人更具有历史参与感,也许正因为如此,美国当时才有很高的识字率,人人喜欢读书。[56]

若在一个文明的社会内识字率无法大幅提高,很可能是因为存在着各种各样的障碍,阻止民众参与决策制定进程。19世纪英格兰的情况就可以说明这一点。在文学推动识字率提高之前,英格兰民众就已经有了一定程度的初步识字基础。事实表明,1820年以前英国有文化的工人阶层就已经可以读报了。当时几份激进报纸的发行量,将主流日报《泰晤士报》远远抛在了身后,主流周报《观察家》(*Observer*)也不在话下。这些主流大报的发行量仅仅比美国的六便士大报多一点点,但柯贝特(Cobbette)的两便士报《记录报》(*Register*)在1816—1817年间每周销量就达 4—6 万份。宪章运动期间,《北方星报》(*Northern Star*)在创办的头 4 个月内每周的发行量就高达 1 万份,1839 年达到顶峰,每周能够销售 4—6 万份。[57]

　　这是对报纸的"需求"的结果吗?还是对阅读大众进行"诱导"的结果?如果真是需求,为什么这种需求与激进政治报纸和激进政治理想的兴衰起伏恰好同步?如果真是需求,为什么又这么个体化,偏偏主流日报的发行量没有增加?如果这真是自由市场对全体报业的"需求",为什么没有迫使主流日报降低价格,扩大读者群?因此,"需求"的理论无法单独解释任何问题。至于"诱导",它有各种各样的种类,瓦特笔下的职业诱因虽然看起来很重要,但可能还不及整个社会的变迁来得更重要。正是席卷全社会的变革(相当一部分与政治有关),促使民众从弗莱雷笔下的"沉默的文化"(culture of silence)中走了出来。[58]

　　慎重一点说,就报纸发行量增长而言,识字率是必要条件,但不是充分条件。这一点可以拿肯尼斯·洛克里奇(Kenneth Lockridge)对新英格兰殖民地的识字率研究来证明。洛克里奇发现,1660 年时,新英格兰 60% 的男性亲笔签署自己的遗嘱,1710 年这一比例升到了 70%,1760 年为 85%,1790 年达到了 90%。根据他的估算,无法签名的男性中有一半拥有阅读能力。所以到了 1790 年,男性识字基本已经在新英格兰地区普及成功了。洛克里奇认为,基督新教的教育是识字普及最主要的动因。为了证明这个论点,他又列举了北美其他殖民地的情况,这些地区的识字率都比新英格兰要低,而苏格兰、瑞典等其他虔诚信仰新教的国家的识字率却相当的高。[59]

　　但新英格兰、苏格兰、瑞典的高识字率,又为印刷技术水平的提高做出了什么贡献呢?为报纸发行量的增加做出了什么贡献?什么贡献都没有。主要的阅读材料仍然是宗教书籍。非常高的识字率并没有催生出一个世俗的媒体,而真正便宜、大发行量报纸的诞生地也不是这些地区,而是以纽约领军的各大商业中心城市。

自然史论

对识字率论虽然存在许多争议,但它说明了原因和结果,并试图寻找因果之间的合理联系。作为一种真实的解释,它还是有其价值的。多数美国报业史研究者一直以来仅仅在描述美国新闻业的变革,却没有试图去解释。他们端出一副辉格派的姿态,宣称报业是经过自然过程演进到了"现代化",却不解释何谓"现代化"。他们看到的进步是指报纸挣脱了传统的束缚,获得了自由、独立的地位。沃尔特·李普曼(Walter Lippmann)1931年在一篇文章里就详细阐述了这种观点,虽然文笔更优雅,但仍代表了众多历史学家及由记者转成的历史学家的观点。李普曼认为,新闻业在任何一个国家内都要历经不同阶段的自然发展过程。第一个阶段,报纸由政府垄断控制;第二个阶段,报纸从政府手中挣脱、投入政党的怀抱;第三个阶段,报纸开始逐渐远离政府、远离政党,依赖广大读者的支持赢利。适用到美国,这第三个阶段自然始于便士报的诞生。李普曼也注意到一战后的第四个阶段,即"职业"时代的来临。他写道:当这第四个阶段完全成熟时,报纸就会制度化地采用"训练有素的人才",会尽职尽责地追求"客观事实",甚至可以彻底摆脱公众变化多端的品味和偏见。[60]

李普曼有意加速这个最终阶段的到来,但在文章中也暗示这是个自然渐进的过程。罗伯特·帕克(Robert Park)1925年的《报纸的自然历史》("The Natural History of the Newspaper")一文,是难得的一篇针对报业的卓有意义的社会学评论,文中阐述了这种新闻业自发演变、自成一说的观点：

> 报纸如同现代城市，并不是一个彻底理性化的产品。报纸发展到今天，并不是有谁去刻意安排好的。历史上无数个人和群体都试图控制它，使其成为自己希望的样子，但报纸仍然以无法预知的方式成长、演变着。[61]

按此观点，报纸的历史是一种"自然"史，是一种社会形态的渐进演化过程。现代报纸是"在现代生活的条件下生存下来的形式"，因此新闻业的自然史就是这个"存活物种"的发展史，如帕克所写，它"描述了现存报纸成长、定型的条件"。

帕克进一步指出：报纸的生存斗争就是对发行量的争夺。大体而言，帕克的看法用于19世纪30年代之后还是正确的，但用于之前却绝对错误。便士报之所以具有重大的意义，部分原因就在于其开拓了发行量的竞争市场。帕克在其他地方也拿现代新闻学的观念强加于过去。比如，他认为报纸在最初就是"采集闲言碎语的工具"。但实际上，报纸从一开始就拥抱了商业和政治新闻，与地方的"闲话家常"几乎一点关系都没有。帕克错误地强调闲话，是因为他企图证明：在社会生活从传统走向现代、乡村走向城市、"社区"走向"社会"的过程中，报纸起到了至关重要的作用。所以他进一步提出："报纸负责收集、诠释新闻，不过是小社区里人际交往和闲言碎语的一种延伸。"在帕克眼中，报纸在现代社会的角色，与传统乡村中的闲言碎语相同。这一职能发挥得如何？帕克既然在这个话题上如此信奉达尔文主义，他给出的答案也就很明确了："现在的报纸已经竭尽所能了。"

帕克这篇文章之所以卓有意义，是因为他以"自然史"的自我意识，使美国新闻史最有可能的标准解释变得清晰，如若新闻业的标准历史观可以自觉地去解释自身的话。李普曼就是运用"自然史论"来解释报纸的渐进独立阶段——其实更准确的说法,是报纸本质上依赖程度的变化:先是依赖政府生存,后来又是政党,随后是公众,最后落到了职业人士手中。绝大多数报业史著作,自说自话、自以为是、不去论证,认为报业史就是自然发展史。最常用的参考著作是弗兰克·卢瑟·莫特(Frank Luther Mott)的《美国新闻史》(American Journalism)。这是一本极其珍贵的编年史,但莫特认为,这本编年史弥漫着他对美国新闻业"同情般的敬慕",认为"若要进行概括,就会面临出错的危险。"[62]——任何概括都有出错的危险,但概括在我们的生活中却必不可少。

莫特并没有对美国新闻业的变革做出归纳诠释。在有些细节上,他的确试图做出解释,但都很简化,也没有说服力。他列举了1833年到1860年间推动报纸发行量增长的四大因素:第一,人口不断增长;第二,公共教育和识字率的提高培养出一个"读者的国度";第三,政府逐步进行民主改革,民众对公共事务产生了更大兴趣;第四,售价的下跌让更多的穷人买得起报纸。这四点有一些问题,比如,为什么报纸价格下降?莫特认为唯一的原因就是印刷、造纸技术的改进可以降低报纸的成本。但为什么只有便士报的价格下降?莫特没有给出回答。他认为便士报的出现和工业革命紧密相关。但这意味着什么?他基本没有做出解释,只是说"机器是一切事物的幕后之手"[63]。

在某个方面,我需要借用帕克的意见,但摒弃他举的例子。帕克呼吁对社会历史"条件"进行阐述,因为正是这些条件促使报纸发展到今天这个阶段,我会依他所言而为。但这并不意味着我要写一部自然史书,也不意味着不加解释地陈述历史。我的所为既不暗示历史进程不可避免,也不假设其重要方面同人类的自觉活动无关。正相反,就如科技论和识字率论之所以有缺陷,是因为以科技为核心的答案没有考虑到人类个体、集体的选择一样,人类虽受制于特定的社会条件,但同时又创造出自己的历史,有时甚至还打破了塑造自身的条件和惯例。

平等主义时代与新闻业

19世纪30年代通常被称作"杰克逊时代"或"杰克逊民主"时代。艾伦·内文斯(Allen Nevins)和亨利·斯蒂尔·康马杰(Henry Steele Commager)所著的一本美国标准简史中有一章讲的就是这个时期,标题为"杰克逊民主席卷而来"("Jacksonian Democracy Sweeps In")。作者将杰克逊的信仰归纳为"对普通人的信任;对政治平等的信念;对经济机遇平等的信念;对垄断、特权、错综复杂的资本主义金融的憎恶"。他们认为,杰克逊的政策使其信仰付诸实践,民主化浪潮席卷美国,成年男子获得普选权,非正式的礼仪举止流行开来,报纸售价下降,公共学校蓬勃发展,民主管理的宗教派别也大步前进。[64]

在过去一二十年内虽然这个观点曾被滥用,但在我看来它依然散发着耀眼的光芒。修正主义的历史学者并没有否认19世纪30年代是一个民主时代,而是用平等主义作了更加精确的定位,认为这个时代与其归功于杰克逊总统或其政党,倒不如说与超越党派的商界、政界迅速民主化相关。修正主义学者论证说,托克维尔和其他欧洲来访者都观察到,早在杰克逊执政之前,美国就已经在政治和风俗上比欧洲国家更加民主。他们有时候还会搬出海量的证据,证明19世纪30年代的财富分配并不比以前更加公平,相反的,社会财富差距进一步扩大。[65]道格拉斯·米勒(Douglas Miller)甚至指出,自1789年到19世纪20

年代,美国一直在民主道路上逐步前进,但杰克逊时代却造成了民主的倒退;贵族的确没落了,但一个富有的资本家阶层取而代之,虽然当年对无阶级社会的远大宏图讨论得热火朝天,实际情况却大相径庭。[66]

但在我看来,这些证据其实都没有否认19世纪30年代是一个平等的时代,反而进一步证明了这个观点。19世纪三四十年代的平等意味着人才就业的开放,无论出身富贵贫贱,所有民众都可以享受到同等的机会。这才是杰克逊时代真正的意义。收入平等完全是另一回事。更多的人拥有了更多的财富和政治势力,满腔热忱地提倡机会平等的理念,传播公共教育,反对政府垄断,敦促权力下放,促使经商的手续更加灵活,取消对医生、律师执照的限制以及倡导一系列我们称之为"杰克逊式"的改革。与同时代的英格兰和法国不同,美国内部对"贵族统治"和"垄断"的抗议主要来自日渐壮大的城市中产阶级,而获得既得利益的商业精英则反过来拿"无政府"、"民主"等字眼进行回击。托克维尔和修正主义学者都错了,美国在当时的确经历了一场痛苦的民主革命。这场革命于1815年后开始,在19世纪三四十年代达到了顶峰。美国在这期间发生了重大转变,不再是一个自由主义、重商主义的共和国,不再死死抱住贵族价值观、家庭观、等级观不放,而演变成为一个平等主义的市场民主国家,金钱拥有了新的势力,人的个体获得了新的地位,追求利己主义也成为一种荣耀。这就是本章开头述及的费尼莫·库珀从欧洲回国时感受到的巨变,他为此惊慌不已。

19世纪30年代,城市商业精英和财政领袖的原有地位,被为数更为众多的新兴资本家占据了,最富象征性的,就是这些新人大量涌入了美国银行。这期间最具代表性的事件就是美国第二银行(United States Bank)的关闭。旧贵族和新财富之间的界限愈发模糊;在美国经济中心纽约,三教九流都在纽约股票交易所这个公共的平台上进行交易。交易所是1817年成立的,19世纪20年代末之前都没有什么重要地位,但其本身无疑是新经济秩序的象征。[67]经济生活的民主化逐渐渗透到全国各个角落。[68]我在这里说的经济生活民主化,是指越来越多的人成了投资者,或购买非家庭作坊的消费品。这种与现金(和信用)产生关系的事实,逐渐塑造着美国民众的态度和理想。

愈来愈多的人尝到了经济发展的果实,全社会共同推动着经济进步。比如,当时的铁路筹资就可以证明这一点。1830—1850年间,美国铁轨长度从不足100英里猛增到近9000英里。铁路建设的资金来自主要海港城市大大小小的商户。麻省西部铁路于1835年筹资,拥有了2800名私人股东,大多数的股份在100—400美元之间。最大的股东只持有200股,前100名大股东的股份加在一起也还不足40%。[69]历史学家乔治·泰勒(George Taylor)曾说,1860年之前投资于铁路的私人资本,来自"大大小小、三教九流的私人储户"。[70]

1812年战争之后,尤其是1818年的经济萧条过后,投资渐渐远离了航运业,转而投向制造业和交通业。19世纪20年代,美国南部和西部经济蓬勃发展,对产自东北部的货物的需求猛增,包括纺织品、皮革制品、服装、鞋、农场机械等。市场上出现了越来越多的商品,家庭自给自足的模式日渐消亡。到1830年,商店、工厂生产的货物早已迅速取代了家庭作坊的产品,在东北部地区尤其如此。不仅是纺织品之类的货物,连服务业也开始进入市场。比如当时越来越多的人抛弃了家庭护理和家庭治疗,遇到健康问题都去看医生、服用专利药物。道路状况的改善和城市人口的集中大大降低了出诊成本,因此医生在同家庭护理的竞争中占尽优势。[71]

便士报在两个方面为市场的扩张做出了直接贡献。第一,便士报的广告能让更多人看到,为商品扩大了潜在市场。第二,原来读报必须去俱乐部、图书馆借阅,而现在只要花一点钱就可以把报纸买回家阅读。艾萨克·克拉克·普雷(Isaac Clark Pray)观察到便士报流行之时,正是火柴取代锡罐、火镰之际:

> 大街小巷都能看到有人兜售便宜火柴和廉价报纸。过去,一般人家要想生火、阅报,必须求借于富些的邻家,现在价钱便宜了,各家各户都骄傲地拥有了整盒的火柴,也买得起自己中意的日报了。[72]

经济生活的民主化带来态度的转变,经济收入被看成是唯一的社会目标,实际工作需要的回报,也与经济愈来愈密切。一位来自康涅狄格州出身穷苦的男孩子,后来成了成功的纽约商人。他回忆说,新英格兰地区出来的男孩子通常在商店、财会室和办公室工作中处处胜过纽约本地人。他做了如下解释:

> 第一,他们不怕工作,不怕跑腿,让干什么就高高兴兴去干。第二,他们工作效率极高。纽约本地的男孩子熟人很多,来自新英格兰的小伙子谁都不认识,出去给老板办事时不会时不时被熟人喊住或与人搭讪。[73]

他这段话很有启迪意义:社交活动愈发被视为(或在某种程度上真的成为)经济成功的障碍,而非必不可少的前提条件了。

杰克逊时代的资产阶级革命不但体现在商业中,在政界也一样突出。到 19 世纪 20 年代,早年间的共和制政党体系已经土崩瓦解。虽然 14 个州的两党制仍然比较稳固,但 1824 年只剩 5 个州还按照传统的联邦党和共和党划分方式竞选。1828—1840 年间,一个"第二美国政党体系"浮现出来。它并不是旧有体制的延续,而是一种崭新的事物。比如,选举法规彻底改变了政治这个词的含义。1800年时,只有两个州通过直接投票选出总统选举人,但在1832年之后只剩下南卡罗来纳州拒绝这么做。总统约翰·亚当斯等人大胆倡导的以财产决定投票资格的做法,到1820年就基本销声匿迹了。到1840年,大多数州都普遍支持成年白人男性的普选权,谁要敢提一点反对意见,就等于犯政治错误。[74]

而政党组织的改变,也许更加重要。政党体系取代了立法预备会议,在正式的政党结构中清除了传统政治中的不正规现象和业余特征。这种变化带来了各方面的影响,政治工作越来越繁忙,政党的实力和声望吸引了社会各阶层的人才。理查德·麦考密克(Richard McCormick)指出:"越来越多的人以从政为业,说得更具体些,是将运作政党组织当作一种职业。"[75]正是由于这个原因,理查德·霍夫斯达德(Richard Hofstadter)才将马丁·范布伦(Martin Van Buren)而不是安德鲁·杰克逊本人视为杰克逊民主时代的代表人物。范布伦是"新一代"的政治领袖,同纽约"阿尔巴尼摄政团"(Albany Regency)的其他成员都是新阶层的职业政治家。范布伦和摄政团的两名成员是小酒馆老板的儿子,其他成员则是农民出身,很少有人接受过正式教育。霍夫斯达德如此描绘这些人:

> 简而言之,他们是一群现代的职业从政人士,热衷于政治集会,与志同道合的兄弟谈古论今。他们将成功建立在团结、耐力和严格的纪律之上,而不是建立在个人魅力和权威上。他们的政党就是一个小小的社会,众人志趣相投,追求共同信仰,全身心为政党辛劳奉献。难怪他们会如此自觉、坚定、急切地推崇政党组织,为政党管理立下了一整套规范。[76]

新兴的专业性政党并不是重建私人小团体掌控的传统党派,而是创造了新的组织形态,以广大人民群众为基石,用民主的方式实施管理。

这些新兴的政党无论在纲领上还是制度上都焕然一新。它们彼此之间有很多共同点,远不像原来联邦党和共和党那样隔阂颇深。[77]19 世纪 30 年代,辉格党和民主党都奉行政治民主的原则,而联邦党和共和党都对民主的信条视若无睹。这就意味着政治的含义和政客的本质已经发生了改变。过去的领导人与全社会"**总体**发展的问题和责任"紧密联系,现在领导人的"任务是代表社会体系中某一特定群体,通过与其他群体斗争、妥协而保护自身的利益,实现自身的目标"。[78]换言之,传统政治强调**何为权利**,而新兴政治关注**谁有权利**,谁能最大限度地凝聚众多私人利益,而不是看谁能代表全体利益。

在传统政治中,政党这个概念本身就不得人心,总是和特殊、虚伪以及自私自利联系在一起,而反政党的情绪则被视为狭隘、传统和政治顺从。反政党的情绪一直延续到了 19 世纪 30 年代,尤其在辉格党内,但毕竟大势已去。随之而来的,就是理查德·霍夫斯达德笔下的"政党体系理念"(the idea of a party system)的诞生。30 年代,民众逐渐靠拢各个政党。历史学家罗纳德·弗米萨诺(Ronald Formisano)认为,就是在这个时期,"美国历史中第一次出现了民众大规模忠于政党的现象,各政党奠定了坚实的政治基础"[79]。

19 世纪 30 年代商界、政界的民主化进程,为我们了解同时期新闻业的革命提供了框架。与同时期的英格兰相仿,当时美国社会的动荡也表现为社会广泛谈论"民主"、工人阶级骚动抗议、社会主义和工会运动进一步发展,但主流仍是一场中产阶级的革命。如此论断并不是要贬低其地位,而是要认清其本质。

1832年英格兰著名的《改革法案》(Reform Bill)，备受推崇也令人疑惧。虽然这是针对国民终极民主化的举措，但仅在有限程度上扩大了选民人数。《改革法案》只是一个开始，它为后世带来的冲击，远远超过了当时取得的那么一点点成就。美国亦然。在美国的平等主义时代，平民、工人和外来移民并未受益多少，受益者主要是熟练的工匠、大大小小的商户和三教九流的零售商，这些人因而有能力跨入政界、商界，并推动相关领域的变革。商人中产阶级的兴起同样带来了新的制度、新的价值观，之后在全社会各个阶层都产生了深远的影响。

　　理解19世纪30年代的社会构架，能帮助我们解读便士报，而便士报也解释了社会结构。便士报的诞生证明30年代产生了新一代企业家和新的企业形式。独立、廉价、大发行量、强调新闻、重视时效、煽情等这些让同行既羡且恨的特征，与城市中产阶级的兴起密不可分。下文将详解当时最重要的便士报《纽约先驱报》，从中可以管窥中产阶级和新报业之间关系的本质。

便士报的社会地位

　　詹姆斯·戈登·贝内特1795年生于苏格兰，是一位笃信加尔文教义的天主教徒。24岁时，他移民到了哈利法克斯。他在哈利法克斯、阿狄森、缅因州、波士顿和纽约当过教师、职员和校验员之后，于1822年开始任职于《查尔斯顿快报》(*Charleston Courier*)，第一次正式接触新闻业。一年之后，他又回到纽约，靠给几家报纸撰稿为生。1827年到1828年之间，他在詹姆斯·华生·韦伯(James Watson Webb)的《纽约询问报》担任驻华盛顿特派记者。他为华盛顿的报道注入了一股新鲜活力，报道不再是对事件流水账般的记叙,新闻变得更加"故事化"。贝内特于1832年离开了韦伯的报纸,他想自己办报。1835年,在他40岁生日之前几个月,他用500美元的资金创立了《纽约先驱报》。直到1872年去世,他一直都是该报的总编辑。

贝内特无疑是美国新闻界最具开创性的人物,至少在约瑟夫·普利策(Joseph Pulitzer)出现之前是这样。《先驱报》毫无疑问也是内战之前10年间最重要、读者群最广的美国报纸。贝内特去世后,《斯普林菲尔德共和党人》(*Springfield Republican*)的总编辑萨缪尔·鲍尔斯(Samuel Bowles)曾高度赞扬贝内特和《先驱报》,道出了当时报界对他的一致看法:

> 写作上他风格粗俗、充满激情,但在组织和企业管理上他胜人一筹。他不拘泥于原则,也不习惯于为了远大的信念和人类崇高的情操去支持或捍卫一项事业。
>
> 他的性格恰好反映在文章之中。在他领导之下,《先驱报》认清了现实:新闻业的首要任务是不计代价搜集新闻。这种觉悟在美国及至全世界都具有开创性。这也是贝内特先生一生所奉行的唯一宗旨。虽然《先驱报》在政治上反复无常,社论一文不值,但却成了全世界新闻业的典范……我们绝不能否认贝内特先生在新闻史上的地位,正是这位导师和先锋,使新闻业同人意识到,新闻采集是报纸的首要任务和主要利润来源。尽管其他报纸近年来在这个方面做得比《先驱报》要好,但历史和民众会永远记住,是贝内特先生开创并发扬光大了这一原则。[80]

《先驱报》为何能如此成功?美国报纸的读者群为何比欧洲的广泛?读者为何人?他们为何要读报?

便士报的廉价和大发行量,的确使更多中下层收入的民众放弃了六便士报,选读新报。但我们不能由此就想当然,以为富裕阶层就不读便士报。其实"新财富"群体——投资股票、渴望社会尊重的新兴阶层,很有可能对便士报特别感兴趣,尤其是《先驱报》。同其他便士报总编一样,贝内特也追求扩大读者群,同时他一直想要使自己的社论风格独树一帜,不仅远离六便士报,也要与其他便士报拉开距离。他在1835年5月20日如此撰述:

> 我们身边的小型日报只会摘抄警局报道,叙述伤感的故事,除了猎奇什么都不会,呆滞、愚蠢、对广大社会一无所知;而很多大型报纸则平庸无奇,味同嚼蜡。所以我们这份廉价报纸只要按照自己的计划经营,就有很大的发展空间。我们要深入各个社会阶层,不仅吸引商人、学者,还要迎合机械工人和体力劳动者的兴趣。[81]

一年之后,贝内特就带领《先驱报》远离了六便士报,声称那些"华尔街报纸"受控于强势团体:"银行家和腐败的私党团体牢牢攥它们于手心。"[82]另一方面,他也与其他便士报拉开了距离。他以当时《先驱报》1万份的销量数据,只与华尔街的大报相比较,而那些大报中销量最大的《询问快报》也只发行6400份。为何不计其他的便士报?他的解释就是尖刻地讽刺它们的发行量的涨涨落落:

> 举个例子,《太阳报》的发行量可能是1.5万份,但绝大部分报纸根本就没人读。显然,它的发行人发现,将报纸卖给人家用于包茶叶、裹猪油等,也有利可图。[83]

他还说:便士报的发行量在冬天会下跌一半,因为构成便士报主流读者群的流浪汉冬天不会在大街上挨冻。他还抨击便士报愚蠢无能,没有经济头脑,对社会一无所知。[84]

贝内特为《先驱报》选择了一条中间道路——比便士报更严肃,更负责,又比华尔街的大报更生动,更富娱乐性。1836年8月19日,贝内特宣布将报纸售价提至2美分,标志着《先驱报》走上了这条中间道路。9个月后,贝内特又创办了《先驱报》的晚报版《晚间新闻》(Evening Chronicle),这也就是他心目中《先驱报》的发展方向:

> 《先驱报》作为一份高格调的商业、贸易及综合性报纸大受欢迎,只得挤下本地新闻和娱乐新闻这类公众喜闻乐见的栏目。[85]

因此,他才创立了《晚间新闻》来刊载本地新闻和娱乐新闻。[86]这个举动其实就表明,《先驱报》已将读者群定位为城市人口中的高雅、富裕阶层,注重实际需求。该报有一期在头版用三栏版位刊登了一篇学术性很强的文章《银行业的历史》("History of Banking"),同一期报纸上还刊登了贝内特撰写的社论,阐明自己的独立性和聪明才智。这一做法一方面再次与六便士报划清了界限,另一方面则努力抓住了有钱读者的心,诱导他们来投资。眼看着《先驱报》受到了富裕阶层的青睐,贝内特很是自豪:

> 无论是在美国还是在全世界范围内,都没有其他任何一家报纸能达到我们如此大的发行量,也没有其他任何一家报纸如我们这般在商界、学者和知识分子中拥有如此广大的读者群。[87]

贝内特当时的传记作家认为,他的确如愿扩大了读者群。艾萨克·普雷这样写道:到了1839年,《先驱报》的发行量已与英国的《泰晤士报》平起平坐,"提供真实可信的数据和言论,广受商人和政治家的好评,在文学和社会新闻写作上的古怪风格尽管招致抨击,却又使时髦阶层和中产阶级爱不释手"。他还注意到,贝内特的发明,亦是他钟爱的财经文章"是大众报纸最重要的一部分,但似乎10家报纸中只有1家意识到了独立、探索和公正报道的重要性"。[88]

这里要特别分析一下财经文章。《先驱报》自创刊起就每天都刊登财经报道,贝内特在报道财经新闻时使用了他多年前报道华盛顿政界新闻的手法:放弃记录事实的风格,转而对事件进行定性分析。他本人作了如此评说:

> 商业活动的精神、精髓和理念才是商业人士希望得到的。没有压缩、没有分析、没有删节的流水账记录一点价值也没有。商业活动的理念才是我们要倾力追求的,我们将其融于精确、简洁和精华的内容。[89]

贝内特在另一篇文章中也指出,仅仅报道市场活动细节远远不够,只有"综合性"的事件描述才能让商人感兴趣。[90]

贝内特可没有放过任何一次吹嘘财经文章的成功的机会:"我已经在商业科学领域踏出了一条真正意义上的培根式大道,必将成功。"[91] 1837年1月,报纸《新奥尔良美国人》(*New Orleans American*)称赞《先驱报》,称《先驱报》的财经报道具有"综合性",该报还将转载。贝内特引用该报评价,宣称各大城市的商业报纸几乎都是如此看待《先驱报》的。"我们有充分理由相信,《先驱报》对华尔街的报道开辟了商业智慧和商业科学的新时代。"[92] 每当贝内特宣布销量增长时,经常都会将其归功于商业报道的高质量及商界人士对《先驱报》的青睐。[93]

有充分证据表明,贝内特的确不是在自吹自擂。甚至连他的竞争对手都承认《先驱报》的财经文章人气很旺。1840年,《商业广告人报》指责《阿尔巴尼看守人报》的一篇文章替《先驱

报》吹嘘,并刊印了这篇文章。《看守人报》回应说,它对《先驱报》的九成内容都不赞成,但其财经文章的确不同凡响:

> 我们清楚《先驱报》的读者出于成千上万种不同动机购买该报,但我们认为其中全部常规订户几乎都是因为这些财经文章才掏钱的。[94]

《看守人报》认为,《先驱报》凭借其财经报道,在海内外的美国富裕阶层和资本家圈子中产生了深远的影响,《商业广告人报》对此也未予否认。

还有另外一类证据表明贝内特成功地抢夺到了中产阶级读者群:华尔街的大报纷纷将攻击的矛头从全体廉价报纸逐渐集中到了《先驱报》一家身上,而且这些抨击也的确在一定程度上降低了《先驱报》的销量。抛开其他便士报不谈,《先驱报》的目标读者群是一个逐渐扩大的阶层,这个阶层渴望的就是华尔街的大报所代表的尊贵社会地位,因此当这些大报群起攻击《先驱报》道德败坏时,读者自然会受到影响。根据贝内特本人的报告,自华尔街的大报1840年打响"道德战"两年之后,他的发行量从1.7万份跌到了1.446万份,直到1844年《先驱报》才恢复元气。

六便士报发动"道德战"的目的就是要把《先驱报》彻底打垮。在波士顿、费城一些报纸的支持下,纽约的主流六便士报在贝内特头上安上了各种罪名:下流、渎神、勒索、欺诈、诽谤等。《商报》、《商业广告人报》、《询问快报》都宣布在其栏目中废止无视《先驱报》的政策,集中向贝内特本人开火,不但在自己的社论中进行讨伐,还转载其他报纸的反《先驱报》文章。《先驱报》的广告客户也受到了威胁。《询问快报》声称纽约的报纸已经达成协议,将那些继续在《先驱报》上打广告的商家拒之门外。[95]

它还说,纽约的绅士拒绝从贩卖《先驱报》的报童手里买报。这篇文章既起到了新闻报道的作用,又鼓励读者去效仿。[96]大报呼吁洁身自好的绅士淑女应该同《先驱报》划清界限,不过这也证明了大报所争取的这些洁身自好的绅士淑女之前一直在读《先驱报》。大报还纷纷诱导酒店、阅览室和俱乐部不再买进贝内特的"脏纸",这也证明在此之前《先驱报》就进入了酒店、阅览室和俱乐部这些富人云集之处。[97]

纽约报业的"道德战"具有同时代其他领域道德战的明显特征。这些"圣战"是传统精英阶层的盾牌,他们抵抗着日渐崛起的中产阶级的入侵。譬如,19世纪20年代的禁酒运动就被形容为"面对着其在美国政治、社会、宗教领域内统治地位的垮台压力,老朽的联邦党贵族阶级做出的反应"[98]。早期的废奴主义运动也是类似的情形。戴维·唐纳德(David Donald)的研究显示,1840年之前成为废奴主义者的106名领袖,全部出生于联邦党家庭,父亲都是牧师、医生、教师,有一些是商人,还有一些是制造商。除一位之外,所有人都反对杰克逊的政策。这些废奴主义者迷失于一个崭新的世界。他们并不仇视劳工阶层,但对工人也毫无兴趣。他们反对的是一个逐渐依赖贸易、制造业的社会以及自由市场的道德准则。他们并不质疑资本主义,也不反对私人拥有财产,但反对"将领导权交错了人",并借助废奴主义运动来证明自己比商人中产阶级更有道德上的优越性。唐纳德总结道:"基本而言,废奴主义运动可以被视为一个被世界所抛弃的愤愤不平的阶层的痛苦抗争。"[99]

威廉·沙瓦(William Charvat)在分析19世纪三四十年代美国文学的浪漫主义运动时也运用了相似的理论。1837年到1842年美国经济萧条,前6个月内每10家美国工厂中有9家倒闭,而霍桑、埃默森和梭罗在其作品中对这场大萧条却几乎只字不提。当然,新英格兰地区受到的冲击最小,而这些作家也都是新英格兰人。但也许更确切的原因是,他们的收入都相对稳定,认为是中产阶级商人的投机倒把最终酿成了悲剧。三人对资产阶级既憎恶又恐惧,对穷苦民众就不是这种态度。沙瓦总结道:"美国的浪漫主义运动在某种程度上可以被视为对新资产阶级的抗议。"[100]

在这样的时代背景下,针对《纽约先驱报》的"道德战"虽然表面上是商业竞争,但内在的含义却异常深远。为什么竞争会披上这种特殊形式的外衣?为什么六便士报拒绝降低售价、关注新闻、增加股市报道、搞活写作风格、改变销售模式、利用与商界的关系提高广告收益呢?有些六便士报后来倒是接受了这些做法,但其初衷并不是出于商业竞争的精明考虑。六便士报的编辑不明白如何用严密的经济术语解释自己的角色和责任。他们发动的"道德战"与其说是商业竞争,倒不如说是一场你死我活的社会冲突、阶级冲突。他们处于守势,抗拒着一种新型生存方式的入侵,这种生存方式我们不得不概括为"中产阶级",这个阶层被崛起的便士报符号化和强化。

结　　论

关于现代新闻业的起源,习惯上一致追溯到便士报,现代新闻业是随着民主市场社会的崛起而诞生的。前文已论及"民主市场社会"的含义,不过,在此我要重申,"民主"是指贵族统治的政治文化被大众民主的理念和制度所取代。19世纪30年代之后,原来那种必须拥有财产才能投票、应由精英阶层而非选举产生的人选治理国家的理念已经不得人心了,没人再敢叫嚣这些理论了。如前所述,现代美国的官僚式、非意识形态的政党组织方式可以追溯到杰克逊时代的政治民主化进程。

但"民主化"的原因和结果远远超出了政治的范畴。19世纪二三十年代市场经济的发展不但使美国民众的经济生活以理性的方式融为一体，还在其他方面产生了深远的影响。愈来愈多的美国人参与市场活动，市场上出现了品种繁多的货物，而且市场文化也渗透到美国人的社会意识中。这种文化就是民主的文化。市场上不存在特殊种类，不存在特权阶级。土地可以自由买卖，连劳动力都按供需关系定价，而非由传统习俗决定。市场上人人平等；依据市场哲学，只要所有个体都发挥最大的潜能来维护自己的利益，社会作为整体就能享受最大化的收益。人们开始逐渐接受"利己主义"为生活的主流；在市场哲学中，追求个人利益甚至是被仰慕的，再也不是被唾弃的罪恶。

"民主市场社会"中的"社会"这个词最难定义。"社会"不仅在广义上指任何人类的社会组织，同时从历史的视角也被看作现代社会秩序的理想形态。社会与"社区"不同，但只有到了19世纪两者在政治和社会哲学中的区别才凸显出来。[101]难怪在此之前无法判认"社会"的特征。到了19世纪，"社区"是指旧式生活中面对面的人际关系，比如家庭、亲属、邻居、社交圈子等。在19世纪人们的眼里，"社区"就像是布鲁格尔（Brueghel）笔下的农民画：工作、嬉戏的一群人，融合为一个有机整体。与之形成鲜明对比的是，"社会"是由城市、陌生人和个体构成的冷漠世界。社会学家路易·沃斯（Louis Wirth）在他那篇经典的随笔《城市主义：一种生活方式》（"Urbanism as a Way of Life"）中说：都市生活意味着"基本人际交往被次要的关系所取代，宗族纽带弱化，家庭的社会重要性下降，邻里老死不相往来，社会团结的传统基础也日渐衰弱"。[102]

社区和社会、田园和都市、传统和现代、农业和工业之间的差距被夸大了,以这样的划分为基础的理论有时候难免会误导读者。[103] 不过随着历史从乡村发展到城市,从自给自足的家庭经济演变至自由市场上的商业、制造业经济,人们挣脱了传统束缚,发现了体现个性的机会,同时又得面对现代社交关系中的世态炎凉。曾几何时,人际关系是围绕着家庭、住所展开的,而现在有了越来越多的选择。这种现象在美国最为明显,在 19 世纪 30 年代,欧洲人都将美国视为非传统的社会组织以及政治、文化的先锋。而在美国,波士顿、巴尔的摩、费城等东部沿海城市又是最为新奇的地方,其中最独特的是纽约。理查德·赛内特(Richard Sennett)用一句话概括了这个大都市:纽约就是"一个供陌生人相遇的人类定居点"[104]。这既是城市的麻烦和希望所在,又是正在形成的"社会"的意义。人们获得自由,焕然一新,意识到自己的重要性,同时又要承受社会关系和社会制度赋予的重负;社会已经脱离个体,完全被物化了。一方面,生活的内容逐渐改变,人们在大街小巷与陌生人擦肩而过,在报纸上阅读陌生人的故事,在商店、工厂和办公室同陌生人打交道。另一方面,人们开始意识到自己的价值,明白自己的人生可能会引起别人的兴趣,于是一面努力将自己呈现给陌生人,一面又竭力避开公众,保护自己的私人空间。[105]

现代新闻业就是在这样的背景下生根发芽的。当时广大的乡村也有报纸,多达几百种,但真正确立新闻准则、深刻影响后世的却是城市的报纸。当时有各种党派报纸、社会主义的报纸、劳工报纸和商界报纸,但真正确立了现代新闻业的却是中产阶级的便士报。不管便士报的政见偏向哪一方,它都是通过组织销售、招募广告、重视新闻、迎合大众、忽视社论等方式,呼吁在政治、经济和社会生活中建立一个平等的社会。

便士报不仅代表,而且创造了"民主市场社会"文化,这个文化不容社会和智能的盲目顺从。只有在这样的土壤中,才能产生相信"事实"而不是相信"现实"或者价值的"客观性"的信念。不过,在19世纪四五十年代甚或60年代,美国新闻业还没有产生共同的理念和理想,还未发展成为一项职业或产业。直到19世纪末,美国新闻业才在诸多行业中确立了自己的专业理念和理想。

第二章

讲故事:1880年后新闻业成为一种职业

1896年12月,威廉·伦道夫·赫斯特(William Randolph Hearst),这位刚刚入主《纽约新闻报》(New York Journal)并任其总编的纽约新闻界新人,派理查德·哈丁·戴维斯(Richard Harding Davis)和弗雷德里克·雷明顿(Frederic Remington)去哈瓦那,报道当地西班牙统治者和古巴叛军之间的战事冲突。35岁的雷明顿是位画家,其绘画作品经常刊载于各大报纸和流行杂志。32岁的戴维斯因其报道、小说和独特的文体已然成为流行文化的英雄。赫斯特支付给戴维斯3000美元的高额报酬,请他在古巴做一个月的报道,同时戴维斯还从《哈泼斯》杂志(Harper's)获付600美元,将为该刊写一篇古巴记游。戴维斯的文章配上雷明顿的插图,被承诺将会以书的形式出版。

戴维斯和雷明顿也与其他在古巴的记者一样,被西班牙军方挡在了"战区"之外。新闻采访十分困难，这些特派记者只好报道一些谣言和微不足道的意外事件。雷明顿很是灰心丧气，于是他电告赫斯特："一切平静，此处无骚乱。不会有战争。求返。"赫斯特回电："请留下。你提供图片，我提供战争。"尽管如此，雷明顿还是在一周后离开了古巴。

戴维斯则留在古巴。1897年2月10日，他电传回一篇报道，赫斯特12日以头版、二版两整版刊出。在报道中，戴维斯描述了西班牙警察如何为了搜查三名古巴女乘客而登上了一艘开往基韦港的美国轮船。警察指控这三名女乘客携带秘密文件给身在纽约的叛军头目。美国船长愤怒抗议，但三名女性最终还是被脱衣搜身。《纽约新闻报》在头版刊出：

"我们的国旗能保护妇女吗？"西班牙警方在美国船上无理取闹。理查德·哈丁·戴维斯为您报道古巴最新情况。在奥莉维特号飘扬的我国国旗下，年轻淑女被粗暴的西班牙人脱衣搜身。

第二版则用半个版面刊登了雷明顿的配图，配图是在纽约完成的想象场景：一位女性赤身裸体，身边一群西班牙警察正翻着她的衣服。

这样的报道正合赫斯特心意——他一心要扩大发行量。这期报纸销量将近100万份。但这篇报道不尽真实，绘图与事实更是相去甚远。船上的那三名妇女抵达坦帕湾后，当时的纽约第一大报、约瑟夫·普利策的《纽约世界报》(New York World)对她们作了专访，得知进行搜身的是年长妇女，而不是西班牙警察。《世界报》在纽约报业的领先地位正备受赫斯特的威胁，得此机会欣喜若狂，立刻在头版刊出报道：

"真实的流放故事"：阿兰格小姐讲述奥莉维特号"搜身

之怒"的真相。她对《世界报》讲述亲身经历。她热爱古巴,因为她所有的兄弟都在为古巴的自由而战。她因探访军营而被驱逐。她否认理查德·哈丁·戴维斯的报道所说的男人看她脱衣并搜身……

标题言简意赅概括了报道内容,重点在于克莱门茜亚·阿兰格(Clemencia Arango)否认了被西班牙官方搜身的报道。这下就戳穿了《新闻报》的报道丑闻。理查德·哈丁·戴维斯认为《世界报》严重损害了他的声誉,于是去信为自己辩护。2月17日,《世界报》在第二版刊出戴维斯的信,题为"戴维斯先生出面澄清"。戴维斯在信中辩护说,应该是雷明顿而不是自己为故事的误传负全责:

> 我从没有写她被男人搜身……弗雷德里克·雷明顿先生并不在场,却用自己的想象来描绘当时的场景,使人误以为男警搜身。他才应该对此报道事件负责。如果我在事前看到那幅绘图,绝对不会允许它和我的文章一起刊出……

因为这起事件,戴维斯同赫斯特决裂,以后再也没有给赫斯特的任何一家报纸撰稿。

这是新闻史上的一起重要事件,但其重要性需要慎重界定。表面上来看,此事件代表了一位有专业立场和忠实于事实的记者,起而对抗只追求发行量的总编辑和发行人的恶势力。在这里,忠于事实等同于记者,而报纸老板等同于对真实报道的威胁,他们一心向钱看。但实际上19世纪90年代的美国新闻界并非如此。赫斯特是当时纽约最没有道德感的一位总编辑,下定决心、不计任何代价追求发行量。确实如此,《新闻报》头几年一直处于巨额亏损状态。而其他总编辑,甚至包括普利策这样与赫斯特较劲争夺发行量的人,都更加重视让报纸真实地呈现这个世界。

如果说总编们对新闻的准确性不甚在乎,那么可以说记者也未必忠于事实,其中就包括理查德·哈丁·戴维斯。戴维斯写的小说如同一种记录式新闻,他写的新闻常常是记录式小说——事实的确都在,但要点是一边娱乐、一边告知。即使在搜身事件中,戴维斯也肯定要负一定的责任。他自己都承认,报道本来就模糊不清。他的报道中的确没说是男人来搜身,但也没说是妇女来搜的。在《新闻报》和纽约其他报纸之前的报道中,西班牙人已经给人们留下了虐待古巴妇女的印象,所以如果换成任何其他一家报纸或绘图师,也都极有可能得出和《新闻报》一样的结论。戴维斯的确感到自己有义务澄清事实,并至少在理论上愿意让编辑来对事实做评判。比如他在1月31日从古巴发回的报道中称:"我接受的'传统新闻'教育告诉我,记者的任务只是描绘出亲眼所见的事物,不要去写评论,把结论留给其他人去做……"但在奥莉维特号搜身事件上,戴维斯很明显为西班牙当局的做法感到震惊,并建议美国当局干预古巴的事件。雷明顿的画即使把细节弄错了,但至少完全表达了戴维斯的基调。

因此这起事件并未呈现出报界从业者忠于事实的信念,也未反映出总编或记者的典型面目。不过它揭示出19世纪90年代新闻业的一大特征:记者有史以来首次在报业世界扮演了主角。戴维斯认为自己独立于报社老板,看重自己在读者中的威信甚于自己的薪酬,能理直气壮地顶撞总编。当然,戴维斯已经大名鼎鼎,也许是新闻史上仅有的一位敢在另一家敌对报纸上与总编对决的记者。这件事再好不过地表明"记者时代"(Age of the Reporter)的来临——如一位新闻从业者所言。[1]

新闻某种程度上是19世纪30年代的"发明",而记者则是

19世纪八九十年代的"社会发明"。早期的报纸通常都由一个人包揽全活:印刷、广告、编辑、报道统统都由一个人完成。18世纪和19世纪早期的"特派记者"通常都是身处外国港口的旅行者或总编的朋友,这些人负责给家乡报纸写信报道点东西。19世纪中,总编逐渐放弃了这些非正式的新闻渠道,开始花钱雇用自由职业写手、专业记者。便士报就是第一批雇用记者报道地方新闻的报纸。詹姆斯·戈登·贝内特则是雇用"外国特派记者"的先驱。

在19世纪40年代和50年代,美国新闻业的发展仍然沿着便士报开拓的道路前进。譬如,当时的报纸普遍在政治上保持独立。1847年,新发刊的便士报《波士顿先驱报》(*Boston Herald*)由辉格党人乔治·泰勒(George Tyler)负责早报版编辑,由民主党人威廉·伊顿(William Eaton)负责下午版的编辑。这种模式虽未能维持多久,却体现了报社老板当时的理念,如有学者在1878年所言:"像这样一份左右逢源的报纸理应适合所有人阅读。"[2]林肯废除了政府在华盛顿报纸中设立半官方报纸的政策后,至少在国家层面,报纸和政党之间的传统纽带彻底被割断了。[3]

纽约从19世纪30年代起便是新闻业的中枢,到内战时期仍然保持着自己的地位。到1860年,《论坛报》和《先驱报》在华盛顿都已经实现每日送报上门。美国各地的报纸上都有"转载自《先驱报》"或"转载自《论坛报》"的字样,读者只要看到这两个提示,立刻就明白那是纽约的两家报纸。《纽约论坛报》、《纽约先驱报》以及《纽约时报》——该报由《论坛报》前副总编亨利·雷蒙德(Henry J. Raymond)于1851年创立——都从4版扩充到了8版。争抢新闻的竞争仍在继续,标题频频标榜新闻采集的渠道。比如《先驱报》惯常的头条新闻是"电讯"和"亚洲快讯"。"电讯"来自华盛顿、阿尔巴尼、布法罗和其他地方,"亚洲快讯"则包括从最新靠岸的轮船获得的所有海外新闻。[4]《纽约时报》曾报道意大利的维克托·艾曼努尔(Victor Emmanuel)和加富尔伯爵(Count Cavour)的演讲内容,是这样开篇的:"富尔顿号轮船驶经鳕鱼岬后,已于昨晚抵达本港(带来这篇报道)。"[5]

19世纪50年代的《纽约先驱报》在头版还有一些广告栏目,不是每天都有,但刊出次数也颇频繁,有时还在头版连载浪漫小说。偶尔还会像30年代一样出现"恶作剧新闻"(hoaxes),将纯粹的虚构事件当新闻来报。不过这种恶作剧新闻的乐趣之一在于它代表了一种文学上的创新。"制造新闻"(making news),即故意制造事件,然后正经地当作新闻来报道这种做法,在当时还不存在。直到19世纪60年代,才有人尝试采访公众人物——最常见、最朴实的"制造新闻"的形式。[6]到了内战时期,对新闻的追逐愈加热切,但新闻理念自便士报诞生以来都没有发生太大的变化。

美国内战常常被当成美国新闻业的一个历史转折点。[7]其实不然。内战并没有"转变"新闻业的发展方向,它带给新闻业的影响在于加速推动新闻界自19世纪30年代以来的前进步伐。领先者仍然是纽约的报业,其中影响最大的是《先驱报》。当时大报在采访新闻上的花销十分惊人。南北战争头几年间,纽约报纸在战事报道上每年要支出6万到10万美元,而波士顿、费城和西部大城市报纸在这方面的开销只要1万到3万美元。纽约也只有《先驱报》从开战到结束一直不断在增加采访方面的投入,不过,《时报》和《论坛报》也不惜重金报道战事新闻。记者队伍迅速扩大,《先驱报》在战时任何时间段内都有40名以上的特派记者在进行战争报道。报纸发行量也有所上升,号外出现得更加频繁,报纸版面增加,周日报纸竞争激烈——贝内特在30年代创设的周日《先驱报》有了新对手,《时报》和《论坛报》也争相创办了周日报。就在战争前夕,《论坛报》首次采用了铅版印刷,这是印刷技术史上的重大进步;4个月之内,《先驱报》和《时报》也采用了铅版印刷。如同三四十年代一样,便士报又一次推动美国新闻业大步前进。[8]

因此,南北战争时期的新闻业并没有什么不同,只是更为壮大,更为显要,因为许多的丈夫、兄弟、儿子都卷进了战争,新闻对于普通百姓更为重要了。战争将报纸进一步推进到美国国民意识的中心。弗雷德里克·哈德森在1872年撰写新闻史时,就高度称赞了报纸对美国内战和随后几年中欧洲战争态势的报道:

> 历史上任何一场战争的记录,都无法与1861到1871年间战争的记录相提并论。之前我们一谈起战争,就说到纳皮尔(Napier)、提耶尔(Thiers)、吉本(Gibbon)和班克罗夫特(Bancroft),他们其实只是负责编纂旧的文件。而现在我们一谈起战争,就会说到《论坛报》、《时报》、《世界报》和《先驱报》,这些报纸都是战争的见证者。[9]

哈德森说得没错,但这席话同样也说明,尽管内战期间记者展示出过人的勇气,战事报道精彩纷呈,尽管1863年被强制引入了署名制度——这是约瑟夫·胡克(Joseph Hooker)将军为防止不实报道或危害到波托马克军团的内容,主张通过署名方式来问责——尽管特派记者迅猛增加,但是,记者的时代仍未到来。直到美西战争期间,希尔维斯特·斯科维尔(Sylvester Scovel)、理查德·哈丁·戴维斯这些记者才出尽风头,名气与他们所在的报纸不相上下。南北战争时期就没有出现这样的情况。

在南北战争过去几十年后,记者这个职业才获得更为尊贵的社会地位，薪水也更高了。新闻业越来越看重大学文凭，这也从一个侧面证明了记者社会地位的提升。在19世纪60年代，霍雷斯·格里利根本不会聘用那些无法克服大学教育"缺陷"的大学毕业生。但到1870年朱利叶斯·钱伯斯(Julius Chambers)去《论坛报》找工作时，情况正在改变。钱伯斯告诉格里利，他刚刚从康奈尔大学毕业，格里利回复道："我倒宁可你是从印刷所里毕业的！"不过，钱伯斯后来找副总编怀特罗·瑞德(Whitelaw Reid)谈话之后，终于还是被留用了，因为瑞德发现他们俩同属一个大学兄弟会。[10] 19世纪80年代，《纽约太阳报》的查尔斯·达纳(Charles Dana)就特别喜欢聘用大学毕业生。林肯·斯蒂芬斯(Lincoln Steffens)在世纪之交担任《商业广告人报》总编辑时，聘用的几乎都是大学生。1883年创立的《新闻从业者》(*The Journalist*)是一份针对新闻业的商业性出版物，其1900年的一篇社论指出："现在雇用大学生是通用标准。"《新闻从业者》认为，随着越来越多的雅士取代浪子加入记者行列，报纸的报道质量有所提高，新闻从业人员的道德水平和地位也得以上升。[11]

正如《新闻从业者》所揭示的，在编辑、记者的回忆中，对老一辈记者的成见和新生代记者的印象迅速形成并为报业接受。在人们眼中，"老一辈记者"和骗子没什么两样，写作的目的只为钱，没受过多少教育，还对自己的无知引以为荣。他们经常喝得醉醺醺，并为自己是酒鬼感到骄傲。新闻在他们的眼中只是一份营生而已。而"新生代记者"年轻、天真、朝气蓬勃、胸怀大志，接受过大学教育，通常镇定自若。年轻的记者将满腔热忱投入到工作中，希望这种经历能激发自己的创造力。戴维·格雷厄姆·菲利普斯(David Graham Phillips)对这种新生代的精神大加赞扬："我宁做记者，不当总统。"[12]

记者地位提高的一大标志,就是在19世纪八九十年代记者的薪水稳步增长。[13]与此同时,新闻报道业也成为一个稳定的职业。《新闻从业者》不断督促报业放弃自由职业记者;这些人是"按空间"收费的,按报道在报纸上占据的版位尺寸计算。[14]到1898年,《新闻从业者》发现不但纽约各大报至少都聘有10名大学毕业生,而且那些"按空间"工作的自由职业者几乎已经销声匿迹了。[15]

在19世纪八九十年代,记者广受赞誉。内丽·布莱(Nelly Bly)80天环游地球、亨利·莫顿·斯坦利(Henry Morton Stanley)去非洲寻找冒险家李文斯顿(Livingstone)、理查德·哈丁·戴维斯的战时新闻报道等事迹,都为记者这个职业戴上了璀璨夺目的光环,吸引了更多青年男女投身新闻界,且引以为乐。记者迫不及待地想要神化新闻工作,公众也同样如饥似渴地争阅五花八门的冒险故事。芝加哥的"白教堂俱乐部"(Whitechapel Club)创立于1889年,名字取自开膛手杰克(Jack the Ripper)在伦敦的犯案地点。俱乐部很快记者云集,那里陈设着各式各样的犯罪纪念品,如凶器、骷髅、棺材样的桌子等。记者们不但美化自己同残酷城市生活的近距离接触,也营造出一种大学兄弟会一般的团体氛围。不过俱乐部也有一个重要的实际功能,即记者可以在俱乐部里互相批评。记者们视俱乐部内同行们的看法与都市版主编的意见同等重要,乐于接受。纽约也有类似的地方,记者们每晚去"派瑞公园路药房"("Doc" Perry's Park Row)痛饮畅谈,互相批评,集思广益。[16]正规记者俱乐部的出现以1873年"纽约记者俱乐部"(New York Press Club)的成立为标志,到19世纪80年代,在芝加哥、明尼阿波利斯、米尔沃基、波士顿、圣保罗和旧金山等地记者俱乐部纷纷成立。华盛顿于1867年成立了一个只准会员进入的"华盛顿记者俱乐部"

(Washington Correspondents' Club)。19世纪60年代末和70年代多数记者热衷于在俱乐部共享社交和职业生活,最简单的原因是记者们的办公场所几乎都在"报纸一条街"——位于宾夕法尼亚大道与F大道之间的第14大道上。其他的会员俱乐部还有成立于1885年的"格里丁俱乐部"(Gridiron Club)。成立于1891年的"全美首府记者俱乐部"(National Capital Press Club),因成员信誉太差而在几年后关闭。现在的"全美记者俱乐部"(National Press Club)是1908年成立的。[17]

不管新闻界是否有志同道合的组织,19世纪80年代和90年代的新闻业逐渐成为美国城市内一个注重自我、荣华显贵的职业。到1890年时,高德金(E. L. Godkin)能够自信地说:新闻采访业已经成为"一个崭新的重要职业"[18]。社会上甚至出现了指导手册,教导年轻人如何步入记者队伍。[19]新闻不再是偶然涉足的一份工作,而成为自己选择并愿为之奉献的职业。

记者们不仅从事同样的工作,而且对如何开展工作拥有共同的理念。各家报纸为了发行量而相互竞争,绞尽脑汁满足公众对真相的需求、对体面的渴望以及五花八门的娱乐口味。一方面,报纸内容需要生动、多彩、娱乐性十足;另一方面,又要保证报道的真实性。记者们坚信,自己的工作就是既要报道事实,又要使事实鲜活生动。19世纪末,记者这种求真的态度,是与政治专家的崛起、工业科学管理的发展、文学现实主义的繁荣,以及在哲学、社会科学、历史和法律领域出现的"反形式主义"的气氛相一致的。[20]但是记者在讲述故事时,更为看重塑造独特、流行的个人写作风格,对事实并没有多少兴趣。在某种程度上,这似乎与对真相的热诚相悖。但是记者们认为,这个矛盾是他们与总编们的冲突所致,并不是一种观念上的不调和。用当代的客观性观点去解读19世纪90年代的追求事实的理念,会是一个错误。客观性是一种对自我的不信任观念,而理查德·哈丁·戴维斯和他的同行并没有意识到这一点。当时进步主义人士对事实的信任,不同于现代的客观性信念,以下将对此进行分析。

科学与文学现实主义

19世纪90年代的记者在某种程度上视自己为科学家,比前人更大胆,更准确,更"现实地"发掘工业社会的经济和政治真相。这是当时进步主义人士通过"事实"进行政治改革的延伸。自世纪之交开始,各州政府和联邦政府的劳工部门都开始收集更加详细的经济、社会数据,私人机构也加入其中,如1900年"纽约慈善组织协会"(Charity Organization Society of New York)就经济公寓房进行的调查。20世纪的头10年中,全社会都热衷于举办系统化的社会调查。罗素塞奇基金会(Russell Sage Foundation)应运而生,它在匹兹堡、圣保罗、斯克兰顿、托皮卡、伊萨卡、亚特兰大和伊利诺伊州的斯普林菲尔德出资赞助了多个社会调查项目。历史学家罗伯特·布莱姆纳(Robert Bremner)曾指出,当时存在着"公众对事实的渴望",正好呼应了记者兼作家瑞·斯坦纳德·贝克(Ray Stannard Baker)回忆录中所言:"一堆又一堆的事实堆积成干巴巴的确信,这就是当时美国人民真正渴望的东西。"[21]

自19世纪90年代起,许多记者都接受过科学方面的教育,或者对科学有浓厚兴趣。瑞·斯坦纳德·贝克就读于密歇根农业学院,对科学课有浓厚兴趣,林肯·斯蒂芬斯在威海姆·冯特(Wilhelm Wundt)举世闻名的心理实验室做进修研究生。赫伯特·斯宾塞(Herbert Spencer)深受记者推崇,他在受过教育的美国人中也很受欢迎。贝克在密歇根农业学院的弗雷德·牛顿·斯科特(Fred Newton Scott)的指导下学习斯宾塞的理论,并将其经济观点运用在自己的作品中。西奥多·德莱塞(Theodore Dreiser)则通读了斯宾塞、达尔文、廷德尔(Tyndall)和赫胥黎(Huxley)的作品。同德莱塞一样从做记者起家迈入文学世界的杰克·伦敦(Jack London)也深受斯宾塞的影响。记者亚伯拉罕·卡汉(Abraham Cahan)于1897年在纽约创立了《犹太前锋日报》(*Jewish Daily Forward*),担任其总编辑长达半个世纪。他就对斯宾塞的作品推崇备至,尤其热心钻研斯宾塞在艺术方面的见解。[22]

记者们无论自视为科学家还是艺术家,都深信作为记者就必须要现实。他们对文学和报道的理想,就是强调事实。卡汉在1889年的一篇文章中就倡导在艺术中运用现实主义:"现实主义艺术力量的源泉,就是我们在艺术中觅获真谛时的喜悦之情。"[23]克拉伦斯·达罗(Clarence Darrow)也写过一部小说。他在1893年关于现实主义的随笔《竞技场》(*The Arena*)中,描述了当时的主流思想:"世界已经厌倦了牧师和布道,现在它渴望获取事实;世界已经厌倦了精灵和天使,现在它渴望鲜活的血肉。"[24] 19世纪八九十年代美国知识界名流威廉·迪恩·豪韦尔斯(William Dean Howells)认为,艺术的哲学应该建立在自然科学法则的基础上;埃弗雷特·卡特(Everett Carter)指出,豪韦尔斯的作品"重视对人类生活进行客观的观察、分析和分类"[25]。转行从事小说写作的记者,走的都是豪韦尔斯这条路子。大多数世纪之交的作家的作品,我们今天仍然在读。他们以前就做过报纸记者,作品充满了自觉的现实主义风格,比如西奥多·德莱塞、杰克·伦敦、斯蒂芬·克雷恩(Stephen Crane)、弗兰克·诺利斯(Frank Norris)和乌伊拉·卡瑟(Willa Cather)

等。当时人气极高的小说作家,有不少是从报业起家的,比如理查德·哈丁·戴维斯、拉弗卡迪奥·赫恩(Lafcadio Hearn)、戴维·格雷厄姆·菲利普斯、瑞·斯坦纳德·贝克、约耳·钱德勒·哈里斯(Joel Chandler Harris)、哈罗德·弗雷德里克(Harold Frederic)、安布罗斯·比尔斯(Ambrose Bierce)和乔治·艾德(George Ade)等。艾德是芝加哥的一名记者,无论是在新闻报道还是在小说中,他都将感情色彩和现实细节糅合在一起,而细节在其作品中要服从于幽默和拉泽·齐夫(Larzer Ziff)所称的"伪亲切感"(false geniality)[26]。艾德的文学理念代表了他那个时代的主流思想。他曾写道,自己的理想就是要成为"现实主义者,勇于透过镜头去观察人类的善恶"[27]。

"观察"一词,在19世纪90年代的记者和现实主义小说家心中占有至高无上的地位。乔治·贝克(George Becker)一针见血地指出,浪漫主义者推崇作家的创造力,而现实主义者则推崇观察力。[28]艾德的"镜头"(lens)一词是很好的选择,它恰如其分地表达了现实主义的看法:报纸报道、杂志文章和小说都可以且应该像照相机一样重现生活。但重要的并不是现实主义者相信艺术具有模仿功能——这并不是什么新鲜的观点,而且19世纪90年代的"现实主义"与其说是一个类别,倒不如说是一种炫耀和广告——重要的是,现实主义者将"现实"同外部现象联系起来,他们认为外部现象受制于物理因果定律,用自然科学和社会科学都能够做出证明。这个观点才是前所未有的。世界不再是个谜。现实主义者的这一观念使他们区别于知识前辈,他们不由得欣喜无比。[29]

这种现实主义为何产生?是何时产生的?要讨论清楚这些并不容易。威廉·迪恩·豪韦尔斯认为现实主义没有任何由头就产生了:说"来"就"来"了,似乎"迅即来到各个地方"[30]。但我们至少可以说出几个没有引发现实主义的方面。艺术上的自主发展就不是引发现实主义的原因。弗兰克·诺利斯的确是密切追随着法国现实主义理论的成长过程的，但当时大多数美国现实主义者对法国知识界却一无所知，现实主义完全是自发产生的。[31]而阿尔弗莱德·卡津（Alfred Kazin）提出的"弥漫于工业资本主义的物质主义"，其实也不是引发现实主义的原因。[32]南北战争前的美国作家也亲历了所谓的"弥漫的物质主义"，但他们以"浪漫主义"为表达手法。

现实主义也不是科学兴旺带来的必然产物。"科学"在美国一直就是个富含魔力的词。比如19世纪30年代在法典化争议期间，两方律师都拿"法律科学"的术语来为自己辩护。[33]保守意义上的"科学"是指个人的学识积累，而在支持法典化的中产阶级改革派眼中，科学的意义却不同。法典化的支持者认为，科学是一套清晰、成文、公开的知识体系，放到法律上讲就意味着他们希望法律法规在立法上得以通过，而不是事后进行司法解释。他们将科学的理念**外在化**，将保守人士眼中微妙、神秘的心智天赋，转化为民主政治生活的一套制度。知识体系由公众构筑、由公众审视的这种科学理念，极其符合民主市场社会的要求。将科学视为面向公众开放的数据采集过程，体现了民主的认识论，使植物学、动物学、地质学的收集分类活动成为杰克逊时代美国自然科学的典型模式。到了19世纪末，在达尔文和斯宾塞的影响下，科学在大众头脑中的含义发生了转变。进化论成为科学的典范，不仅强调事实采集，也关注事实的历史关联。更重要的是，它将人也视为物体，可以通过收集有关的数据加以研究。人的心智将肉身外在化、物化；心理学家和其他社会科学家对达尔文主义进行彻底分析后更指出，人类其实已将自己物化。

因此,是这种科学概念的转变而非简单的科学普及,推动了现实主义的兴起。这就出现了一个问题:科学虽然有其内在逻辑,但它一定是由社会环境塑造的。究竟是何种社会环境,推动了采集事实、联系事实的科学以人类社会自身为研究对象呢?

我倾向于认为,若无市场经济,若无政治民主理念和制度的发展,若无城市居民阶级的出现,这种人类社会的科学是不会产生的。这就是我这项研究的大体宗旨。但这能否涵盖上述的现象?问题并不那么简单。若将19世纪末的科学观念,解释成民主市场社会的文化表现,就必须要解开下面这个谜团。19世纪初期,科学是民主人士的宝物,是一部"开放之书",人人都可以参与撰写,人人都可以阅读。实证主义调查是中产阶级用来对付既有秩序的利器。可是到了19世纪末,科学本身逐渐成为已经建构了的机制,与大学精英、职业协会有着千丝万缕的联系,无论在原理上("推理"、专家意见与乌合之众针锋相对),还是在实际的阶级对立上(受过良好教育的中产阶级与外来移民、工人阶层针锋相对),都反对大众民主。科学一度与民主市场社会的文化相呼应,而当社会日趋成熟时,科学反而与民主市场相对立。

我对以上论断持保留态度,对其含意也不很确定,不过我认为从社会学的视角去理解科学的理念,是很有道理的。科学的历史并不是智力自身演化的历史,而是观察世界的方法的互动的历史,是改善观察方法的一系列理念和制度,是推动或阻碍观察方法的社会环境变化。在19世纪美国社会的许多领域,在科学正式成为一种制度、一套可操作的知识体系之前,民众就已经开始接受实证科学了。宗教和宗教哲学并不是被科学摧毁的,而是因为当时的宗教已经在走下坡路。查尔斯·罗森伯格(Charles Rosenberg)对1832、1849、1866年美国霍乱爆发的研究显示,到1866年时,包括宗教领袖在内的美国人都将霍乱视为医学问题，而不是道德灾难所致，而霍乱弧菌几近 20 年后才被发现。到 1866 年，"理直气壮的实证主义，不仅存在于医学文献中，也出现在教堂布道和报纸社论中"。[34] 民主的时代需要民主的价值观，实证调查取代了宗教，与这个时代恰如其分地契合在一起。[35]

新闻业自 19 世纪 30 年代起，便越来越强调获取事实。但无论是在新闻业还是在其他领域，针对人类社会的实证调查理念并没有立即获得全胜。在新闻这一行业内，我们必须要问：为何 19 世纪末新闻从业者如此看重事实？我们更要问：为何这一信念没有得以加强？

新闻从业者的职业理想

19 世纪 90 年代的记者后来撰写回忆录时，每每提及他们的第一位新闻采编主任，都会流露出一种愤恨之情。曾任《纽约先驱报》和《纽约世界报》副总编的朱利叶斯·钱伯斯这样回忆 70 年代在《纽约论坛报》的山克斯（W. F. G. Shanks）手下实习时的情景：山克斯强迫他学会"一种历经数年都无法摆脱的写作风格——这种风格被当时《论坛报》的短评作家约翰·海（John Hay）恰切地比作'杂货账单'"。钱伯斯回忆说：

> 事实，事实，除了事实，什么都不要。这有一大配克*豌豆，那有一大夸克糖浆。禁用词的列单**其长无比**，若用错了这些词，又不幸逃过了校稿员的法眼，捅上了报纸，则记者不是被罚没一周的薪水，就是立刻被扫地出门。僵化的规定，被僵化地执行着。[36]

---

* 配克，干量单位，约相当于 9 升。——译者注

林肯·斯蒂芬斯对其接受的高德金《晚邮报》(*Evening Post*)的培训,也有过类似的抱怨:

> 记者必须像机器一样报道新闻,不许有偏见,不许有色彩,不许有风格。所有的文章千篇一律。一旦在我们的报道中出现幽默或任何个性的迹象,就会被揪出来训斥,立刻被镇压。作为一名作家,在《晚邮报》工作的那些年给我造成了永久的伤害。[37]

曾担任约翰·沃纳梅克(John Wanamaker)广告经理的约瑟夫·阿佩尔(Joseph Appel)是将广告稿"新闻化"的先锋,19世纪90年代他的第一份工作,就是在科龙纳·麦克卢尔(Colonel McClure)的《费城时报》(*Philadelphia Times*)找到的。据他回忆,当时麦克卢尔对他进行的第一次面试很不愉快。麦克卢尔拿着一个报纸卷儿在他面前挥了两下,问道:"年轻人,年轻人,这是你写的?"阿佩尔回答:"是。"麦克卢尔紧接着说:"我要你知道,而且永远一辈子别忘了:《时报》需要用社论表达观点的时候,我会做的,那不是你的事。做你自己的事(报道新闻)。"[38]

年轻的记者很敏感,这些遭遇肯定对他们产生了一定的影响。西奥多·德莱塞永远难忘《芝加哥环球报》(*Chicago Globe*)的麦克斯韦(Maxwell)——1892年他首次成为新闻行业的总编。麦克斯韦告诉他,新闻的第一段必须告知读者"人物、事件、结果、时间、地点"。为了强调,他又提示说,《芝加哥论坛报》(*Chicago Tribune*)的办公室有一个标牌,上面就写着"何人或何事?结果?何时?"每次德莱塞带回报道,麦克斯韦都会拿出一根蓝色铅笔,一边勾画一边提醒他:"新闻就是信息,读者要的就是快、锐、准,听到没有?"[39]

后来德莱塞调去纽约,走进《纽约世界报》的本地新闻编辑

部时,就不再吃惊了:

> 我在那间宽大的办公室里兴奋而耐心地等待着。四面墙上贴着一张张卡片,上面写着:精确!精确!精确!何人?何事?何地?何时?结局?事实——生动——事实!我知道这些卡片的意思是报纸报道开头的正确顺序。另一些卡片上写着:迅速,周到,亲切!我想这些才是最重要的特征,不过要想按报社老板和常务副总编的想法真正落实,可就没那么容易了。[40]

在《世界报》的准确性原则中,"事实"和"生动"之间理所当然没有区别,一名好记者应该两面兼顾。埃德温·舒曼(Edwin L. Shuman)为年轻有为的新闻从业者写了本手册——《新闻业入门》(*Steps into Journalism*,1894)。书中指出,对一名文采斐然的记者不应该苛求准确性,而对一名持重可靠的记者则应该原谅其"枯燥乏味",但要想成功,必须是"持重和文采"并重。[41]这就是当时的时代精神,新闻从业者的指导手册竟然也一面宣扬事实,一面推崇生动,不禁让人感触良多。舒曼建议记者,即使没有亲眼看见事件,没有当事人的直接陈述,运用想象力也可以创造出一幅幅画面。他认为:"如果创造性的写作只是用于无关紧要的细节,只要记者至少希望向读者呈现事实,(这种做法)是可以原谅的。"舒曼警告说,即使这种造假的程度很轻,也存在一定危险,但他承认其实所有报纸都在这么干。他进一步写道:

> 虽然各位总编偶尔会为此感到悲哀,不过在无关紧要的细节上尽情发挥想象力的做法,却是新闻业现阶段最宝贵的秘诀之一。重要的用事实,无关紧要的用想象,这在所有报社都是合理可行的手段。其终极目标就是做出有趣的报道。[42]

若事实并不能完全排除想象润色的成分,那么它也无法完全排除掺杂其中的评论观点。当然,在总编们给年轻的记者提建议时,原则上还是有严格区分的:新闻和评论观点不应该掺杂在一起。但这种分野也不那么绝对。舒曼向读者建议道:

> 观点是社论主笔的专有领地。现代新闻业的精神要求新闻和评论严格区分开来。新闻负责报道事实,评论进行理论诠释。把这两点混在一起,就像"政教合一"一样非常危险。**对入门者而言,至少这是一条最安全的原则**。[43]

最后这句话至关重要。它的意思是事实和观点的分开是一种引导原则,而不是新闻业要奉行的绝对宗旨。确实,正如舒曼在该手册再版时所说的,驻华盛顿和驻外特派记者通常都随心所欲地将事实和意见糅合在一起。[44]

记者们在回忆录中也提到过此类现象:要想成为一名杰出的记者,必须摆脱入门时所学的规则。19世纪90年代,门肯(H. L. Mencken)还是巴尔的摩的一位年轻记者,同德莱塞在纽约的境遇一样,他也被总编要求恪守准确性原则。他后来回忆道,《巴尔的摩太阳报》内"对准确性有极其严格的要求","在员工中间培养一种清醒、实事求是的风格"。1899年门肯开始任职于《巴尔的摩先驱晨报》(*Baltimore Morning Herald*),报纸的要求要宽松一些。他更推崇《先驱晨报》的做法,觉得《太阳报》的记者"被数学式的准确性要求牢牢束缚住……"最出色的《太阳报》记者早已超越了报社政策,"但普通员工还要像簿记员一样写文章"。尽管门肯想将《先驱晨报》的经历与竞争对手《太阳报》区分开,但这里有必要提及《先驱晨报》的常务副总编在他刚到报社上班时给予的建议:绝不轻信新闻稿,尽可能向记者核实,尽量提前索要稿件,在日期、姓名、年龄、地址、数字的处理上要小心,随时牢记不要有诽谤的危险,不要因为《太阳报》垄断新闻而灰心丧气。[45]

当时杂志的情况也是一样。桑·麦克卢尔(Sam McClure)于1894年创立了《麦克卢尔》杂志(*McClure's*),成为首批新一代大发行量杂志。当时就有人遗憾地说,《麦克卢尔》杂志将杂志文学"新闻化"了。[46]显然该杂志的宗旨是娱乐大众,不过总编和员工"表现出对事实超乎寻常的热情,拿事件、资料来说话"[47]。麦克卢尔欢迎别人拿杂志文章同日报的新闻稿件做比较,他就斯蒂芬斯的一篇文章给戴维·格雷厄姆·菲利普斯写信说:"我希望在那篇匹兹堡文章发表前详细审阅一遍。我认为文章从一开始就该摆脱一切偏见,就像新闻稿或报纸一般……"[48]需要事实,更多的事实:"如果说特纳的写作有缺陷,那这种缺陷几乎所有作者都会有,"麦克卢尔在给乌伊拉·卡瑟的信中说道,"那是某种对记录的厌恶。"[49]

这些资料表明,记者可能迫于每日新闻工作的组织压力,才不得不养成呈现事实的报道风格。年轻的记者加入大都市的日报,为的就是要出人头地,以开启自己的文学生涯。他们渴望下笔如神,写出来的东西有魄力、有胆量,特别厌恶编辑强加于自己的无聊原则。而这些城市报纸的编辑要兼顾两个方面:一是培养记者采集新闻,写出准确、激扬的报道的能力;二是满足总编兼老板的要求,尽最大可能减少容易出现的错误,行文谨慎,避免出现诽谤、投诉等让报纸难堪的事件,也不要引发公众的抨击。编辑部主任也可能关注新闻稿件的生动与否,但其首要目的是先弄清事实。如果他能迫使记者服从自己所订的规章制度,某种程度上也可以打击记者们的傲气,从而减轻自己的工作压力,同时在报纸上烙下个人的印记。

编辑和记者间的矛盾在雅各布·里斯(Jacob Riis)的回忆录

中有很生动的描写。里斯在 19 世纪 80 年代曾为《纽约论坛报》报道警察局新闻,在亲身经历的基础上写出了当时最重要的改革文献之一——《另一半人如何生活》(*How the Other Half Lives*,1890)。里斯在回忆录中说明了自己为何要将摄影作为报道的工具。他承认自己虽然想拍好照片,但终究不能算是个好摄影师。为何未能如愿?据他本人所说,是因为他向往的是摄影营造的奇迹,而不是摄影技术本身:

> 我不喜欢拿根针往蝴蝶背上一扎,放进玻璃箱保存起来。我喜欢看蝴蝶在花丛中飞舞,五彩斑斓的阳光在它的翅膀上跳动。我也毫不关心它有什么拉丁学名,因为那不是它的名字。太阳、花朵、蝴蝶都清楚这点。拿根针往蝴蝶身上扎的人永远不会明白蝴蝶的语言。只有诗人才有如此的天赋。这样你明白了吧,我根本就不配做一名摄影师。[50]

里斯在寻觅诗意的过程中,始终感觉科学在嘲弄他。这种感觉在他评价自己的写作风格时更为突出。他抱怨道,编辑认为他的风格"像冒昧、放肆的社论,让人无法容忍"。编辑让他给出事实,而不是评论。里斯如此回应:

> 我想他们的意思就是我写的不能是我自己的想法,而应该是他们对新闻的可能的想法。但是,无论好坏,我都无法用其他方式写作,只能这样写下去。绝对不是说我觉得自己的方法最好,但这毕竟是我自己的方法。上天作证,我以前就不想做编辑,现在也不想。我宁可当一名记者,报道事实真相,也不要做一个撒谎骗人的编辑。[51]

里斯虽然用"报道事实"来为自己的事实和观点相混合的写作手法辩护,但这席话可能有些自相矛盾。他为自己的写法如此激烈地辩护,这一点很耐人回味。他的核心论点就是自己的写法乃是个性使然,无法更改。但他在自传的其他部分仍对新闻报道这个行业进行了比较正面的描写。他很自豪于自己能去报道所谓的"伟大的人性戏剧"。他认为,在幕后的记者"看到了人类情感的喧嚣,时常目睹人类英雄主义救赎了一切罪恶。记者的使命就是将其呈现在读者面前,让我们彻底感受到人性的意义;在报道中捕捉人性的光辉,不能光让文章充斥着邪恶、血腥的描写"。他继续写道:

> 如果能做到这一步,记者就成就了一项善举,他笔下的杀人案件也许会对千万读者产生深远的影响,远比星期天教堂中面对着几百人的布道更有说服力。[52]

这一段话中,里斯将他的教导与牧师的布道划清了界限,可是他拿自己的文章同传教士相比的做法,再加上他笔下的宗教式语言——"英雄主义救赎了一切罪恶",同记者通常采用的科学语言相去甚远。难怪当时有其他记者会对他加以指责。斯蒂芬斯批评他拒绝相信,甚至拒绝观察社会阴暗的一面。里斯对斯蒂芬斯引以为傲的"科学"报道不感兴趣;用斯蒂芬斯的话说,里斯只关心"人性的故事,只注重描述人生活的环境"[53]。斯蒂芬斯回忆说,有一次里斯的助手马克斯·费歇尔(Max Fischel)告诉他警察对一次同性恋聚会发动突袭,里斯的反应是:

> "见鬼的同性恋!"里斯大喊起来,满脸狐疑:"什么是同性恋?"马克斯刚开始解释,里斯就猛地站起身来,勃然大怒。"胡说,"他喊道,"世界上没有这种人!"他把铅笔一扔,径直冲出办公室。他最终拒绝报道这次突袭,害得马克斯几次给报社打电话为其遮掩。[54]

斯蒂芬斯对里斯的道德准则百般嘲弄,不过他对里斯养成的个人风格十分敬重。也难怪,因为他1897年当上《商业广告人报》的编辑后,就是这样寄希望于手下的记者的。他在自传中提到,自己之所以渴望成为编辑,完全是因为对纽约的热爱。他继承了在《晚邮报》实习时学到的报业政策手段,他自觉于文学理念而不是政治。建立员工队伍时他特意避免聘用老一辈的"职业新闻从业者":

> 我要招一些朝气蓬勃、斗志昂扬的年轻记者,不但去观察城市的生活,也要向公众呈现出都市风情画。这就意味着他们需要独特的个人风格。老一辈新闻从业者的风格都和各自的报纸相符,《太阳报》的人是《太阳报》风格,《邮报》的人是高德金的风格。[55]

因此,斯蒂芬斯聘用了哈佛、耶鲁、普林斯顿、哥伦比亚大学的年轻毕业生,这些人都有远大的文学志向,走文学的道路比当记者的愿望更强烈。斯蒂芬斯用高压手段强迫记者保持新鲜活力和个人魅力。一旦发现两名记者风格相仿,他就会立刻炒掉其中一个。

这些回忆录尽管各自不同,但也有很相似的地方,似乎很难理喻。这也许说明,当时大城市的报纸记者生活在同一个世界中;也许又说明,这种共同的体验只存在于回忆中,他们对过去进行了戏剧化的处理。不是所有自传都像这些记者们的回忆录一样亲切和蔼、一团和气。记者的回忆录仿佛仍然延续了他们记者生涯中那种不假思索、简单淳朴、天真无邪的人生观。记者的自传就如同他们笔下的报纸新闻稿,目的就是在无损于必要事实的基础上生动活泼,娱乐大众。新闻业的集体自绘图像呈现为一幅谜一般的画面。画的主题便是年轻的记者同冷嘲热讽的老朽编辑之间的斗争。记者不跟随父辈的足迹,而去自择生路,孑身一人来到大城市闯荡,结果另造出一个"父亲",使自己沿着其足迹前行。随后这个神话就在编辑和记者之间展开,如同父亲与儿子的关系:儿子大胆表达自己的思想,父亲对他施加惩罚;儿子遵从父亲的要求,父亲逐渐对儿子产生信任;儿子再一次反抗父亲,这次更加成熟,他终于战胜了父亲;父亲逐渐老去,入土,成为回忆,儿子也原谅了父亲,承认他早已将父亲的叮嘱铭记于心。

斯蒂芬斯、钱伯斯、门肯、德莱塞、阿佩尔和里斯,他们在回忆中都曾提及自己遇到的第一任编辑要求他们在报道时实事求是、不掺杂个人情感。大多数作者都或多或少以厌恶的口吻描绘当时对事实的重视,不过他们也声称自己绝对忠诚于事实。与此同时,他们也很高兴能将编辑那种厌世主义的玩世不恭融入自己的世界观。他们希望自己对世界的报道生动活泼,能用个人的语调同一个越来越没有个性的世界说话,同时也相信自己可以做到像镜子一般反映现实,不用特意进行诠释。他们蔑视那些吹毛求疵、卫道士般的社论作者的努力,某种程度上他们其实是蔑视那种不愿意把手弄脏的人。休·达尔兹尔·邓肯(Hugh Dalziel Duncan)指出,19世纪90年代的芝加哥新闻从业者的职业理念就是要将新闻戏剧化,不是做不偏不倚的观察者,而是要做"参与者,往手心吐口唾沫,撸起袖子,跳上前去加入战斗"[56]。因此,世纪之交的记者们虽然无法让自己的价值观影响对"事实"的理解,却很愿意接受这样的观点,即愿望服从于事实、梦想服从于现实、道德感服从于现实政治、宗教服从于常理。德莱塞也许是个典型,他很着迷于报道他称为"异教徒、不道德的人物",同充满"宗教式、道德式观念"的社论室文章形成了鲜明的对比:

> 社论室那些人也许早已准备好一套套天花乱坠的道德式或宗教式的社论时评,对人性、进步、个性、宗教、道德、家

庭的神圣、慈善公益事业推崇备至,但经营部门和新闻编辑部对这些大道理可没有一点兴趣。经营部门满脑子都是做生意,眼里只看得见成功;而在本地新闻编辑室,虚伪的面具则被撕下,不加掩饰,不择手段,将生活最真实粗糙的一面呈现给读者。虚情假意在这里行不通。没有人生来诚实正直。慈善只是一种生意形式,总有人能从中牟利。道德只不过是大众消费品。"抢新闻!抢新闻!"这就是本地编辑部传出的叫喊。"别管用什么手段,只要能抢到新闻!抢不到别回来!别倒下!不要输给别的报纸,如果你还想在这里干!写吧,好好写。如果别的报纸写得比你好,你就认输吧,不如赶紧走人。"大众需要记者的报道。[57]

记者们同心协力反对卫道士、反对欺骗、反对虚伪。他们看不起牧师、政治演说家,藐视关闭沙龙、妓院的改革政策,鄙视社评主笔。[58]记者虽然与编辑吵个不休,心里却与他们非常亲近。德莱塞曾满怀敬慕地写道:几乎所有的本地新闻编辑都不相信传统原则,"几乎怀疑所有人的动机,不管动机公开也好,隐秘也好,统统不信"[59]。记者和拼命催稿的编辑之间有一种亲密的感情联系,与那些在采访警务案件时遇到的粗犷、坚毅的警察以及罪犯之间也是如此。林肯·斯蒂芬斯在自传中说得很清楚:记者对采访过、曝光过的那些愤世嫉俗者、精明的商人和政客也有一种亲切感。记者故意摆出一副消极的姿态,为自己怀疑一切的职业道德观感到无比自豪。德莱塞如此描述这种消极的姿态:"我认为,一般人完全可以放心自信地与记者谈话,记者至少不会在道德上黏黏糊糊,没完没了。"[60]

但是,记者本身也受到道德的压力。当《世界报》社论怀疑理查德·哈丁·戴维斯对奥莉维特号搜身事件的报道时,戴维斯勃然大怒。他在给《世界报》的信中着重强调了自己报道的准

确性,指责他的朋友雷明顿在插图上胡编乱造。为了完全洗脱自己的罪名,他又说:

> 我写这篇文章唯一的目的就是想让美国人民看到,在哈瓦那的港口、在飘扬着美国国旗的船只上,美国人民多么缺乏保护,哈瓦那在过去6个月中本该有美国士兵进驻才是。[61]

对于当代记者来说,像他这样一面如此为自己辩解、一面又强调自己忠实于事实,简直不可思议。这里面的自相矛盾太明显了。但戴维斯在当年可不这么认为。进步主义时代的新闻从业者对卫道士的厌恶,很可能只停留在表面写作风格上,牵扯不到实质内容。比如,麦克卢尔令手下的作家集中精力讲一个吸引人的故事,故事应该有一个道德寓意,但必须"无意识地"呈现出来。[62]进步主义时代的记者很容易接受这种理论,因为他们认为事实可以为自己指明道德的方向,并为自己的道德观是在与现实世界的联系中自然形成的而感到自豪。他们认为社评家的道德宣言不是主观说词,而是痴人说梦;当然,他们觉得自己的道德宣言是真理,就像自己揭露的事实一般无法辩驳。这种自信当时在其他一些领域已经受到了质疑,未能持久,新闻业也不例外。

第三章

故事与信息：19 世纪 90 年代的两类新闻

新闻报道是 19 世纪末的产物，它是由两个部分组成的：新职业的出现，以及报纸工业化。虽然记者们的意识形态相近，但各自所属的报纸却以不同的风格凸显自己。纽约大多数大报都是便士报的直系后代，如《太阳报》、《先驱报》、《论坛报》和《时报》等。便士报出现之前已存在的报纸，只余《晚邮报》还拥有可观的读者群。最大的两家报纸则是：《世界报》，创刊于 1859 年，约瑟夫·普利策在 1883 年使其复兴；《新闻报》，由普利策的兄弟创办于 1882 年，1895 年被威廉·赫斯特买下后，在其带领下永载新闻史册。这两家报纸都和其他的报纸有明显不同，代表了当时新闻界所谓的"新新闻学"。原有的报纸对这两家之间的竞争及竞争方式深感忧虑不安，用 50 年前它们进入新闻界时遭遇的道德恐慌，笔伐这两家报纸。

当时的记者普遍认同事实和娱乐并重的理念,但他们所在的报纸却选择强调某一方。《世界报》和《新闻报》偏向娱乐大众,传统的便士报,特别是阿道夫·奥克斯(Adolph Ochs)在1896年重整旗鼓的《时报》却走上了追求事实的道路。我将这两种新闻模式称为"故事"模式和"信息"模式。虽然报纸的角色是讲述故事,但乔治·赫伯特·米德(George Herbert Mead)认为新闻业要实现所谓的"审美"功能。米德认为,新闻中有些部分,如选举结果或股市消息,只能够强调"新闻的真正价值",但对报纸上大多数新闻而言,"欣赏性"或"消费价值"更为重要。新闻的首要任务是为读者带来令人满意的审美体验,帮助读者诠释自己的人生,使其融入所属的国家、城镇或阶层。米德认为这才是报纸的最佳实际功能,证据是"记者一般是被派出去采集故事,而不是收集事实"[1]。这种观点认为,报纸不是通过提供事实,而是通过筛选、修饰事实来引导大众生活。

另一种办报模式认为,报纸的角色应该被定义为一种独特的文献形式,提供的事实不能经过修饰,纯粹用于传达"信息"。瓦尔特·本雅明(Walter Benjamin)指出,"信息"是一种新的交流模式,是成熟资本主义的产物,其明显特征为"立即可以验证"。信息的最高目标就是要"不证自明"。信息不比以往各种各样的"情报"更加准确,只是早期的情报经常征引神话传奇,而"信息必须听起来很合理"。本雅明因此分析道,信息"与讲故事是格格不入的"[2]。这种观点在艾尔文·古尔德纳(Alvin Gouldner)最近的研究中也有所体现,古尔德纳称新闻为"去语境化"的交流。古尔德纳的研究建立在巴兹尔·伯恩斯坦(Basil Bernstein)的理论之上,而伯恩斯坦也将新闻称为"精密语码"的一种形式,这种形式清晰地呈现一切,没有任何一丝隐含或默认理解的空间。[3]

不管是对是错,新闻业的信息模式都与公正、客观、审慎、冷静这些词联结在一起。强调信息的报纸在人们眼中通常要比"讲故事"的报纸更加可靠。但这种判断是谁做出的?有什么根据?谁认为信息模式要比故事模式更可信?"可靠"和"可信"在这里又是什么意思?若全行业的新闻从业者都能两者兼顾,缘何各家报社却各有偏好?站在信息模式一边的报纸为何就被视为更具责任感?

本章意料之中的主题会谈及,一般而言,受过良好教育的中产阶层同信息取向相关联,而中间和工人阶层则与故事取向相关。与讨论通俗文化其他领域的问题一样,这里出现的问题就是:为什么会产生这种现象?为什么信息更能吸引受过良好教育的中产阶级?为什么工人阶层读者更喜欢读故事?将信息模式与客观性观点相联系是否正确?我们是否应该视信息模式"优于"故事模式?从1883年到20世纪头10年这段关键时期,低俗新闻业登峰造极,但同时《纽约时报》却一跃成为美国最可依赖、最受尊敬的报纸。为什么纽约的富人当时选择阅读《时报》,不太富裕的人则读《世界报》?19世纪90年代的这两种新闻有什么意义?

作为娱乐的新闻业:
约瑟夫·普利策和《纽约世界报》

约瑟夫·普利策的报业生涯是从圣路易斯(St. Louis)开始的。19世纪70年代之前,新闻业一直由各家党报统治,直到70年代"独立新闻业"才开始占有一席之地。1871年,《环球晨报》(Morning Globe)聘用了来自芝加哥的约瑟夫·麦库拉(Joseph McCullagh),为圣路易斯的新闻业带来了历史性转变。麦库拉强调新闻,忽视社评,并采纳了詹姆斯·戈登·贝内特当时逐渐为报业所接受的新闻模式,将焦点集中在当地警局、法庭、社会和街头报道等方面。

普利策是奥地利犹太移民,1864年来到美国,17岁时参加了南北战争。战后,他在圣路易斯学习法律,并获取了律师资格,但英语不太灵光,所以没有走法律这条路,而选择在圣路易斯一家德文报纸《西方邮报》(Westliche Post)做记者。普利策活跃于新闻业和政界(先是共和党,后投奔民主党)并取得了成功,因此能在1878年买下了《圣路易斯邮报》(St. Louis Post and Dispatch),一身兼任发行人、总编辑和经理数职。在他的带领下,报纸更加大胆地为民主党进行宣传,风格上也轻松明快了许多。报纸内容中出现了来自商业交易所、农产品市场和水边码头的交易数据。1879年,该报成为圣路易斯第一家报道当地公司股票行情的报纸。普利策反复强调要吸引"人民",而他眼中的"人民"是"生活稳定的户主,哪个阶级都可以"[4]。《邮报》的立场与劳工阶层为敌,售价也高达每份5美分。研究普利策在圣路易斯编辑生涯的历史学家朱利安·拉莫坎普(Julian Rammelkamp)指出,"报纸最基本的读者群就是中产阶级,要将圣路易斯建设成为商业中心,吸引普通民众来这里定居"[5]。普利策在圣路易斯期间最著名的创新就是发展了报纸的惩恶运动(newspaper crusade)。当然,惩恶运动在全国其他地方也在进行,尤以纽约为甚。而普利策把耸人听闻的大标题和曝光政治丑闻做成了报纸的固定特色,刺激了发行量,可能也促使圣路易斯变得更加美好。

1883年,纽约这座美国东部的巨大扩音器中也出现了普利策带来的西部口音。《纽约世界报》在19世纪60年代还小有名气,但到70年代就陷入了低谷,普利策就是在这个时候买下了

《世界报》。收购时该报的发行量是 1.5 万份上下,一年后就暴涨到 6 万份,再过一年涨到了 10 万份,到了 1886 年秋天,销量更超过了 25 万份。普利策认为,之所以有如此令人炫目的快速成功,都是因为报纸的社评立场。他在 1884 年的一篇社论中曾说:"我们可以问心无愧地宣布,《世界报》的成功很大一部分归功于报纸健康的办报原则,而不是新闻栏目和售价。"[6]

他这句话的确有一些道理。《世界报》和赫斯特的《新闻报》在世纪之交是纽约最大的两家报纸,而且都站在民主党一边,这绝对不是巧合。不过偏向民主党可不是普利策(或赫斯特)成功的根本原因。普利策活跃的商业运作和创新起到了更大的作用。他把《世界报》的售价定在每份 1 便士,迫使《时报》的售价从 4 分降到 2 分,《先驱报》从 3 分降到 2 分,《论坛报》从 4 分降到 3 分(《太阳报》一直就是 2 分没有变)。他带头将广告的价格与报纸实际发行量挂钩,以确定价格出售;他抛弃了传统的规矩,不再处罚那些采用插画、打破报栏规则的广告客户。[7] 在普利策的倡导下,报纸的业务运营以及报纸与广告客户之间的关系,都有了理性化改进。

这是一项具有深远意义的成果。19 世纪 80 年代之前,除了詹姆斯·戈登·贝内特的报纸外,其他的报纸杂志仍然对广告客户采取敌视的态度。大多数报纸觉得大篇幅的广告浪费空间,这样对作为报纸主要收入来源的小客户"不公平"。编辑们认为广告绝不应该占用报纸太大版面,从报纸成本和传统习俗出发,广告空间都受到了严格限制。当时的广告字体固定为 5.5 号铅字大小。詹姆斯·戈登·贝内特也说过,广告客户的宣传应该从广告内容入手,而不是考虑印刷、外观等方面。[8]

报纸和广告客户的关系在 19 世纪 80 年代发生了翻天覆地的变化。由于百货公司的涌现和美国制造商的品牌和商标的兴起,商界对广告版面的需求迅速增加了。[9]报纸上社评和广告版面的比例,从七三开降至五五开,有的还要更低。[10]1880年,广告收入占报纸总收入的44%,到1900年便已升到了55%。[11]这种现象非但没有降低发行量的重要性,反而使发行量成为衡量报纸竞争优势的核心标准。各家报纸开始主动兜售,把版面空间和自己的读者群一并呈现给广告客户供其选择。发行量已经不再只是关涉报社荣耀和收入的私事,而逐渐成为公共事务,由社会进行审核,衡量报纸作为广告媒体到底有多大价值。报纸再也无法居高临下藐视广告商,现在轮到广告商来评判报纸了。随着广告业逐步发展为一个独立的行业,从新闻业、商业中脱离出来,这种现象更为明显了。南北战争过后,职业广告人开始购买报纸的版面,再转手卖给广告客户。为了卖个好价钱,这些代理人自然要夸大报纸的发行量。后来创办了《印刷者油墨报》(*Printer's Ink*)的乔治·罗威尔(George P. Rowell)在1869年出版了第一份报纸名录,列出了全国所有报纸,也尽可能精确地将各报发行量公布于众。这个举动得罪了一大批报社和广告公司,但随着罗威尔的声望逐渐被社会接受,广告代理人只能被迫去寻找新的竞争手段。第一家现代广告公司艾耶父子广告公司(N. W. Ayer and Son)在1875年创立了一个"公开合同"体系。在这个体系下,广告公司成为广告客户的唯一广告代理人,以收取固定咨询费的方式向客户提供广告发布地点、方式等方面的专家意见。丹尼尔·布斯廷(Daniel Boorstin)认为,这个趋势推动了美国报纸的商业化进程:

> 报纸杂志的广告版面成为商品在公开市场上买卖,压力终于落在了出版人头上,他们不得不公开关于刊物的发行量、性质等的翔实准确的数据。[12]

报纸和广告客户确立新关系的标志是 1887 年美国报业出版人协会(American Newspaper Publishers Association)的成立。协会在成立早期的主要任务就是规范报纸同广告公司之间的业务。协会规范了广告公司的代理费,制定了广告费计算的标准,并早在 1889 年就出版了一份经过核准的广告公司名单。[13]

普利策对《世界报》广告政策的理性化改革,使报纸顺应了当时商界社会组织的整体变革,但他还有另外一项创新,这也是《世界报》发行量急剧上升的最主要原因,即煽情主义(sensationalism)。普利策为纽约带来的煽情主义其实也没有百分百的原创性。对本地新闻的重视,尤其是对上流社会、犯罪、丑闻等的关注,只是延续了便士报一贯的做法。早在 19 世纪 30 年代,便士报就已聚焦于这些领域,当时便遭到了原有报纸的谴责。但到了 80 年代,纽约大多数主流大报全都走此路线,只是形式进化了一些,唯有《晚邮报》依然故我,拒绝加入这股大潮。80 年代煽情主义的特点不在于实质,而在于形式,即新闻的夸张程度应该有多大。煽情主义意味着自我推销。如果说詹姆斯·戈登·贝内特在 40 年代即意识到,包括广告在内的一切事情都可以,也应该成为新闻,那么八九十年代的煽情报纸则发现,包括新闻在内的一切事情都可以,也应该成为广告。譬如,90 年代的《世界报》经常会在头版拿出一两个栏的版位,吹嘘自己的发行量有多高。广告页也时常用大标题告诉读者,《世界报》比全国任何一家报纸印刷的广告都要多,还列举出具体数据来证明。

我所谓的"自我广告"(self-advertisement),包括除新闻采集外的一切报纸排版方案和办报政策,目的是要吸引眼球,引诱读者掏钱。因此在这层意义上,自我广告最重要的创新之一就是采用了插图形式。可能是觉得插图会有损报纸身价,普利策一开始想要把所有插图从《世界报》上清除掉,不过《新闻从业者》

杂志指出,他发现"报纸的发行量随插图的有无而变化"[14]。普利策很快就转变了立场,在管理《世界报》第一年内就聘用了肖像画师瓦勒良·格里鲍耶陀夫(Valerian Gribayedoff)和漫画家沃尔特·麦独孤(Walt McDougall)。研究美国摄影历史的罗伯特·塔夫脱(Robert Taft)认为,他们的作品"开启了新闻插图的现代篇章"[15]。1873年开办的《纽约每日画报》(New York Daily Graphic)成为美国第一家固定使用插图的日报,内容除了插图基本什么都没有。起初普利策没觉得《世界报》是在与《每日画报》竞争,不过到了1884年夏天,他就指出两家报纸都是"使用插图的画报"。到1889年,《世界报》大量使用政治漫画,尤其是在周日刊上"刊载那些读者看着好玩的插图",《每日画报》败下阵去,只得关门大吉。[16]

  自我广告的另一个主要发明是色彩越来越重、字号越来越大的标题。普利策在这一点上犹豫了很多年。他不想用标题横跨好几栏的形式来突出重要新闻,而是选择在同一栏中尽量增加标题含量。同广告一样,标题格式也必须遵守分栏规定。直到1889年,《世界报》才登出了第一个跨两栏的标题,不过,到19世纪90年代末期,尤其是在与赫斯特的报纸激烈竞争期间,《世界报》开始频繁刊登巨大而醒目的标题。[17]

  报纸的自我广告同样也涉及报纸对自身特点的宣传。比较一下19世纪90年代的《世界报》、《时报》和《晚邮报》,就很容易看出三家报纸鲜明的差别。1896年1月第1周内,《晚邮报》继续保持其传统的时评内容,形式上也依然保守,没有出现明目张胆的自我广告宣传。《纽约时报》就不一样了。1月2日,考虑到当时委内瑞拉境内产生的冲突,该报几乎用整个头版的版面刊登了历史学家约翰·巴赫·麦马斯特(John Bach McMaster)

有关门罗主义(Monroe Doctrine)*的文章。第二天,《时报》的头版又刊载了各议员对麦马斯特这篇文章的正面回应。《时报》决定发表麦马斯特的文章使其成为新闻,以及随后的响应报道,是在表明《时报》是重要人物阅读的重要报纸。其实,麦马斯特这篇文章在其他方面根本谈不上有什么重要意义。同一时期内,《世界报》对摩根(J. P. Morgan)全面开炮,谴责他对其"债券银团"进行金融操纵。在1月头7天内有6天时间里,《世界报》的头版头条都是这起债券事件。《时报》在那一周只在头版头条两次刊登了这条新闻,另三次头版头条则是委内瑞拉冲突。这两件事都很重要,但可以很明显地看出,《时报》选择委内瑞拉冲突、《世界报》注重债券事件,其原因不过是两条新闻分别为两家报纸带来了自我推销的可能,而与故事自身理论上的重要性没有太大关系。

  《世界报》在19世纪80年代成为纽约报业发行量巨头的原因,如果真是因为其不遗余力、大胆地大量运用插图和其他自我广告技巧,那我们还面临着一个问题:**为什么**这样做就能够提高《世界报》的发行量呢?要想回答这个问题可就太复杂了,而且这也提醒我们,报纸的历史和城市的发展史历来存在着千丝万缕的联系。19世纪八九十年代的纽约是一个移民的城市。1881年来到美国的移民人数首次突破50万大关,在其后的12年中有6年每年都达到甚至超过了50万。1896年,来自东南欧的移民数量首次超过了来自西北欧的移民。这就意味着,当时不但移民数量比以往任何时候都要庞大,而且这些人更像"外国人",特别是在语言方面。到1900年,美国公民中有2600万是第二

---

* 该主义基于美国1817—1825年在任的门罗总统于1823年发表的言论,反对欧洲强国对南北美洲事务做任何干涉。——译者注

代移民，还有1000万是第一代移民，总共占到了美国人口的46%。[18]大多数移民在城市定居下来，其中很多安顿在纽约。纽约的移民人口从1880年的47.9万人增长到1890年的64万人，此时移民占到了城市总人口的40%。[19]

许多移民根本不识字，或根本不会讲英语，但所有人都有学习的渴望，他们可以从19世纪末迅猛发展的外语报纸上学到一些东西。但很多外语报纸的编辑都是移民过来的知识分子，他们对新闻业的理解，基于原来欧洲的政治日报理念或他们在欧洲时的想法。有些外文报纸在风格上模仿《世界报》这一类大发行量报纸，报道生动活泼，在同行内取得了极大的成功。意第绪语《犹太每日先驱报》的总编辑亚伯拉罕·卡汉借鉴了在《商业广告人报》的林肯·斯蒂芬斯手下工作的经验，剔除了报纸佶屈聱牙的表达方式，介绍了大多数移民都该了解的英语词汇，力图让报纸更加鲜明、简单、有趣。[20]《世界报》对漫画、插图、标题格式的自由运用，对简单词汇、内容、句式结构的强调，都特别吸引那些英语不熟练的读者。

普利策希望《世界报》能够在社评和新闻两方面均占据领先地位。他曾经写道：希望《世界报》"既是一间每日课堂，又是一个每日论坛；既教育大众，又提供平台供公众讨论"[21]。他这种社评和新闻两方面兼顾的态度，在19世纪末期比较少见。普利策的确缔造了第一家现代意义上的巨大发行量的报纸，但他本人仍然是一位旧式报人。19世纪末大多数大报的业主都是商人、经理，不是政治思想家、散文家或活跃的社会活动分子。普利策对《世界报》的社论版宠爱有加；而阿道夫·奥克斯却曾想把社论从《纽约时报》上全部取消；赫斯特对社论版完全持鄙视态度；小詹姆斯·戈登·贝内特（James Gordon Bennett, Jr.）对砍掉《先驱报》社评部也曾犹豫不决。[22]如果说在许多新闻业领军人物看来,报纸正在失去一项旧功能,那也可以说他们中的一些人同时正迎来一项新功能——娱乐。赫斯特曾自豪地称:"《新闻报》的政策是,在获得新闻的同时,也要愉悦大脑,因为公众喜爱娱乐甚于信息。"[23]《芝加哥晨报》(Chicago Morning News)和《芝加哥每日新闻》(Chicago Daily News)的梅尔维尔·斯通(Melville Stone)也认为报纸有三种功能:告知、解释和娱乐。[24]

普利策本人未公开称道娱乐性理念,不过《世界报》已经在具体实践它了。娱乐功能对于报纸的重要性,在《世界报》周日版的发行量增长上体现得尤为明显。当时的周日版,就像那些老式的星期日版报纸一样,无论在风格上还是内容上,与其说像是一张日报,不如说更像一本图文并茂的杂志。周日报纸在19世纪早期还很罕见。1842年时,纽约人中每26人里有1人购买过周日版,每7人中有1人购买过日报。爱尔兰人大量移民到纽约后,1850年,纽约人中每9人就有1人购买过周日报,因为爱尔兰人和其他后期来到美国的移民不受美国"安息日"传统习俗的约束。另外,南北战争期间,报纸通常会在星期天出版战事新闻号外,这就为报纸进攻周日版铺平了道路,直接吸引了那些想在安息日做点什么的读者。到了1889年,一半的纽约人都在读周日版,那一年周日版的读者也超过了日报的读者。[25]《太阳报》的总编辑查尔斯·达纳(Charles Dana)在1894年作过估算:一家报纸如果能以2分、3分钱的价格发行5万份日报,那它可以按5分钱的价格发行10万—15万份周日版。[26]周日版吸引读者的那些元素,也逐步出现在日报上。普利策将《世界报》的周日刊"拿来做试验,尝试新的点子,最终将其运用于每周每天的日报上"[27]。插图和连环漫画(第一幅彩色连环漫画作品出现在1894年某期《世界报》周日版上),也从周日版扩展到周一到周五的日报上。

周日版在女性专版的发展上也起到了先锋作用。诗歌和1883年在《世界报》周日版诞生的浪漫小说,仍然停留在周日版上,但其他针对女性的特别报道开始逐渐进驻《世界报》的普通日刊。乔治·于尔根斯(George Juergens)认为,《世界报》在19世纪80年代对女性读者的重视,表明了普利策对女性地位崛起的反应。他不能忽视女权主义,也不能无视"新女性"运动,但为了继续扩大工人阶层读者群,他对那些也不能公开表示支持。因此他采取了一种折中道路,腾出更多的空间讨论女性问题,但着重强调家庭生活、时尚、礼仪,避免谈论女性选举权和女性到传统男性岗位工作等现象。[28]这说明女性的地位在"提高"的同时,也在发生着变化,其中一些变化同女性解放一点关系也没有。首先,"崛起"的与其说是女性,不如说是**消费**,因为在经济活动中,通常女性对消费的贡献要比男性大。

因此可以看出,并不是女性的地位比过去重要了,而是消费的地位和女性的消费地位较以前重要了,报纸对此做出了反应。原来女性在家里自给自足生产的很多货物,现在都由外界的制造商生产了卖给女性。曾经在隔壁小店出售的许多货物,现在由百货公司在全市范围内进行推广销售。以百货公司为首的广告客户将目光集中在女性消费者身上,因此特别关注那些重视女性读者的报纸。广告客户对女性选举权问题毫不关心,不过肯定很欣赏《世界报》上越来越多的时尚、礼仪、烹饪、美容、家庭装修等文章。[29]

也许广告客户也从报纸上意识到女性对自己社会地位的认知。1883年《世界报》上出现了第一个女性"咨询"专栏,以住在城里的伊迪丝(Edith)给乡下的表亲贝茜(Bessie)写信的形式,为读者提供指导。伊迪丝会介绍"一些纽约的社交礼节,这样你明年从怡人的乡村搬来城里后,就可以立刻掌握这里为人处世的礼仪"[30]。伊迪丝在如何正确留名片等举止上的指导,与那些住在廉价房中的穷苦女人没有实际联系,但却构成了她们美好的梦想。即使对穷人来说,城市生活的部分魅力也在于能够让人憧憬美好的未来:每一天都能与自己梦寐以求的事物擦身而过;霍雷肖·艾尔杰的小说就算是虚构,至少看起来像真人真事,也许会发生在每个人身上。人们的生活就这样寄托于憧憬之中。

另外,虽然《世界报》的大多数读者都不是来自"怡人的乡村",但他们无疑和那位乡下表亲一样,完全不知道如何在城市中体面地生活。新移居城市的人,也许如彼得·威尔莫特(Peter Willmott)和迈克尔·杨(Michael Young)描写的20世纪50年代从城里业已完备的邻里社区搬到郊外独门独户式居住的英国工人阶层家庭一般,来到一个新的环境,全然不知道自己的位置在哪里。社会地位共同的内部表征既然不存在,外在表征就变得尤为重要了:

> 艾伯特太太(Mrs. Abbot)说道:"如果你的花园做成一个样式,这些人就会把自家花园全部铲掉,完全按你家的样式来建。窗帘也是,如果你买了新窗帘,他们在几个月内就会换新的。一旦有人买了张新地毯,就会特意挂出来给大家看。"[31]

在城里安顿好的工人阶层小区内,判断一个人的价值基本不会考虑工作、收入、教育、家具等因素。不过搬到独门独户的房子里后,邻里彼此都很陌生,只能"通过外表而不是其自身"来评判他人。杨和威尔莫特总结道:

> 别看人们都待在自己的房子里,其实某种意义上他们

都归属于一个强有力的组织。他们不清楚是谁在评判自己,但评判的强大力量却无所不在。总体来看,人们在小群体关系中得到的个人尊重越少,就会越发去追求非个人方面的尊重,而努力提升自己的地位。孤独的人害怕被别人看不起,于是拼命获取财物,因为财物可以化解焦虑,而焦虑是引发人际隔阂的催化剂。[32]

如果以上理论正确,那不妨说在19世纪八九十年代的美国,尤其是在大都市,越来越以消费为发展导向了。这不仅因为大规模生产能力的提高和人口的增加(供需关系最基本的形态),也因为城市社会关系网络的改变。经济逐渐社会化:市场将不同职业的人联系在一起,工厂、办公室等办公地点又将不同等级职业相关者联系在一起。反过来,整个社会也更加经济化:以消费品为特征的社会地位体系将全民联系在一起。[33]

《世界报》等以扩大读者群为目标的报纸对城市人口逐渐演变的生活体验、价值观和渴望做出了反应。这便意味着报纸"娱乐"功能的增强,同时也提升了以指导城市生活为目标的"实用报纸"的重要性。19世纪80年代的城市生活与30年代相比发生了巨大变化。80年代的社会在民族、阶级地位等方面更加多元化,形成了一个庞大的社会、地理运动的漩涡。逐渐扩大的中产阶级群体比以往拥有更大的流动性,每天在家庭和办公室之间穿梭。城市交通得以改善,中产阶级纷纷搬到郊区生活,这就意味着要走许多路,在交通上要花费大量时间。从30年代开始,公共马车的使用已逐渐使人口不再聚集于港口地区,开始向外扩散;到了19世纪下半叶,市内交通的发展更是带来了翻天覆地的变化。1850年的步行城市到1900年时已经发展成为乘车城市(到1890年时,马粪和马尿已经成为纽约极其严重的污染问题)。公共马车、铁路以及后来的电缆和地面电线的出现,提升了交通速度,地铁也应运而生。到 1900 年时,大部分人口已经可以搬至郊区生活。这同时也在城里产生了隔离现象:穷人住在市中心,中产阶级搬到了更远的地方。[34]

这种现象为报纸带来了若干影响。乘坐公交车、机车是一种很新奇的体验。在人类历史上,普通民众第一次可以每天坐车时不用负责驾车了。眼睛、双手都空闲下来,可以在车上阅读了。乔治·于尔根斯指出,《世界报》之所以在风格和排版上走煽情主义道路,就是为了满足乘客的需求:如果报纸字号过小在车上很难看清,纸张过大也不方便。所以《世界报》缩小了纸张尺码,加大了标题字号,大量运用图片,还发展了"导语"段落,在开头就概括报道大部分重要内容。[35] 19 世纪 40 年代导语的产生主要是因为新闻电报成本过高,而现在使用导语则是读者快速阅读的需要。这样看来,报纸插图和大标题之所以增加,不仅是为了迎合移民工人阶层的新特性,也是为了迎合中产阶级新的生活方式。

不同阶层的乘客现在都可以垂手坐车穿过大街小巷,自然而然就会扭头观赏街边的景色。查尔斯·狄更斯(Charles Dickens)1842 年访问纽约时,便为百老汇大街上的公交车惊喜不已,对各类私家车也同样感兴趣。[36] 1868 年,沃尔特·惠特曼(Walt Whitman)描述他对公交车的喜爱之情时,他是走进去从里面往外看,而不是看着它:

> 要谈一下我一天的活动吗?通常上午都是在房间里写作,然后洗个澡,穿戴整齐,12 点左右出门。要么去闲逛,要么去城里拜访朋友,要么去谈正事。若风和日丽,我也有兴致的话,就去坐上某个司机朋友的车,在百老汇大街从第 23 大街一直坐到滚球草坪,来回各 3 英里路。(每天我都闲不住,每时每刻都能找点事情做。)阳光明媚的下午,在百老汇

大街上坐几个小时的公交车,总能让我心情豁然开朗,还能饱览街景。大千世界从你身边掠过,生机勃勃,永无休止:林立的商店、耀眼的大厦、宽敞的橱窗;一群群穿着华丽的女子在宽阔的人行道上款款而过,举止优雅、步履轻盈,无比雍容华贵——这真是最为典雅的景象了;绅士们也仪表堂堂,还有很多外国人士;街道上各式车辆川流不息,绵延不绝;多么壮丽的街景啊,两旁耸立的高楼大厦,在白色大理石的衬托下庄严华贵,俯视着喧闹的大街。在我这个闲人的眼里,这一切都在艳阳下如此美妙,全世界在我的身边忙忙碌碌,而我轻松自如,将世间百态尽收眼底。[37]

从乡下来的表亲在壮丽的城市面前不禁目瞪口呆,而在19世纪末,大多数城市居民也都是来自农村地区,城里的表亲也在呆呆地看着——19世纪后期的城市确实是一道罕见的风景。总体而言,城市的社交生活也引人入胜。惠特曼看到大街上女性和外国人来来往往:不管在上班还是去购物的路上,女人们都互相审视着;移民也在不停地观察、学习着。西奥多·德莱塞笔下的嘉莉妹妹(Sister Carrie)到芝加哥去找工作的第一天,就"每走一步都要停下来,惊叹于眼前出现的景象"。之前她在《芝加哥每日新闻》上读到百货公司的广告,便去看个究竟。琳琅满目的商品让嘉莉眼花缭乱,对"那些推搡她、不拿正眼看她的淑女"和"带有独立、冷漠表情"的售货员小姐,她感到无比敬畏。德莱塞本人在19世纪90年代做过记者,无论从职业角度还是从爱好出发,他都是一名热心的观众:

> 没有公事或闲暇时,我最喜欢的消遣就是在大街上闲逛,观察他人的生活和活动。我不去想自己的事,而去想象命运的闪电会在某处击中某人,将他的人生搅得一团糟,而

福兮祸兮则因人而异。[38]

他人的祸福都会引起旁观者的兴趣。当时纽约本地的商店兜售一本粉色的小册子,其实是消防部门的警铃系统图。只要这本册子在手,任何人都可以在听到火警铃声后赶去事故现场看热闹。梅布尔·奥斯古德·赖特(Mabel Osgood Wright)就曾说:"跑到火警现场是我最爱做的事情之一。"[39] 25 年后在芝加哥大学创设了美国最重要的社会学系的罗伯特·帕克 19 世纪 90 年代曾担任《纽约新闻报》的记者,他也曾描绘过自己对观察城市生活的强烈兴趣:"阳光明媚的下午,悠闲地走在百老汇大街上,向炮台公园方向漫步,一路看着布鲁克林桥上来来往往的人潮,这种体验对我永远散发着诱人的魅力。"[40]

报纸不但从壮丽的城市生活体验中获益匪浅,而且自身也造就了这种体验。报纸为读者呈现出一幅光彩夺目、魅力无限、永无止境的都市生活画卷。在此基础上,普利策和后来赫斯特的"行动新闻"(action journalism)又创造了新的奇迹。1885 年 3 月,《纽约世界报》向公众呼吁为自由女神像的底座捐款。到 8 月份,就筹集到 10 万美元,几乎全都是小额捐款。《世界报》借此机会将自己描绘成工人阶级的先锋,不但抨击"奢侈阶级",还竭力宣扬纽约、宣扬普通大众,当然也宣扬了《世界报》自身。这是明显的自我广告。

1870 年以前,纽约各大教堂的尖塔仍是市内最高的建筑。但在随后的几十年里,纽约市容发生了巨大的变化。1890 年《世界报》新大楼竣工,一跃成为纽约市最高、最宏伟的建筑。报纸不仅记录着社会变迁,其自身也是社会变迁的一部分。

从某个角度来看,普利策发展的大众新闻业,仅仅是将便士报革命延伸到了对日常生活的关注。但日常生活也发生了重大变革,参政、阅读、都市、美国这个国家、社会的变迁和地理的迁徒,犹如万花筒,对民众来说都是全新的。现在的大众当然也希望能听到富有道德教育意义的故事,但《圣经》和基督教圣人的说教已经不适合新兴城市了。然而,新新闻业适合;普利策——一个移民、一个犹太人、一个自力更生的人,他适合;他的《世界报》则为之确定了步调。

作为信息的新闻:《纽约时报》的兴起

《世界报》或许为现代发行量巨大的新闻业确定了步调,但1896年之后,是《纽约时报》建立了新闻业的标准。《新闻从业者》1902年在一篇题为《美国新闻业的标准》("Standards in American Journalism")的社论中重申了查尔斯·达德利·华纳(Charles Dudley Warner)在1881年提出的主张,即未来的成功报纸必定是最优质的报纸:"……只有那些准确、充分地呈现新闻,抓住越来越多的忠实读者的报纸,才能生存下去。"《新闻从业者》视之为《纽约时报》成功的预言:"……报业公认,在新闻业的发展方向中有一条通向成功的光明大道,《纽约时报》走的就是这条道路。"[41]记者和报纸批评家威尔·厄文(Will Irwin)在1911年指出,《时报》"对纽约生活和全世界现状的描绘比其他任何一家报纸都要真实"[42]。梅尔维尔·斯通1926年在《时报》75周年庆刊中,高度称赞发行人阿道夫·奥克斯打破了只有煽情报纸才能够成功的传统观念:"最终他让他们——他的对手们——看到,庄重意味着赚钱。"[43]弗兰克·普雷斯布利(Frank Presbrey)在1929年的著作《广告的历史与发展》(History and Development of Advertising)中称《时报》为"世界上最具影响力的报纸",对此论断恐怕没有多少人会反对。[44]

《时报》巨大影响力的来源似乎也很少有人怀疑:富裕阶层

选择《时报》,因为该报保守、庄重、准确。1897 年《新闻从业者》如此赞扬《时报》:

> 该报严格遵守其刊登"所有适于刊载的新闻"的宗旨,完全符合有涵养的富裕阶层的要求。作为优质商品的广告媒体,该报的价值也一直稳步攀升。虽然其读者人数难比那些较开放的报纸,但该报读者更有钱,毕竟这些人才是广告客户追逐的目标。[45]

有钱人发现,《时报》对他们的生意也很有价值。切斯特·罗德(Chester S. Lord)在《纽约太阳报》担任过 30 年的常务副总编,他在 1922 年写给有抱负的记者的指南中,引用了一位新闻业观察家的话:

> 纽约市或许有 500 人每年愿意花 1000 美元获得《纽约时报》上刊登的商业信息,要是他们无法从别处获得的话。[46]

奥克斯 1896 年接管《时报》后,首开先例每天刊登到城里采购的郊外客户名单,并开始报道房地产交易,增加财经报道,还推出每周财经评论。《时报》迅速获得了"商业圣经"的美名。[47] 埃默·戴维斯(Elmer Davis)1921 年出版关于《时报》历史的文字时,甚至觉得有必要回击外界的指控,辩护说《时报》并不是债券持有人的走狗,也不是富人阶层的传声筒。他的反驳很有启发意义:"《时报》之所以被称为投资阶级的喉舌,纯粹是因为大多数投资者是因其财经新闻的高质高量才选择阅读。"[48] 比较一下世纪之交的《时报》和《世界报》,《时报》在财经新闻和财经广告两方面都明显胜《世界报》一筹。为什么有钱人读《时报》? 因为其生意需求所致。

但这个解释还只是刚刚开了个头。《时报》的政治立场也是关键原因:《时报》倾向于保守派,社论和政治新闻的报道都明显体现出其保守的一面。《时报》强烈支持1902年共和党人本杰明·欧戴尔(Benjamin Odell)连任州长,而《世界报》则拥护民主党的伯德·科勒(Bird Coler)。比较一下选举前一周的两家报纸,便能看得很清楚:10月25日,两家报纸都在显著版位——置于头版右栏位——用特写报道了蒙大拿州的一起火车抢劫案。(顺便提一下,《晚邮报》根本没谈这起案子。)10月26日,《时报》头版头条刊登了欧戴尔在纽约州北部地区发表的讲话,否认民主党前参议员戴维·希尔(David Hill)对他提出的腐败指控。《世界报》当然不会放过机会为自己做广告,声称该报的民意调查显示,欧戴尔可能会以一万张选票的优势胜出,尽管如此,针对欧戴尔的指控却是"总体属实的"。10月27日,《时报》在显著位置以特写报道了扬克斯市(Yonkers)的一起交通事故,电车与汽车相撞,造成20人受伤。《世界报》则将这条新闻置于次重要位置(报道22人受伤),而头条特别报道的标题是"欧戴尔面临更多指控"。

很明显,《世界报》对戴维·希尔针对欧戴尔的指控添油加醋,而《时报》却刻意对此淡化处理,这均是出于报纸自身的立场。10月28日,两家报纸都在头版报道了纽约举行的民主党国会选举集会。《时报》的标题很简单——"民主党国会选举集会",而《世界报》则刊登了该报认为那里发生的事——"希尔在大会上称欧戴尔已坦白"。《晚邮报》此时也露出了真面目,其头版找不到任何民主党集会的消息,而是刊登了一篇报道——"对希尔指控的评说",在报道中共和党领导人辩称欧戴尔是清白的。

这种比较法有两方面的重要意义。第一,这证明了《时报》保守的政治观点,无疑正是这点使其在富裕阶层人气大增。第二,这说明很难证明哪家报纸的报道更加公平,至少在政治报道上如此。在有意强调和新闻选择方面,《时报》和《世界报》都受自己政治偏见的左右。这个结论肯定不稀奇了,不过它促使我们进一步去分析:为什么《时报》获得了显赫的声誉?

1896年后《时报》的崛起有另两大原因,这两个原因并非重视财经报道和政治倾向。首先,《时报》在自我宣传时强调的是"庄重",而非新闻报道、准确性或政治立场。其次,奥克斯接掌《时报》两年后,报价从3分降到了1分,《时报》发行量有了第一次飞跃。《新闻从业者》认为:"想读《时报》的人就算是3分钱也会爽快地掏出来,调低价格根本不会影响发行量。"[49] 当时很多人也同意这种说法。但是就在降价的一年内,该报发行量从2.5万份跃升至7.5万份。虽然此时的发行量仍与《世界报》和《新闻报》相差甚远,但足以在纽约新闻界站稳脚跟。通过分析《时报》成功的以上两方面原因,我们就可以进一步了解19世纪90年代"两种新闻"(two journalism)的概念。

阿道夫·奥克斯于1896年8月买下了当时濒临倒闭、人气低落的《纽约时报》。当时38岁的奥克斯已经是一位事业有成的报业老板。奥克斯出生于田纳西州诺克斯维尔(Knoxville)一个德国犹太人家庭,是6个孩子中的老大。14岁时他到《诺克斯维尔新闻》(Knoxville Chronicle)报打杂并在印刷厂当学徒,后来在路易斯维尔(Louisville)和诺克斯维尔当印刷工,在《查塔努加电讯报》(Chattanooga Dispatch)当业务推销员;终于,在20岁时他以500美元买下了《查塔努加时报》(Chattanooga Times),成为报纸发行人。在他带领下,该报逐渐成为美国南部最赚钱的报纸之一。1896年他买下《纽约时报》后,也希望能取得同样的成功。[50] 1896年8月19日,他在《时报》上公布了自己的办报政策:

接管《纽约时报》,恪守其多年来的优秀传统,继承亨利·雷蒙德和乔治·琼斯(George Jones)的光辉事业,确实是一项艰巨的任务。办一份优质、干净、正派、值得信赖的报纸需要诚实、仔细、热忱、勤奋、拥有丰富的实践知识、办事通情达理。善于思考、情操高尚的读者们对《纽约时报》一直关爱有加,我由衷希望不会辜负您对我们的厚望。

我衷心希望《纽约时报》能够以文明得体的语言、简洁生动的形式将所有新闻呈现给读者,争取更早提供新闻,若不能更早,至少也与其他任何一家可靠媒体一样早;希望《时报》能够不偏不倚,不畏惧、不徇私,不受任何政党、教派和利害关系左右;希望《时报》的这些专栏成为一个论坛,供公众讨论重大的公共话题,集思广益。

报纸目前优秀的员工队伍无须大的变动。查尔斯·米勒(Charles R. Miller)先生多年来一直主持评论版,工作成绩卓著,今后他继续担任总编辑。《纽约时报》也不会改变其处理公共问题的态度和个性,正是这种姿态奠定了其无党派报的地位。如果可能,《时报》将进一步呼吁财政与关税的改革,反对政府奢侈浪费、盗用公款,拥护最低税率、政府不干预社会,保卫人民的权益,维护健全的公德。

这是一篇非凡的宣言。当时《世界报》的早报加晚报发行量为 60 万份,《新闻报》的发行量为 43 万份。《太阳报》的早、晚报发行量共计 13 万份,《先驱报》为 14 万份,《晚邮报》是 1.9 万份,《论坛报》为 1.6 万份,而《纽约时报》的发行量只有 9000 份。[51]然而奥克斯却在这种局面下宣布绝不改变报纸的特色。员工队伍、办报政策全部保留下来,继续服务于"善于思考、情操高尚的读者"。他措辞冷静、坚毅,既高瞻远瞩,又脚踏实地。

乔治·琼斯从 1869 年到 1891 年去世为止一直掌管着《时

报》。他曾骄傲地宣称,《时报》从没有去乞求别人订阅,也从没有主动招徕广告。[52]而奥克斯从不小看推销行为。1898 年,他首开电话订报先例,成为首位通过电话提高发行量的报业老板。他还给招揽到最多新订户的前 100 名订报员去法国、英国自行车旅游的机会。当然,前项创举只能吸引拥有电话的富裕阶层,而后一举措的目标则锁定中学和大学教师,竞赛广告中也强调说:"读《纽约时报》被看成是尊贵体面的象征。"[53]

奥克斯接管报纸两个月后,该报著名的口号"所有适于刊载的新闻"第一次出现在社评版上。同一时期,奥克斯也开始了一轮提升发行量的竞赛:谁能提供最合适的口号,就可获得 100 美元的奖励。最终获胜的口号是"阅遍天下,但杜绝丑闻"(All the World's News, but Not a School for Scandal),不过各位编辑仍然觉得报社自己的口号最好。于是,从 1897 年 2 月起,"所有适于刊载的新闻"这一标语就永久性地登在头版版头了。

《时报》的口号同政策宣言一样,既强调准确性又强调庄重性。《时报》无意于,也未与《世界报》和《新闻报》进行发行量的竞争。《时报》在刊于 1902 年《新闻从业者》上的一则广告中称,该报是纽约市内销量最大的报纸,但后面又用小字标明不包括《世界报》和《新闻报》,仿佛这两家报纸完全属于另一类出版物。[54]在某种意义上说,这两家报纸的确与众不同,《时报》就抓住这点进行自我宣传。《时报》联手《太阳报》、《快报》和其他报纸,发动了新一轮的新闻业"道德战"。为了与"低俗"报刊相区分,《时报》还用"本报不会弄污您早餐的餐巾"这条特别的标语来进行自我宣传。[55]从 1897 年冬天《时报》上刊登的一些内容就可以看出该报对低俗报业的态度。2 月 12 日在一篇题为《现代报纸》("The Modern Newspaper")的报道中,《时报》报道了《尤蒂卡观察报》(*Utica Observer*)一位负责本地新闻的编辑在科尔盖特大学新闻俱乐部的一次演讲，其中谈及该报总编辑坎菲尔德(W. W. Canfield)抨击有些报纸肆意歪曲新闻，侵犯隐私权，发表下流文章，报道什么都不值得信赖。他呼吁要有更多像《时报》这样的报纸："报纸是我们的伙伴，聪明人当然不会与堕落败坏的伙伴相处。"同期报纸上，《时报》还发表了名为《畸形新闻和舞会》("Freak Journalism and the Ball")的评论文章，谴责《世界报》长篇累牍地报道布拉德利·马丁(Bradley Martin)在华尔道夫饭店举办的舞会，指责《世界报》的画师在舞会开始前就已经把画画好。(这里要指出，《时报》也没少在舞会报道上浪费油墨。2月12日的《时报》用头版头条刊登了舞会盛况，整个二版用来详细介绍到场宾客，不仅报道服饰打扮，连舞会开始前各位客人在哪里就餐都写得一清二楚。)

几天后，《世界报》和《新闻报》就开始围绕理查德·哈丁·戴维斯对奥莉维特号搜身事件的报道争论不休。《时报》没有讨论这则新闻本身，而是对媒体的报道做出了评论："我们饶有兴趣地关注着我们尊贵而怪异的报业同行之间的争斗，他们是如此热衷于彼此揭露。"虽然口吻显得茫然，但《时报》却在暗地里捅了一刀：

> 在年轻的古巴女子眼中，这张图片比她在警察那里遭受的虐待要更加恐怖，更具侮辱性，但对那位唯利是图的画家或那家怪异的报纸来说，这是不足为虑的。[56]

与纽约其他报纸不同，《时报》显然记性很好。对奥莉维特号搜身事件的报道刊出两星期后，当戴维斯采访过的古巴妇女逃至纽约时，《时报》——而且似乎只有《时报》——已经恭候在码头上等着采访她们。3月2日，《时报》在头版刊登报道"古巴女性遭受虐待"("Cuban Women Ill Treated")。《时报》在这里展现出其特有的报道方式,根本未谈及《新闻报》和《世界报》之前的新闻报道。《时报》的报道肯定了《世界报》的说法,三位女子的确是由年长的女性搜身,但报道却对雷明顿的想象力和戴维斯的怒火表示了精神上的支持。《时报》采访的一位古巴女子抱怨道,当她被搜身时,西班牙警察从舷窗外向内张望,还嘲笑屋内几位受羞辱的女子。《时报》问她是否真的如西班牙官方所说的为反叛者提供了支持,女子"意味深长地"微笑着说:"我是古巴人嘛,我父亲就是十年前为争取古巴自由牺牲的。"

第二天,《时报》又恢复了对低俗报刊的间接攻击,在二版发表题为《新新闻与罪恶》("New Journalism and Vice")的文章,报道了方斯(W. H. P. Faunce)牧师在"纽约抵制恶行协会"(New York Society for the Suppression of Vice)20周年纪念活动上的讲话。方斯说:

> 美国现今的报纸陷入了一场可怕的斗争,这是一场一个阵营对另一个阵营的斗争。一方是令人尊敬的报纸,代表着正派和诚实;另一方则是自诩为新新闻业的报纸,实际上它们陈旧到如同罪孽自身。

3月4日,《时报》一篇题为《道德清洁工作》("A Work of Moral Sanitation")的社论高度赞扬了方斯牧师。文中注意到纽瓦克(Newark)的公共图书馆决定将煽情报纸赶出去,但同时也提出了自己的改革建议:让社会去嘲讽和唾弃那些在大庭广众之下阅读新新闻报纸的行为即可,能做到这一点就是一项有益社会的成功改革。[57]

1898年10月,《时报》将价格从3分降到了1分。一年之内,该报发行量从2.5万份一跃至7.5万份,之后一直稳步上升:1900年涨到8.2万份,1905年至12.1万份,1910年达19.2

万份，1920年时更达34.3万份。有评论家认为，价格下降会让《时报》流失一部分专门服务于上层社会的广告客户，不过事实上降价的举措似乎反而提升了《时报》在广告客户中的声望。《时报》在1897年售出240万行广告（以5.5号铅字计行），1898年仍是240万行，而1899年增至340万行，1900年至400万行，1905年达600万行，1910年更达760万行，1920年则跃升到2340万行。[58]降价促使这样一份高格调、保守派的报纸走向更广阔的读者群，为《时报》的成功奠定了基础。在低俗新闻业最为狂热的年代，《时报》反而在茁壮成长。

奥克斯对这种现象的解释很简单：很多人购买《世界报》和《新闻报》，是因为便宜而不是因为其煽情。如果价钱合适，许多读者定会选择"一家干净的报纸，它为高尚的宗旨而奋斗，刊登一切适于刊登的新闻，以独立的立场由衷表达自己的意见"[59]。不过这种乐观的自信并没得到多少人认可，而且连《时报》报社内的有些编辑也认为奥克斯是一个无法解开的谜。评论版编辑加瑞特·加瑞特（Garet Garrett）在1915年到1916年间坚持写日记，有时他便试图分析奥克斯的实力和成功现象。他觉得奥克斯在某些方面特别粗鄙。奥克斯过于爱财，"在员工薪酬上斤斤计较，只要看到大数目的钱财就两眼放光"。奥克斯的确认为将《时报》说成是商业成功是一种"不可原谅的侮辱"，不过加瑞特对此也有解释："他的野心——并不奇怪，毕竟所有人都渴望得不到的东西——就是为知识阶层办一张高雅的报纸。"

加瑞特嘲讽奥克斯见钱眼开，鄙视他的知识素养低得可怜——"他在知识修养上比不上社论室讨论桌上的任何一名编辑"——但加瑞特仍然为奥克斯无可争议的巨大成功而着迷。他批评奥克斯不会讲话，语法不通，但同时也写道：

> 然而我也意识到，只要奥先生（Mr. O.）在场，我们就会

拥有极大的创意空间,迸发出无穷的思想火花。没有人看得上他的智商,但他总能迅速发现对立面,激发大家活跃地辩论,反复推敲,最终拿出一篇令人满意的文章。他不在场时的情况远不如他在场。

何以至此呢?加瑞特认为,那是因为奥克斯"虽然逻辑性不强,但颇具洞察力"。有一次他还写道,奥克斯"情感上对人性十分宽容,极为多愁善感,常常会体现在他对事务的另类看法上。他对什么东西都没有执着的信念,因此可以任感情自由涌动"。接着他对奥克斯之谜进行了分析:

> 奥先生自身之谜及《时报》成功之谜,就在于他具有群众意识。借助报纸的力量,他成了一名演说家。演说家和他都站在台上讲话,对群众的感情了如指掌,或自身就拥有如群众般的情感;如同演说家和群众激情互动一般,奥先生和《时报》的读者之间也产生了化学反应。

"奥克斯先生就是群众,"他总结道。[60]

本杰明·斯托伯格(Benjamin Stolberg)在1926年《大西洋月刊》(*Atlantic Monthly*)的一篇评论奥克斯的文章中,以较为调侃的语调肯定了加瑞特的分析。他说:奥克斯"不仅是个老实人,而且天性就是个墨守成规者。他是美国中庸文化的活标准"。《时报》之所以大获成功,是因为它身处一个大众竞相效仿、炫耀消费的时代。大多数读者是因为精英阶层读《时报》所以才去读。奥克斯就曾指出,被人看到在读《时报》,"是不必羞愧的"。在斯托伯格眼中,正是这一点才使该报获得了成功,并非因为《时报》自身有多么优秀的质量:"在《时报》上,我们可以自由地崇拜离群索居、性情怪僻者的谬见,而不会被认为是盲目崇拜。"[61]

斯托伯格的嘲讽有一定道理。读报的大众也许在道德上以阶层划分，但实际表现形式却远不是这么简单。若斯托伯格的观点是正确的，那么教育程度不高、不很富裕的民众阅读《时报》就是为了仿效比他们地位高的阶层，因此在阅读时自然会感到无比自豪。受过良好教育、较富裕的群体不仅读《时报》，也阅读"故事类"报纸杂志，但他们阅读时带着羞耻感。现代对电视观众的研究表明，受过高等教育的人看电视的时间其实并非远远低于受教育程度不高的民众，所看节目质量也不一定就"更好"，但区别就在于观看的**心态**不同。〔62〕早在19世纪末，观察家就已经在报业方面得出了类似的结论。1884年，普利策就曾嘲笑过抨击煽情报纸的马修·阿诺德（Matthew Arnold）："和其他人一样，马修也掏钱阅读下流报纸。"〔63〕高德金在《国家》（*The Nation*）杂志1895年的某期抱怨煽情报纸人气过旺，但同时也注意到它们都有各自不同的读者群："……各阶层的人都在贪婪地阅读这种东西。"他还指出："越是对粗俗日报牢骚满腹的人，就越是这些报纸的忠实读者。"〔64〕

因此可以看出，阅读不同的报纸代表着道德的高下之分；有人带着自豪读报，有人带着羞耻读报。这就为如下假说提供了证据：《时报》的成功不仅是因为内容对商人、律师大有用处，也不仅是因为它代表着富裕阶层的政治立场；《时报》之所以吸引富人和那些渴望成为富人和名流的人，在某种程度上是因为它得到了社会的认可。《时报》本身就是尊贵的象征。

这个结论又衍生出另一个完全不同的问题：到底是什么使《时报》受人尊敬？什么使它显得道德优越？是因为它吸引富人才值得尊重，还是因为它值得尊重才吸引富人？若是后者，那么"值得尊重"到底是某个时期某个特定社会群体在生活体验中产生的道德观念，还是一种可以普适于全体阶层的道德观念？或是两者兼有？

　　这样我们又回到了新闻学中关于高雅文化和通俗文化的讨论这个永恒的话题。二者有何区别？我们有确实证据宣称"艺术"优于通俗文化吗？这个问题涉及了社会学,因为高雅文化的品位通常与知识精英和富裕阶层联系在一起,而通俗文化的品位则与较低阶层相关。虽然在某一特定时期内不同阶层的品位彼此相去甚远,但是随着时间的流逝,品位也会发生变化。美国南北战争之前,社会精英对文学偏爱有加,甚至在新闻报道中也喜欢华丽绚烂的文风,不喜欢平铺直叙。[65]到了1900年,经济、社会精英阶层转而支持"信息"类新闻,这类报道又被高度追捧,但在1835年,当便士报首次采纳信息模式,挑战当时的精英阶层时,这种模式却受到了他们的抨击。19世纪90年代纽约的"信息新闻业"和"故事新闻业"之间的道德战,与19世纪30年代的道德战一样,都是阶级冲突的一种遮掩。

　　但它**不仅仅**是一个遮掩。《时报》当时真的是坚信新新闻业道德败坏。19世纪30年代和90年代的新新闻业确实有着重要的相似之处。两者都进行大量自我广告宣传,而自我宣传不但是报道风格、商业战略,也同样是一种道德立场。法律、医学等行业内通常会禁止广告,或通过职业协会来严格管理广告行为。报纸自我广告做得越大,其"专业"名望就越小。自我宣传说业务关系网多么庞大的报纸,如同那些自吹人脉有多广的人,即使没有其他不可信任的理由,也难以得到大家的信赖。

　　还有没有其他站得住脚的理由,让《时报》及其读者不信任或鄙视《世界报》及其读者呢？也许有,比如《时报》比《世界报》更忠实于事实。《时报》在意识到自己的偏见时也许会及时抑制住,不过,它当然不可能总会发现自己的偏见。即使《时报》坚守信息模式的原则,我们也不能说它就一定是公平、准确的。信息式新闻不一定真的比故事式新闻更准确。拿音乐来打个比方，两种新闻在本质上的区别不是自然音律的等级，而在于音律变律的质感。"信息"的目标是要编织出一曲 12 音律的音乐，但排列顺序没有规律，不能给听者带来心灵上的震撼。而"故事"的目的就是要迎合人的情感，只凭借 7 个音律，便能让听者百感交集。

这样看来，报纸之间的道德分野，也许就像是人类大脑功能的道德分野一样：一边是高贵的抽象功能，另一边是不那么高贵的情感功能。能控制自我的人阅读政治新闻，而放任自己的人去读谋杀案和名人八卦。信息代表着一种自我否定，而故事则代表自我沉溺。

随着年龄增长、阅历增加，我们就应该更好地预期生活、创造生活、控制生活。人年纪越大就越应该理性。《时报》看准的就是理性的读者，生活井然有序的读者。它刊登含有实用知识的文章，而不是去猎奇。而《世界报》却截然相反，它用自己的风格竭力营造出一种全新、奇异、不可预料的生活体验。对新近接受教育的群体、刚从乡村进城的群体、工人阶层和中产阶级而言，这种体验恰好忠实地反映了他们的日常生活。许多人的城市生活披上了璀璨的色彩，《世界报》就专为这些人描绘出一个绚丽多彩的世界，而《时报》则将目光集中在生活井然有序的一小群人身上。[66]

也许《时报》奠定其"高级新闻"的基础在于它迎合了特定社会阶层的生活体验，这类阶层所处的社会地位，使他们对自己的生活有较强的操控力。《时报》的读者相比之下更加独立，并积极参与社会事务。而《世界报》的读者依赖性强，较少参与社会事务。财富和教育使人贴近某类特定的新闻模式，也许这类新闻真的在某些方面更加成熟，涵盖更广，更加细化，更具综合性，但同时也许局限性更强。精致的报纸、高雅的名流、精炼的食糖,这三样都是漂白的结果。《世界报》的读者也许希望更有效地操控自己的人生,而《时报》的读者也许希望生活能够更有味道。

从世纪之交直到 20 世纪 20 年代,"客观性"这个词始终没有出现在记者或新闻批评家的辞典中。批评人士对报纸的指责还仅是针对不真实,而《时报》则吹嘘自己刊印"所有新闻",这里的新闻就是指信息。但这并不是客观性,新闻的信息取向并没有打消人们对个人观点的主观性担忧。1900 年的《时报》**对信息满怀信心**,认为知识的主体可以自明其理,不需要语境——或按照理所当然的语境去理解就可明白无误。此种看法未能持久,到了 20 世纪 20 年代,记者已经不再相信事实可以不证自明,不再坚持信息的功效,抛弃了进步主义时代中产阶级引以为自豪的中立性。尼采等思想家在 19 世纪末传授的怀疑主义和质疑态度,在 20 世纪走进了大众教育的殿堂。民众逐渐意识到,即便是寻找事实也牵扯到利害关系,即便是回忆或做梦,也有选择性,甚至理性自身也受到利益、意志或偏见的影响。这种转变深刻影响了 20 世纪二三十年代的新闻业,客观性的理念由此诞生了。

第四章

客观性成为意识形态：
一战之后的新闻业

迄今为止，尚无任何理由可以解释20世纪对"客观性"的狂热追求。民主市场社会的兴起有助于消除对传统权威的盲从，但它并没有提供一个新的权威。在民主社会，统治者是人民，而非"素质最高的人民"，人人的选票都是平等的。在市场社会，物体自身没有价值，价值是供需关系、利益互动的计算结果。在一个流动的都市社会里，社区、公众的观念稀松平常，人们在彼此眼中不是亲眷，而是一个个行为对象。民众宁可相信去人性化的冰冷体制——如广告、百货公司、正规教育、医院、大规模生产的商品、普选等——也不去依赖人际关系。所有这些的关注点都是"事实"。艾尔文·古尔德纳将这种现象称为"功利主义文化"（utilitarian culture）。在这种文化里，原先教导人们以善行事的一套规范，现在变成了警诫人们现实地去适应社会**现状**。就在弗洛伊德诊断"超我"的病理时,超我和道德劝诫反而在消退,取而代之的是"自我"和经验主义。现实主义而非宗教,成了一盏新的指路明灯。然而,尽管民主市场社会与功利主义在逻辑上有关联,还是没有促使很多人去怀疑自己价值观的客观性和现实性。我们可以说,在进步主义时代人们想要拥抱科学,但不知如何去做。[1]

19世纪末到20世纪初,美国大学、行业协会、企业经营、城市管理的科学方兴未艾,但这都不等同于,也不会引发对客观性的信仰。直到第一次世界大战之后,民主市场社会的价值和其内在逻辑才遭到强烈质疑,这时新闻界和社会科学等领域的领军者才意识到民主和市场带来的极端怀疑主义。直到这时客观性的理念才得以诞生,客观性成为人们认识世界的普遍而有效的标准,它建立在事实和价值完全分割的基础上。它的崛起,与其说是因为天真经验主义和对事实的盲从,还不如说是对怀疑主义的回击。它并非民主市场社会文化的简单外推,而是辩证的应对。它最终表达的不是对事实的信任,而是声明为一个连事实都不能相信的世界设计了一个方法。

对民主市场社会失去信心

编辑詹姆斯·韦斯勒(James A. Wechsler)认为,20世纪30年代是一个"民主绝望"、"对民主的未来怨声载道,消极悲观"的时期。1931年,他在哥伦比亚大学上大一时曾听过尼古拉斯·默里·巴特勒(Nicholas Murray Butler)校长的一次讲话。巴特勒指出,20世纪存在两种选择领导人的方法:选举和独裁。这两者的区别在于,由独裁体制"推上宝座的领导人似乎要比选举体制选出的领导人聪明、坚毅、勇敢百倍"[2]。

这可不是某个反民主的愤世嫉俗者的一家之言。在20世纪20年代及30年代早期,墨索里尼在美国很受欢迎,不管是保守人士还是自由派,对民主和资本主义的梦想都已破灭,因此他们都极为推崇墨索里尼的"实用主义"理论。[3]也不仅仅是因为对经济萧条的绝望,即便在20年代的经济繁荣时期,即便在自由派的知识分子中间,也深深弥漫着一种对政治民主的悲观情绪。沃尔特·李普曼在《舆论学》(*Public Opinion*, 1922)一书中就已经将"公众"从民主构筑的神坛上赶了下来。在《公众幻象》(*The Phantom Public*, 1925)一书中,他进一步对民主理念提出了更为严厉的批评。该书第一句话就指出:"今天的个体公民就好像坐在后排的聋哑观众,原本应该聚精会神于台上的剧情,却无奈忍不住睡去。"公共事务不是公民个人的事务:"公共事务大部分都是看不见的,是在离公众很远的地方由未知的力量在幕后操纵着。"这句话并不是武装号召,也不是主张进步主义者的政治观。李普曼注意到,曾几何时,学术界还在出版投票方面的书籍,而"现在则开始撰写不去投票的书籍了"。这不是公民的错误,也不能责怪一个正当合理的政治制度。李普曼认为,这全是因为公民性的"理想无法实现"。群体意志并没有特别的智慧之光,相反,智慧往往存在于参与管理过程的知情者和专家学者的头脑里。投票是一个特殊的制度,只有当出现问题时才允许公众采取行动。而只有某人反对现有政策时才会出现问题;只要有共识,公众就对政治**没有兴趣**,也应该没有兴趣。人民并不是国家的治理者,也不应该是,充其量他们只是支持或反对个别统治者罢了。在李普曼的笔下,投票

……就像是征兵,要么支持,要么反对某项军事动员。我认为这里的军事比喻很恰当,基于多数决定原则的选举行为,无论从历史上还是从实际上来看,都是一场升华了的

内战，一场取代肢体冲突的纸上作战。"[4]

《公众幻象》对"民主改革人士"提出了批评，指责他们过于信任公众。李普曼认为，对公众这个概念从未有过充分的定义和分析。其次，该书也谴责了那些愤世嫉俗者，这些人草率地得出结论说："国家应对民主混乱负责。"按照李普曼的看法，这类批评家认为公众也许天生就是无知的、爱管闲事的，根本没有发现统治者和被统治者其实就是圈内人和圈外人的区别，公民教育和公职教育必须，也应该是不同的。所以李普曼在自己的分析中试图给舆论留有余地，试图在民主幻想和民主绝望之间另辟一条实用的中间道路。这无疑在某种程度上表达出对未来的期望。然而，在整整一个世纪对民主的乐观憧憬之后，李普曼这种对公众问题的分析是冷酷的。他自己其实也没有十足的信心，给出的结论既不热情洋溢，也没有什么希望。

假如拿李普曼一战前的评论集《漂流与制服》(*Drift and Mastery*, 1914)与他20世纪20年代的著作做一比较，会发现有明显的不同。与其后几十年间的很多作者一样，在这本文集中他将现代生活的问题诊断为权威的缺失。没有人来掌舵，世界茫无目的地漂流着。但他找到了解决方案：科学。从某种程度而言，李普曼后来也给出了同样的答案，但前后有一些区别。在《漂流与制服》中，科学思想在政治中是民主的"孪生兄弟"。李普曼写道："专制倒台了，科学冉冉升起。科学就等于自治。"他在书的结尾用福音般的口吻宣布："科学的精神就是民主的原则、漂泊的终止、自由人的展望。"[5]在《漂流与制服》中，李普曼确实深信普通公民能够带来巨大的社会变革：消费者会成为政治中心力量，劳工运动和女权运动会让社会重新衡量价值体系。谁知到了《舆论学》和《公众幻象》中，他极大地改变了看法。李普曼在20年代推崇的科学理念，其实是大众意志的管理者和控制阀,再也不是民主的发动机了。

20世纪30年代中,德国和意大利的独裁政府愈发嚣张,而美国政府在30年代早期面对经济萧条无能为力,这些都让社会进一步对民主无比绝望。"现在就流行给民主写悼文",费利克斯·弗兰克福特(Felix Frankfurter)在1930年写道。不过他本人还是比较乐观的。[6]哈罗德·拉斯基(Harold Laski)在1932年的一期《美国政治学评论》(American Political Science Review)中对读者说:"代议民主似乎已经走进了死胡同",半个世纪前的盲目乐观被"制度疾病"摧毁了。[7]1937年《新共和》(The New Republic)发表了一系列关于"民主未来"的文章,声称:"自政治民主诞生以来,从未像今天这样连其基本信条都遭遇到重大的挑战。"[8]老一辈的进步主义者面对着30年代复杂的政治经济问题显得茫然无措。威廉·艾伦·怀特(William Allen White)在1938年称:"我不知道何为正确……我不像原先自己想的那样聪明。"瑞·斯坦纳德·贝克在1936年也指出:"起码有一点我很肯定,那些肆虐世界的重大问题我是无法解决的。而且我经常都搞不清楚问题到底出在哪里,实在是太复杂了。"[9]

20世纪30年代对民主和资本主义制度的悲观情绪扎根于对20年代公众、人性、传统价值和知识获取的怀疑。20年代的商业精神蓬勃向上,在社会科学、艺术、都市波西米亚人的社会生活中都蔓延着一种挣脱了束缚的情绪。但新文化带来的解放迅速瓦解了传统文化,促使许多严肃思想家开始担忧艺术和科学的新体系是否欠缺基础。[10]德高望重的美国法律哲学家罗斯科·庞德(Roscoe Pound)在1929年为韦尔斯利学院(Wellesley)毕业班发表讲话时谈到,社会思想和社会生活正受到一种不安情绪的侵扰:从宗教改革开始一直到20世纪这段时间,西方文化的主流旋律就是"信心"。但信心的缺失却贯穿于20世纪。

心理学让我们不再相信理性,而不相信理性又使我们质疑政治体制。科学曾经是信心的源泉,现在却"亲自教导我们去怀疑"。庞德评论说,今日的学生理直气壮地阐述自己梦想的破灭。幻想再也不能吸引年轻人,"坦率"已成为他们最爱用的词。物理学、生物学和经济学的发展全都证实了复杂性和随机性的存在,过去简单直接的逻辑已经解释不通现在的世界。历史也不再信任事实,只听任历史学家的主观评说。在这些转变中,最具杀伤力的就是心理学对理性的颠覆了:

> 取代理性的是潜意识的希望、被压抑的欲望、根深蒂固的行为趋向和习惯性的预设立场等,而每个经济个体都不一样。启蒙运动的结果已被……嗯……体腺取代了。[11]

面对人类非理性意识增强的现象,庞德给出的答案就是警惕过度的偶像崇拜:"非理性是事实,不是理想。我们必须认真对待,但没有必要去追捧。"他的观点还是很中肯的。他对这个普遍缺乏信心的世界抱有信心,因为他认为自己生于理性尚未受到挑战的19世纪。庞德自身的处境便很能说明问题:他写作的时代,是一个梦想破灭的时代,连他自己也深受时代的影响:少谈观点,只做记述。

庞德笔下对理性的怀疑有多种形式。政治上,它意味着对公众的怀疑,绝不相信代议制度能够做出明智的决策。李普曼已经用温和的语言对此进行了描述。李普曼的观点代表了一股影响深远的思潮,从19世纪末开始,出现了大量针对"大众"(crowds)和大众行为的书籍。其中许多文献都持反自由主义的观点,站在贵族政治的角度猛烈抨击社会底层,连中产阶级也不放过:一些欧洲文献将具有选举权的大众、陪审团和议会与暴民、暴动等同起来,以说明大众是具有强烈偏见、依靠原始本能行动的群体。利昂·布兰姆森(Leon Bramson)在研究社会学思想的政治背景时指出,美国关于大众的文献并不是反自由主义的。美国社会学家认为大众是一席温床,能够培育出新的制度,满足传统社会秩序无法满足的需求。[12]美国的社会学界也许当时真是这样认为的,但欧洲的反自由主义趋势却直接对美国社会学之外的领域产生了冲击。埃弗雷特·迪恩·马丁(Everett Dean Martin)的《大众行为》(*The Behavior of Crowds*, 1921)就不在布兰姆森的研究范围之内,因为作者并不是专门从事社会学研究的学者。该书充斥着反自由主义的论调,流传甚广,李普曼在《舆论》(1922)中也加以引用。李普曼认为,那些极端怀疑大众意识能理性运作的美国学者,将法国反自由主义的领军人物古斯塔夫·勒庞(Gustave LeBon)奉为"先知"。20世纪20年代公共关系理论的先驱爱德华·伯奈斯(Edward L. Bernays)就深受马丁、勒庞及李普曼本人的影响。[13]

布兰姆森正确地指出了欧美思想之不同,即欧洲注重"大众",而美国注重"公众"。不过我们有一点必须要记住,到了20世纪早期,无论在欧洲还是美国,"公众"和"舆论"的含义都朝着同一个方向演变着。麦金农(W. H. Mackinnon)在1828年如是定义:舆论是"针对特定议题任何一项主题的意见,由社区中最具学识、智慧和道德的人达成共识,然后逐渐为文明社会中的其他人接受"[14]。在英格兰,舆论被渐渐兴起的中产阶级作为反抗贵族的武器。[15]在美国也有类似现象,19世纪早期的"人民"(people)一词就是用以形容中产阶级的。[16]然而,若19世纪早期的舆论还是中产阶级对抗贵族的声音,到了20世纪初,它已经被视为一个更大阶层的呼声,这个阶层既没有中产阶级受过的良好教育,也没有中产阶级对理性的信仰。当年詹姆斯·戈登·贝内特、霍雷斯·格里利和萨缪尔·鲍尔斯用密密麻麻的小字体长篇累牍地撰写社论以吸引的那些读者,早已不再是舆论的生产者,现在的公众是指那些喜欢头号大标题、特大插图照片和辛辣且活泼的写作风格的城市大众。虽然老一代新闻界绝非一些人自诩的那么高贵理性,而受过良好教育的中产阶级也爱看特大标题,沉迷于有滋有味的文章,只是不好意思承认罢了,但中产阶级现在确实感到有必要与其他大众划清界限,因为在"舆论"中已听不到自己理性的声音。如今的专业人士认为舆论是非理性的,必须要加以研究、指导、操纵、控制。专业人士将"理性"据为己有,以家长的姿态来应付公众。

这种不信任感,与其说针对理性,倒不如说怀疑公众没有理性行动的能力,与中产阶级的焦虑不安有关。中产阶级感到自己被都市大众团团包围,盎格鲁—撒克逊裔白人男性发出的声音,在世界上已不再洪亮。唐纳德·弗莱明(Donald Fleming)曾针对"态度"这个词含义的变迁发表过著名的专题文章,文章指出这个词今天的含义出现的时间并不长。他认为"态度"在19世纪末、20世纪初时进入大众语汇和科学界,当时适逢社会重新界定人类的境况,将婴儿、儿童、青少年、精神病人、原住民、贫农、外来移民、黑人、城市贫民、都市大众、乌合之众,尤其是女性都包括进来。政治社会吸收除本土白人男性之外的群体后,精英们就开始修改他们对人性的看法。精英阶层不得不认真与大多数新兴阶层打交道,而在他们眼中,这些人都"被认为是感情的生物,不具理性能力"。社会科学家和其他学者不但没有将理性与这些民众联系在一起,反而在总体上重新定义人性,强调理性的"信心"被"态度"和"观点"等术语取而代之,说明人类的思想和表达是将理性和情感混合在一起的产物。[17]

这是对城市异质社会崛起做出的应对。历史学家戴奥斯(H. J. Dyos)和迈克尔·沃尔夫(Michael Wolff)认为,在城市化进程中,"强势文化经常要面对新兴群体的挑战,而此前这些群体被认为是无须关注的"。他们以维多利亚时期的英格兰为例,指出中产阶级和工人阶级互相承认对方的存在,但却保持相互的疏离。这种对其他文化的"持续知觉能力"很具有现代气息:

> 维多利亚时期的城市……开始意识到社会阶层的不同,几乎是第一次看到所有阶层共同进步的现象。更重要的是,低层群体同时也强烈意识到生活质量上的差别是可以改变的。唯有城市才使这种情形得以发生。[18]

当然,美国的情况不会完全相同,但美国城市也使此类情形得以发生。自19世纪末开始,美国的中产阶级逐渐从城市搬出,移居郊外,结果在大都市内诞生了前所未有的阶级隔离居住区。富裕阶层试图与社会划清界限,在20世纪20年代以新的方式影响了美国的政治地理学局面。1916年,只有16个美国城市实施分区法,到了20年代末,800个城市采纳了分区政策,美国城市人口的60%都接受分区法规治理。[19]在审理具有里程碑意义的《欧几里得村诉安布勒地产》(Village of Euclid v. Ambler Realty)案中,戴维·韦斯腾黑弗法官(Judge David C. Westenhaver)发现分区条例的目标不存在含义模糊现象,判决分区违法(后来被推翻):"根据如上分析,这样做的结果就是要根据收入和生活情况将人口分类并实施隔离。"[20]同一时期,国会通过了限制外国移民的法律。美国南部、西部和农村地区的代表在争取限制移民的过程中,也得到了东部中心城市的支持。1916年,《新共和》指出,现代民主"不能允许……过多的外国移民加剧社会问题"。《纽约时报》和《星期六晚邮报》(Saturday Evening Post)在社论中高度赞扬麦迪逊·格兰特(Madison Grant)影响深远的有关种族主义的著作《伟大种族的消逝》(Passing of the

Great Race)。包括哥伦比亚大学和哈佛大学在内的高等院校也规定或削减了招收犹太人的名额。[21]

对非理性的恐惧,对所谓非理性的都市大众、外国移民和犹太人的恐惧,渐渐湮没了社会对民主的信念。当然,与此同时也出现了新的希望,即渴望能有效地控制非理性。有些改革家认为,应该效仿商界的成功做法来重新塑造政府和社会组织结构,这样就可以解决问题,但其他人也逐渐意识到这本身就成问题。约翰·杜威(John Dewey)写道:"现代生活最显著的特征,就是机械化、非人性化的新模式侵入我们的社区。"杜威在《公众及其问题》(The Public and Its Problems)中评论说:非人性化的组织取代了面对面的人际交流,成了这个时代的主流形式。人对人的依赖更小了,而对非人性化的社会组织的依赖更大了。社会互动的逐步扩大和强化创造出"公众",同时也加剧了非人性化的社会控制,使公众无法运用自己的理性能力。[22]表面上,民主依然在成长着——进步主义运动带来了动议权、公民投票、罢免权、参议员直选以及公众初选,1920年美国宪法第十九条修正案更是赋予女性选举权——但在某种程度上,对政府的大众控制却较以往更加遥远了。

在经济生活中也是一样,公众一方面在形式上积极参与经济活动,但同时仿佛离决策制定又远了一步。阿道夫·伯利(Adolf A. Berle)和加迪纳·敏思(Gardiner C. Means)在《现代公司与私有财产》(The Modern Corporation and Private Property,1932)中评论说,美国的工业财富从个体所有者手中逐渐集中到大型公司手中,这就意味着商业所有权与商业管理的分离。他们两位收集了1930年200家最大公司中144家的资料,发现有3家拥有超过20万的股东,71家是2万以上,124家为5000以上。大多数案例中,管理层拥有的股份只占少得可怜的比例。

该书怀念以往那种小资本家可以实际控制经营的时代,认为"精神价值"可以从所有权中获得。伯利和敏思两位作者认为,老一辈的资本家将自己的个性融入所拥有的财产中,当自己掌握着财富时,也许会直接用以消费,产生主观价值,但在股份制下这是不可能的。在持股制度下,资本家只能通过市场买卖来利用自己的财产。对资产的实际控制权已经从所有者转到了管理公司的"经济独裁者"手中。[23]

就形式而言,传统价值的理想正得以实现:越来越多的人作为小型、独立的"资本家"进入市场,越来越多的人也有能力通过投票参与政治。市场和民主都在膨胀。然而,随着形式参与的扩张,实质的控制反而消失了,小型投资者的声音湮没于大公司管理层的嘈杂声中,个体选民的低语消失在行政帝制(administrative imperialism)的喧嚣声中:市长或市政管理者接过了市议员的权力,总统也拿走了国会手中的控制权。

在政治、经济、生活各个方面,身居要位的组织和个体开始重新审视、重新定义"公众"的含义。在商界,公司首次**认可**公众的存在:大大小小的企业从19世纪无视公众、诅咒公众转变为20世纪利用公关指导公众、适应公众。日益崛起的"公众"既包括投资者,也包括消费者。20世纪头10年中,轻工业、零售业等一些行业开始向公众出售股份进行筹资。与此同时,社会储蓄增加,推动投资基金增长,鼓励全社会购买证券。连只有1000美元的人都成了投资银行追逐的目标。李希根森(Lee, Higginson)公司在1906年雇用了首名证券推销员,迅速将主要业务从铁路证券转移到公用事业和工业上,因为后者享有更高的利润率,对希望快速发财的小型投资者极具吸引力。第一次世界大战期间,民众习惯于购买自由债券,又一次刺激了小型投资的增长。芝加哥的联邦证券公司(Federal Securities Corporation)等一些公司起初被组织起来销售战争债券;战争结束之后,又运用战时推销技巧继续兜售其他证券。联邦证券公司还设立了特别的部门,专门面向女性和外裔投资者。[24]

投资者的队伍与日俱增,消费者群体也日益扩大。19 世纪末的全国性公司利用报纸杂志直接向消费者打广告。到了 20 世纪 20 年代,汽车等商品的分期付款成为家庭支出的重要部分;约翰·杜威对此曾有感而发:在 19 世纪个人主义至上的社会,勤俭节约是一项社会责任,而到了 20 世纪的公司社会,购买商品反而成了社会责任。[25]个人理财公司如雨后春笋般出现。人们开始从消费的角度观察世上许多人们熟知的事情。以往被视为小型经济资产的儿童现在也变成了重要的支出来源。[26]越来越多的民众认为美国正在转变为一个"消费社会"[27],因此某些自由主义思想家呼吁在消费者运动的基础上重组美国政治[28]。这些人有点过于乐观,不过他们准确地意识到了消费经济及其管理的重要性。即使小型投资者的兴起,也不如消费行为更能显示实际所有权的增加。

20 世纪早期出现的公关职业呼应并进一步塑造了公众的含义。新定义中的公众是非理性的,是旁观者而非参与者,是消费者而非生产者,这给美国新闻业的意识形态和日常社会关系带来了极其深远的影响。

"事实"在新闻中的没落

知识分子阶层本来就对公关极端嫌恶,因此很难想象艾维·李(Ivy Lee)、爱德华·伯奈斯等那些 20 世纪头 30 年的公关业先锋,竟然是进步主义知识分子。新型公关业的出现以 1906 年的一起事故为标志,此前不久艾维·李被宾夕法尼亚铁路公司(Pennsylvania Railroad)聘为公关顾问。事故发生在宾州盖普(Gap)附近的主铁路干道上。铁路公司习惯于对交通事故持隐瞒的态度[29],而李正相反,他破天荒地用铁路公司的钱邀请记者来事故现场参观。之后不久纽约中央铁路公司(New York Central)也发生了一起事故,却被公司迅速掩盖起来。宾夕法尼亚事件既已开先河,记者们便十分愤怒,对纽约中央铁路公司进行了极其负面的报道。[30]这是全国最大、最有势力的公司与新闻业和公众之间新关系的发端:李为宾夕法尼亚铁路公司确定的"完全坦诚"的主张,迫使其他铁路公司起而效仿。

艾维·李出生于卫理工会牧师家庭,成长于南方,在普林斯顿大学就读,1899年去纽约从事记者工作,先后任职于《纽约新闻报》、《纽约时报》和《纽约世界报》。之后,他进入了公关领域,成立了"帕克和李"(Parker and Lee)公司。他与合伙人严格恪守"准确性、真实性、利益性"(Accuracy, Authenticity, Interest)的宗旨,连经常敌视公关业的《主编与发行人》(*Editor and Publisher*)杂志也承认,帕克和李公司从不企图欺骗媒体,发给媒体的稿件"以坦率的陈述为客户谋利益,不会花钱在报纸专栏文章中做手脚插入自己的内容"[31]。

李被业界视为"第一位"公关事务代理人,他的自我意识极强,为推销公关理念不遗余力。1924—1925年间,他在美国新闻专业教师协会(American Association of Teachers of Journalism)和纽约广告俱乐部(Advertising Club of New York)的演讲中表述过自己的观点。他认为宣传(propaganda)就是"传播理念",只要公众知道谁对这种宣传负责,就是可以接受的。李对宣传这种较为随便的看法,反映了现代社会对"事实"不信任的态度。他引用李普曼的话说,在任何事情上都没有人能够呈现全部事实。在他眼中,"事实"的概念都有疑点:"想要陈述绝对事实是超出人类能力极限的;我只能向你提供**我对事实的诠释**。"[32]李同时也婉转地否认了个体和组织绝对公正无私的可能。他写道:"所有人都倾向于认为,符合自己利益的一定符合社会利益。但我们都透过自身的利益和偏见这层有色玻璃来观察事物。"[33]某些人将此观点视为知识社会学的批判武器,李却视之为愤世嫉俗式的认识论观点,以此为商界利用公关服务做辩护。既然所有的意见都可疑,那么所有人都有权在民主的论坛中畅所欲言。

爱德华·伯奈斯与李一样,也是公关业鼎鼎大名的人物,与李持相似路线。他否认宣传有错,1923年他写道:"宣传的专门目的就是要克服审查设下的障碍,摆脱群体心理和羊群反应的束缚。"[34]伯奈斯是弗洛伊德的外甥,是一个对人类思想的非理性现象十分敏感的人。他在《舆论明鉴》(*Crystallizing Public Opinion*)中借鉴了埃弗雷特·迪恩·马丁和威廉·特罗特(William Trotter)的观点,指出政治、经济和道德评判"通常是群众心理和羊群反应的表现,而不是冷静分析的产物"[35]。李强调"意见"是利己主义的,而伯奈斯却争辩说"意见"是非理性的。不管怎样,总之"意见"就是不可信赖的。因此伯奈斯也得出了同李一样的结论,为公关提供了自由主义的理论基础:

> 在各种思想的交锋中,唯一的检验是最高法院霍姆斯大法官(Justice Holmes)指出的——理论是否能在市场的公开竞争中被接受。[36]

公关迫切需要理论基础。在20世纪20年代到30年代,出版行业的刊物经常攻击公共关系。《主编与发行人》杂志担心公关会助益商界将广告新闻化,而他们原本是应该花钱做广告的。该刊指责所有公关代理人都是"版面强盗",尤其斥责伯奈斯是一个"威胁"[37]。伯奈斯在20年代初创造了一个新词"公共关系顾问"(counsel on public relations),强调这是一个新的职业,扮演着新的角色,不是19世纪的"报业代理人"(press agent)。"两者之间不只是术语的不同,不是只换了一个委婉用语。"伯奈斯在回忆录中如是说。但是"委婉用语"正是他人的看法。门肯的《美国语言》(American Language, 1936)将这个词拆解为委婉用语,而《纽约先驱论坛报》(New York Herald Tribune)的编辑部主任斯坦利·沃克(Stanley Walker)1932年在《哈泼斯》杂志的一篇文章中粗暴地把这个词和另外一堆词混了了一起:

>……公共关系顾问、宣传指导、大众意见论坛的鼓吹者、亲善大使、群众心理塑造者、门面、传话筒、骗子、诈骗犯、总裁特别助理等。[38]

沃克的这篇文章勾画出当时编辑和记者对公关业的忐忑不安之情。报社营销经理的回应更是毫不含糊:他们反对公关。而编辑人员却更加矛盾。这篇文章诙谐活泼,巧妙地遮掩了对公关事务代理人既爱又恨、百感交集的心态。沃克假装绝望地指出,纽约已经有5000名公关事务代理,人数超过了记者,新闻学院培养出的公关事务代理人竟然比新闻从业者还要多,而且日报上有一半或者更多的文章是来自公关作品。但沃克最后总结时不再冷嘲热讽,他认为即使有些公关人士一直渴望加强业界道德约束,为自己正名,"努力从人类关系的红灯区中跳出来",公关和报纸却仍然是,而且永远是宿敌。[39]

对于公关(publicity)或宣传(propaganda)的成长,报纸自身也要负部分责任。今天的公关(publicity)或公共关系(public relations)只有用作贬义时才被称为宣传,不过在20年代,"公关"和"宣传"都是相当新的词,都有令人讨厌的内涵——尽管"宣传"更甚——在某种程度上两者可以互换。纳尔逊·克劳福德

(Nelson Crawford)在其著名的教材《新闻业道德规范》(The Ethics of Journalism, 1924)中指出,报纸的差错以及记者给那些"打印好的发言稿、准备齐全的采访和类似数据"以最多版面的做法,刺激了个人和组织采用公关服务。[40]尽管如此,记者们还是会嘲笑到手的"新闻稿",痛恨一起合作的公关事务代理。一位《纽约世界报》的记者曾经对艾维·李感到困惑:"为什么这样一位温文尔雅的绅士提供了这么多好故事,却还被新闻界唾弃呢?"[41]我们不难发现答案。公共关系威胁到了新闻报道的理念。新闻看起来已经较少报道世界上发生的事件,而较多**翻印**那些事实——那些事实诉求的是特殊利益,是花得起钱聘请公关顾问者的利益。艾维·李说得一点也没错:世上根本不存在事实,一切都只是诠释。思想活跃的记者们也不喜欢依赖公关事务代理,但公关事务代理却能为自己的目的娴熟地利用报纸,这一点连他们自己都深感吃惊。艾维·李有一次为洛克菲勒(Rockefeller)做公关活动——向霍普金斯大学(Johns Hopkins University)赠送礼物,赢得了可观的报纸版面。事后,李给他最知名、最忠实的雇主约翰·洛克菲勒(John D. Rockefeller)写了一封信,内言:

> 看起来这件事算不上真正的新闻,报纸能给予如此多的关注,似乎完全是因为材料被"盛装打扮",吸引了报纸。这似乎意味着,沿此思路有非常可观的潜能。[42]

伯奈斯曾吹嘘说:公共关系顾问"不仅是新闻的提供者,按理说更是新闻的**制造者**"[43]。这一点正是记者们担心的。

记者还有另一个原因讨厌公共关系:它破坏了报业联谊会式的传统社会关系。过去的记者可以高兴地去后台采访,而现在却被挡在了舞台之外;公关人员似乎无处不在。纳尔逊·克劳福德曾告诫新闻系学生:"宣传造成的问题非常严重。"据他估计,一家大报每天都会收到15万字的公关材料。[44]《纽约世界报》的弗兰克·考伯(Frank Cobb)于1919年评述说,一战前的纽约差不多有1200名报业代理,自那以后数字迅速增长:

> 现在究竟有多少人,我也不知道,但我知道很多直接的新闻渠道都已被堵死,呈献给公众的信息要通过公关代理的第一手过滤。大企业有公关代理,银行有公关代理,铁路公司有公关代理,商界、政界的所有组织都有公关代理,他们是中间媒介,只有通过他们新闻才能出来。甚至政客也有公关代理。[45]

事实如此。政府机构、公职人员、大大小小的公司都越来越多地使用公共关系。作为政府的自觉行为,其使用公关这样的创举,在令人吃惊之余,激发了某些论争。国会在1908年修订农业拨款法(Agricultural Appropriations bill)时,坚持强调"拨款绝不许……用于……准备任何报刊文章"。1910年,国会质询人口普查局(Census Bureau)何以要设立"新闻处"(press bureau),但最终没有做出反对行为。1913年,国会在详细调查联邦机构的公关活动之后,通过法律禁止将任何政府机构拨款支付给"公关专家",国会特别指定的除外。不过这项法律形同虚设,在一战期间和战后,政府公关活动一直在激增。[46]

西奥多·罗斯福(Theodore Roosevelt)是第一位在白宫为媒体设立了一间新闻室的总统;伍德罗·威尔逊(Woodrow Wilson)启动了定期新闻发布会制度;沃伦·哈丁(Warren Harding)首次使用"白宫发言人"(White House Spokesman)一词来指称新闻发布会的发布者。于是记者就有了更加稳定的白宫新闻渠道,形式上也更正式,但总统和幕僚也更容易控制媒体、操纵媒体。报业联谊会变成了记者兵团(press corps)。独家新闻、内幕消息、内幕情报等那些在记者竞争中最重要的部分,现在都被新闻发布稿和新闻发布会扫地出门。曾几何时,报纸还在同"利益集团"奋力争斗,而现在报纸却依赖对方发来的新闻稿生存。在使商界与公众的关系理性化方面,公关是"进步"的;同样,在新闻报道的理性化方面,新闻发布稿也是进步的。[47]公关事务代理人绝不对任何一个记者偏心,他们保护客户,使其避免直接接触媒体,将新闻转变为政策而非事件,保持细水长流,避免形成湍急的漩涡。

也许记者们还有一个理由讨厌公关事务代理:这些代理人怀疑记者的价值。公关人员有不少值得骄傲的地方。撰写过公关业简史的埃里克·高曼(Eric Goldman)认为,公关已经抛弃了19世纪"谴责公众"、"愚弄公众"的态度,在世纪之交怀着"告知公众"的心态,一战之后更是"理解公众",公关顾问在客户和公众之间穿针引线,促进双方的谅解与适应。运用现代心理学有关人类思想非理性的理论,公关顾问试图以"专家的身份,运用律师、医生、教师的科学技术、职业道德和社会价值观"来了解公众。[48]但这并没有让至少是艾维·李这样的人不再怀疑自己工作的价值,他在1929年写道:

> 多年以前我刚开始从事这个行业时,觉得这确实是对人类有益的行业。我现在明白这个行业的确有很多事要做。但很多人认为我的工作不体面,不需要什么知识。双方都有需要相互了解之处。[49]

李又以更加忧郁、疑虑的口吻对朋友说:

> 我情绪低落时就想,还不如干脆彻底丢掉这一切,去家报纸当个小编辑好了。即便真的这样做,到时别人也会觉

得我不值得信赖,怀疑我是被彻头彻尾浸染了的宣传家,是否在壁柜中藏着一位天使时刻指挥我如何讲话、如何思考。[50]

约翰·杜威于1929年指出,公关事务代理"也许是我们当代社会生活最重要的标志"。[51]公关为20世纪的商界、政界塑造了语言。在一个组织化的时代,它鼓励人们追求社会情感的细微差异与个性。公关以为公众服务之名操控着公众,但从来没有实现它梦寐以求的"职业"地位,这一行业的领军人物偶尔也会在焦虑中难以应付所从事的工作。[52]

公共关系是令记者怀疑事实并准备怀疑19世纪90年代的天真经验主义的两个重要因素之一,另一个因素就是战时宣传。爱德华·伯奈斯指出:"战时宣传取得的惊人成功让社会各界精英大开眼界,意识到支配公众心理的巨大潜能。"[53]许多记者都直接卷入了一战期间的国家宣传。一方面,驻欧洲的美国特派记者发现自己沦为军事新闻检查制度的受害者;另一方面,他们自身也在海内外充当了美国宣传机器的代言人。詹姆斯·基利(James Keeley),《芝加哥论坛报》执行总编和《芝加哥先驱报》(*Chicago Herald*)发行人,在盟国宣传委员会(Inter-Allied Board for Propaganda)中担任美国代表;沃尔特·李普曼有一段时间是军事情报上尉,负责美国驻巴黎宣传部门的编辑工作;查尔斯·梅尔兹(Charles Merz)在就任《纽约时报》社论版主编之前,曾任情报中尉,和李普曼共事。[54]而在美国国内,威尔逊总统在1917年设立了公共信息委员会(Committee on Public Information),指派有揭露丑闻专长的编辑乔治·克里尔(George Creel)负责该委员会。委员会聘用了很多记者,撰写、收集、散播了大量有利于美国战事的消息,共发出6000件新闻稿,雇了7.5万名"四分钟发言人"(Four Minute Men)*到电影院等公共场所发表演说，还找来童子军挨家挨户发送威尔逊的演讲。[55]

《纽约时报》将欧洲战事形容为"第一场报业代理之战"，历史学家杰克·罗思(Jack Roth)也称一战为"人类现代史上第一次对集体情感进行系统的、全国化的大规模操纵"[56]。没有什么比这场战争中的经历更有说服力了，在美国新闻从业者眼里事实本身再也不可信。记者一直自豪于自己的愤世嫉俗，他们热衷于和政界、商界保持紧密的联系，从而获得第一手"内幕新闻"。他们的愤世嫉俗一边在那里嘲笑着大众的幻觉，一边又津津乐道于冷酷的、难以应对的幕后事实。但大战期间及战后，记者开始视**任何事物**为幻觉，因为很明显这都是魔术师刻意制造出来的产物。

战时宣传在 20 世纪 20 年代直接推动了公关的发展。战争带来了广受大众欢迎的战争债券宣传活动；红十字会、救世军(Salvation Army)和基督教青年会公益金(Y. M. C. A. Community Chests)都依照战时模式组织了公关宣传。当时的报业批评家威尔·厄文指出，到 1920 年，华盛顿几乎有 1000 个"宣传处"，都是在战时模式的基础上建立起来的。[57]而在商界，最能说明问题的就是塞缪尔·因萨尔(Samuel Insull)的案例。身为芝加哥电力巨头的因萨尔从 1914 年起开始督导一家英国宣传办公室的美国支部。因萨尔积极鼓励报纸采访内阁成员，这在战前是闻所未闻的。此举极大地激起美国报纸对英国时事的兴趣。因萨尔自己掏出 25 万美元，为没有加入联合通讯社的美国报纸提供

---

* 关于"四分钟发言人"：一战中，由美国总统授权招募的志愿者按照公共信息委员会指定的主题进行四分钟的演讲，讲题围绕美国在一战中的战绩展开，目的是让美国人民支持美国参战。全美各地都组织了由当地人进行的四分钟演讲，演讲者达 7.5 万人，在 18 个月内听众达 1100 万，产生了很强的宣传效果。——译者注

绘声绘色的战争新闻。美国宣布参战后,因萨尔当上了驻伊利诺伊州的国防委员会主席。这个委员会想出了"没有电波的广播"(broadcasting without radio)这一招数,即上述"四分钟发言人"手法。战后,因萨尔又于1919年建立了伊利诺伊公用事业信息委员会(Illinois Public Utility Information Committee),照搬他在战时使用的宣传机器。因萨尔的传记作家写道:到1923年,很多州的公用事业机构都纷纷效仿,"掀起了席卷全国的公用事业公关活动,规模之大几乎与战时爱国宣传运动旗鼓相当……"[58]

公用事业的公关活动在20世纪20年代远远盖过任何其他行业。联邦贸易委员会为此对该行业展开彻底调查,恩尼斯特·格鲁宁(Ernest Gruening)还在1931年以翔实的资料、愤怒的口吻写了《掏钱的是民众》(The Public Pays)一书。书中将公用事业行业的公关活动称作"美国和平历史上影响最为深远、最精密复杂、最变化多端的宣传"[59]。虽然公用事业的宣传堪称历史上最大的公关活动,但它绝不是单一的现象,当时美国生活中已经处处可见对于公关和宣传的兴趣,或者是忧虑。[60]一位比利时记者在1921年就指出,"美国痴迷于"宣传活动。[61]哈罗德·拉斯韦尔(Harold Lasswell)的著作《世界大战中的宣传技巧》(Propaganda Technique in the World War,1927)注意到人们对宣传和舆论控制方法的浓厚兴趣,认为这"写照了传统民主浪漫主义的垮台,见证了心智独裁习性的崛起"[62]。

很明显这种现象为报纸记者带来了特殊的问题。宣传和公关破坏了他们对事实的传统信念。李普曼在《舆论学》一书中说得很妙:

> 公关人员队伍的壮大发出了一个清晰的信号:现代生活的事实并不是按人们所知悉的样子形成的,而必须通过

某人来塑造。既然报纸记者无法塑造事实,又没有公正的信息机构,这个任务就落到了利益集团的肩上。[63]

据塞拉斯·本特(Silas Bent)的统计,1926年12月29日《纽约时报》上255篇报道中至少有147篇由报业代理起草,1926年1月14日那一期的162篇报道中有75篇也是如此。[64]《财富》(Fortune)和《生活》(Life)杂志的老编辑约翰·杰瑟普(John Jessup)回忆说,他在30年代初为汤姆森(J. Walter Thompson)*打工时,从别人那里听说《纽约时报》有60%左右的文章由报业代理拟写初稿,当时不由得大吃一惊。[65]政治学家彼得·奥德加德(Peter Odegard)1930年曾估计一半左右的新闻报道来自公关稿件。他下结论说,一些记者本人也非常担忧:"今天许多记者充其量就是智力乞丐,他们去公关代理、新闻处挨个索要'新闻通稿'。"[66]

报界的主观与客观

面对事实的主观化趋势,报业以多种方式做出了应对,比如公开承认新闻报道有主观成分。署名新闻报道越来越多见。在20世纪20年代初,《纽约时报》的头版还罕有署名栏,署名栏一般只有驻外特派记者使用,而且还是用第一人称写作时才会出现。到30年代,美国国内记者也开始运用署名栏。[67]美联社第一篇附署名栏的新闻稿诞生于1925年,当时还被认为是特殊情况,但几年之后,美联社的稿件署名就很平常了。[68]

---

* J. Walter Thompson 创办了世界上历史最悠久的JWT广告代理公司,中国称为"智威汤逊"广告代理公司。该公司2007年在全球十大广告公司中收入排名第四。——译者注

另外一种应对方式是专业化。署名栏的运用使记者面对编辑部时有了更大的主导性,专业化更是大幅提高了记者检视新闻来源的能力。《新闻学公报》(Journalism Bulletin)在1924年宣称:"专业化的时代已经来临。"这个说法为时太早了点,不过20年代的确出现了专业化的苗头。《新闻学公报》注意到业界招募药学、外科、卫生、健康等方面的专业记者,"也需要汽车评论员,要有能力将介绍最新车型的公关稿件扔进垃圾箱,自己动笔写出对新车的见解"[69]。20世纪20年代末期也出现了劳工、科学和农业方面的专业记者。[70]

"解释性报道"(interpretative reporting)的发展为报业带来了重大变革。20世纪30年代有两本著作对解释性报道作了翔实的记载。赫伯特·布拉克(Herbert Brucker)在《变动中的美国报纸》(The Changing American Newspaper)中赞扬全国各地报纸上出现的一系列创新,他认为这些变革会改变美国新闻业的面貌。其中有一项重要的变化就是引入了周末新闻概览。1931年《纽约太阳报》最先在星期六回顾一周新闻;《里士满领袖报》(Richmond News Leader)将其星期六社论版替换为解释性新闻摘要;《纽约时报》自1935年开始在周日刊登新闻摘要,《华盛顿邮报》(Washington Post)也加入了这个潮流,其解释性要比《纽约时报》更强;美联社也开始分发篇幅为一页的周末新闻回顾。这些变化在布拉克看来增进了报纸的解释功能,是对"一个日益复杂的世界"做出的响应,满足了读者对更多"背景知识"、更多"解释"的渴望。布拉克觉得,只有在一个简单的世界里,新闻从业者才会对解释行为产生"传统的歧视":

哈里森和泰勒（Tippecanoe and Tyler too）*得到提名了吗？芝加哥失火了吗？银行家之子引诱乡村姑娘了吗？报道这些事件就意味着简单重述事实，不用沃尔特·李普曼的帮助，任何人也都能理解。

但时代不同了，布拉克认为现在的"生活比以往更加复杂，与陌生人和不同类型者的联系更加紧密"。他这个观点得到了广泛认同。[71]

最好的记录解释性报道变革的文献是柯蒂斯·麦杜格尔（Curtis MacDougall）的著作，一本成功的新闻学教材（最新版本仍在使用中）。该书初版于1932年，名为《初为记者》(Reporting for Beginners)；1938年修订再版后，更名为《解释性报道》(Interpretative Reporting)。在1938年版"写给教师的话"中，麦杜格尔对改动做了如下解释：

> 《初为记者》和《解释性报道》的主要差别在于二者对一个问题的不同看法，也就是，即将进入新闻业的新闻采集者该从何种角度去完成任务。作者的立场在新版的标题上有所反映；过去6年间，社会条件发生了变化，学生们已经更加清楚舆论的媒介原理，新闻采编和传播机构也随之改变着报道和解释新闻的方法。在过去的半个世纪内，记者的职业道德严格区分了叙述者和评论者，但未来的趋势毫无疑问是将解释者的作用与记者的作用结合在一起。[72]

---

* 这是1840年美国总统竞选中辉格党的竞选口号，也是一首非常流行和有影响的竞选歌曲，以非常动听抒情的曲调赞美辉格党参选人哈里森（William Henry Harrison）和泰勒（John Tyler）。哈里森是1811年发生的Tippecanoe战役中的英雄，同时毁誉民主党候选人、在任总统范布伦（Martin Van Buren）。竞选结果为哈里森当选美国第9任总统，泰勒任副总统。——译者注

麦杜格尔用一章的篇幅阐述了他对"赋予新闻实质内容"的看法。他认为美国在一战时并没有做好准备去全面理解战事，因为通讯社和报纸只管报道发生了什么事情，从不解释为什么会发生。1929年大萧条降临，新闻业同样不知所措，报社记者"除了报道事实外，什么都不会，完全不能胜任报道重大新闻事件的任务"。他认为解释性报道是美国新闻界的一次重大变革，但又完全符合20世纪30年代中期所谓"客观性"的理念：

> ……未来最成功的报纸从业人员一定要拥有广博的教育背景，具有某一领域或多领域的专业知识，避免情绪化，保持客观，描述生动，观察细致，最重要的是能在社会、经济、政治趋势的大背景下解读时事的含义。[73]

解释性报道对传统新闻的挑战在驻外通讯员身上表现得尤为明显，因为驻外记者特别需要对内容加以解释，而且也有更高程度的自主权。在《芝加哥每日新闻》担任驻外特派记者达20年的雷蒙德·格拉姆·斯温(Raymond Gram Swing)1935年在美国报纸编辑协会(American Society of Newspaper Editors)的演讲中说：

> 在欧洲，新闻为了让人看懂，需要解释。如若解释就必须掺入主观性，没有别的途径能绕开。欧洲报纸最成功的从业者都是在作品中表达自己看法的人。这样做的确违反了职业道德，但我们必须对其有清醒的认识。[74]

这也许与职业道德相抵触，但美国报纸编辑协会却在1933年就通过了以下决议，在原则上支持解释性报道：

> 鉴于重大、复杂、丰富多彩的国内国际大事飞速发展的步伐超过了世界近代史上任何一个时期；

>鉴于社会各行各业都对公共事务产生了更浓厚的兴趣；
>
>协会取得共识,通过决议:报业编辑应该贡献更多的精力和版面给说明性新闻、解释性新闻,呈现事件背景,以帮助普通读者更好地理解事件的发展进程和重要性。[75]

报纸编辑协会倡导解释性新闻,之后的观察家解释说,解释性新闻是对一个突然复杂多变的世界做出的反应。战争、萧条和新政使政治、经济、生活事务变得极其复杂,新闻业被迫强调新闻的"含义",解释事件的背景。此理念的前提是民众自然而然地将复杂的事件看成是复杂的。但其实民众更有可能首先会将复杂的事件简单化。若要说明解释性报道崛起的原因,就必须研究为什么记者们开始相信世界日趋复杂。

自20世纪30年代以来,社会科学就倾向于将社会或由不同国家组成的世界视作一个"系统",其中各部分的功能彼此相关,某一部分、某一领域发生的事件都会给所有其他部分带来冲击。这种理论很富概括性,不过我们仍然可以发现历史上有一些时期要比其他时期更加"系统化",更具统一性。第一次世界大战之前(在某种程度上甚至到第二次世界大战之前),美国民众倾向于认为本国事务同欧洲和世界政治无关,他们甚至对国家层面的政治也不太感兴趣,因为联邦政府同大多数公民的日常生活离得太远。据记者沃尔特·特罗安(Walter Trohan)回忆,华盛顿在20年代还不是新闻业的圣地,不过这种局面很快就改变了:

>华盛顿在当年并不像今天这样是记者的奋斗目标,也不像今天这样成了公众的市政厅。我记得当时议员被选入国会都是因为他为党务尽心尽责地工作。入国会是一种回

报,地方上会为他举办告别宴会,然后就把他忘了。[76]

然而,随着美国开始融入一个世界体系——特别是战后,随着经济萧条,全国上下的目光都移至华盛顿的决策者身上,这个世界不但变得更为"复杂",而且因为一切汇集于华盛顿,世界变得**"显而易见"**地复杂了。[77]

尽管如此,意识到世界更加复杂却不一定就产生解释性新闻,除非记者意识到复杂性并非事件简单堆积的总和。当然,新闻界当时已经开始觉悟了。记者再也不相信事实能够不证自明。对事实的新看法在《时代》(*Time*)杂志上体现得淋漓尽致。《时代》由亨利·卢斯(Henry Luce)和布里顿·哈登(Briton Hadden)创办于 1923 年,该刊字里行间都以华丽的辞藻、活泼的口吻报道事实。卢斯直接倡导新闻杂志要将事实和意见相糅合:"谁敢说自己客观,我就告诉他不要再自欺欺人。"卢斯建议报纸取消评论版和新闻版,在头版上刊登对"公职人员的明智批评、分析和评论"[78]。《时代》并不能满足所有的人,但它对报纸的发展产生了重大影响,被麦杜格尔称为"日报的有力竞争对手",它的出现证明公众已经不再满足于直白的硬新闻。[79]

为众多报纸服务的政治专栏辛迪加作家(syndicated political columnist)的出现,也许最能说明新闻业开始接纳事实的主观性认识,说明一个复杂的世界在华盛顿汇集而成。署名专栏早在 19 世纪 90 年代就出现在芝加哥的报纸上,但那些专栏刊登的通常都是幽默作品、文学作品或地方趣闻。即使到了 20 世纪 20 年代中期,爱德森(C. L. Edson)的《专栏写作艺术》(*The Gentle Art of Columning*,1920)和哈拉姆·戴维斯(Hallam W. Davis)的《专栏》(*The Column*,1926)等报纸专栏写作教材,仍然只聚焦于幽默作品的写作。[80]直到 20 年代,评论政治经济事务的专栏才得以出现,如戴维·劳伦斯(David Lawrence)、马克·沙利文

(Mark Sullivan)和弗兰克·肯特(Frank Kent)等人的文章。[81]黑伍德·哈尔·布朗(Heywood Hale Broun)的《世界报》专栏始于1921年,李普曼的"今日与明日"(Today and Tomorrow)专栏于1931年首次出现在《纽约先驱论坛报》上。之前在合众社(United Press)担任华盛顿分社社长的雷蒙德·克拉普(Raymond Clapper)去《华盛顿邮报》工作时,报社曾问他是否愿意写每日专栏。对此问题他太太持否定意见,后来她写道:

> 我当时之所以反对,是因为1934年专栏作家在新闻业中的地位还不明确。在我看来,评论性内容还是从编辑的口中说出更有分量;读者们需要的是一个富有人格魅力的人物,而我担心雷对他们并不具有吸引力。[82]

但克拉普还是接受了这份工作,结果到了30年代,政治专栏在报界红极一时。1937年,李普曼的专栏通过辛迪加在155家报纸上同时发表,阿瑟·布里斯班(Arthur Brisbane)的专栏有180家报纸刊登,戴维·劳伦斯的专栏则在150家报纸刊登,弗兰克·肯特的专栏有125家报纸刊登。[83]社会学家罗伯特·林德和海伦·林德(Robert and Helen Lynd)在1935年回到"中镇"(Middletown)(印第安纳州曼西[Muncie, Indiana])时——十年前他们曾在那里做过最初的研究——发现报纸发生了明显的变化:"中镇报纸采纳了可喜的新形式,在新闻栏中越来越多地通过辛迪加刊登来自华盛顿和纽约的署名特写报道。"[84]1925年,这里的报纸上只有布里斯班和劳伦斯两位的专栏,而1935年,早报刊有5位辛迪加政治专栏作家的稿件,午后版还有另外4位作家的作品。《新共和》在1937年评述说:"评论版曾经拥有的影响力已经转移到了专栏作家笔下。"[85]政治专栏等事物的出现,最能证明新闻业从体制上终于承认不再有事实,只有个人建构的解释。

不是所有的记者都能当专栏作家,也不是所有人都能随意撰写解释性新闻。日报记者依然要相信自己的最高价值在于新闻采编。他们需要建立起一个框架,在此框架中他们自己能够严肃对待工作,还奉劝读者和评论家也要严肃对待。这就是20世纪二三十年代精心打造的"客观性"概念试图提供的东西。

沃尔特·李普曼是客观性理想最睿智、最强势的代言人。在《舆论学》一书中,他揭示了追求客观性背后的情感驱动:"当我们的头脑深刻意识到人类思想的主观性时,我们的心灵却前所未有地迸发出对客观方法的热情。"[86]李普曼早在1919年便担忧事实的主观性,但同时对新闻业的职业化趋势深表乐观。在为《大西洋月刊》撰写的一篇文章(后来再版收入《自由与新闻》[Liberty and the News],1920)中,他发出了警告:"西方民主今天面临的危机其实是新闻学的危机。""共识的制造者竟是放任的私人企业",在这样一个世界中民主是否能生存?报业问题直接牵扯到了民主政府:

> ……当人们失去对周围现实的掌控,就会不可避免地沦为宣传煽动的受害者。当受众无法独立地获取信息时,社会上的江湖骗子、好战分子和恐怖分子就会大行其道。在一个新闻均为第二手、证据模棱两可的社会中,人们不再对真相做出反应,而是简单地对意见做出反应。他们生活于其中的世界不是现实,而是报道、谣传和猜想营造出的拟态环境。人们进行思考的全部参考都来自某人声称的事实,而不是真正的样子。[87]

李普曼认为"科学"也许能够提供解决方案:"在我们这个多元化的世界上,仅有一种统一,即方法的统一,而非目的的统一,只有在严格规定下进行实验才能实现。"[88]在实践上,李普曼认为需要通过立法打击虚假报道,要求新闻报道注明来源,创建中立的研究机构,成立国际无党派通讯社,推动新闻业进一步专业化:这样就可以在某种程度上为新闻业赢得尊严,使"客观性理想至高无上"的信念在新闻从业者中深入人心。[89]

李普曼并不是呼吁新闻业专业化的第一人。几十年以来,新闻从业人员一直试图在制度方面进行改革,使新闻这个行业更加受人尊敬。比如约瑟夫·普利策就在1904年为哥伦比亚大学新闻学院捐款(尽管学院直到1913年才开门)。业内的批评人士指出,新闻学院的成立会使报业形成不同等级。而普利策认为这的确就是新闻学院的目标所在,即在合格人员和滥竽充数者之间划清界限:"我们需要在新闻从业者中间培养一种阶层意识,这种意识并非建立在金钱的基础上,而是将道德、教育和品行放在首位。"新闻从业者应该模仿律师和医生,摆脱金钱的左右,同业团结一致。普利策对新闻专业的展望有适度的反流行的语调,更直接的是反商业化。他写道:新闻学院"在我看来不仅不应商业化,而且要反商业化"。新闻学理应戴上专业性的桂冠:

> 我想要引发一场运动,将新闻业提升到学术专业的高度。那些不太涉及公共利益的行业都赢得了社会大众的尊敬,我们也应该迎头赶上。[90]

李普曼观点的新奇之处,不是他对专业性的呼吁,而是他进行呼吁的原因。有些批评人士,特别如阿普顿·辛克莱尔(Upton Sinclair)在《无耻收买》(*The Brass Check*,1919)中,仍然认为新闻业道德面临的最主要威胁是利益挂帅的出版商和广告商。不过李普曼发现的问题恐怕更为严重。在他看来,新闻业的敌人不是资本家,而是他们自己。他与纽约《世界报》的一位副总编查尔斯·梅尔兹一起,针对《纽约时报》对俄国革命的报道发表了著名的批评分析,逐条列出《纽约时报》报道中反布尔什维克的偏见。二人总结说:

> 新闻无一例外都是由新闻机构的工作者的想法主导的……关于俄国的报道在很大程度上呈现的都不是眼见的事实,而是那些新闻人希望呈现的事情……新闻工作者内心深处的希望与畏惧,才是最大的新闻检查官和鼓吹者。[91]

李普曼和梅尔兹建议记者接受严格的教育,掌握更多专业知识。他们之所以呼吁新的专业性理念,就在于他们意识到了报道的主观性及其后果。[92]

李普曼和梅尔兹在一次对批评人士的回复中阐述了那篇批评文章的哲学背景。他们注意到,自己之所以受到抨击,仅仅是因为文中揭露了人性脆弱的本质,说明新闻记者和编辑同普通人一样都会犯错误。二人回应道:

> 但是,假若承认了对人性的一切指责,那道德价值何在?难道我们不是在追求最好的世界?难道人性的弱点不该用诚实来匡正并获得长久的关注?既然人类是不可靠的目击者,会轻而易举走上歧途,受个人偏见左右,为社会环境主宰,难道我们不应该坚持核实新闻、加强新闻防错的意识吗?难道这不是民主哲学必不可少的一部分吗?[93]

二人总结说:"对人类观察世界的可信度的怀疑越大,时时进行验证的需求就越迫切,要尽可能地客观。当你意识到现代世界是多么依赖新闻时,人性的弱点就不再只是自满和自我辩解的问题,而是要时刻保持警觉的问题。"[94]

李普曼给新闻业的病症开出的药方就是科学。他认为新闻业对科学方法的追捧不仅会促使整个行业更加专业化,也会使其愈发自由,带有主角的色彩。他写道:自由主义意味着开放,在变化万千的环境中保持头脑和行动的自由,不被怀疑主义麻痹手脚。拥有自由主义精神的人会努力"摆脱自己非理性、未经核查、未被接受的偏见"[95]。在他眼中,这就是英雄主义。传统意义上的英雄用自己的气质来影响大众,而李普曼笔下的人则因为拒绝这样做而成了英雄。在1928年的一篇对话中,他有一段"苏格拉底式"的话:

> 你有没有想过,当一个人拥有了科学精神后意味着什么?这意味着他愿意让事物以其本来面目呈现,而不管自己的好恶;这意味着他克制了以自己的偏见来解释世界的欲望;这也意味着他不需要任何教条就能活得很好……无论在什么时代,这样的人都是凤毛麟角。[96]

"现代化的酸液"已经腐蚀了宗教的磐石——李普曼在《道德序言》(*A Preface to Morals*,1929)中写道。但纯科学是宗教升华的现代体现。李普曼认为,所谓德行,就是一个人可以漠视眼前的愉悦或不快,能从大局和长远出发对事物做出回应。超然、公正、成熟——这些道德的标志,在科学家"公正无私的现实主义习惯"中得到了很好的体现。[97]

李普曼的著作为新闻学客观性理念提供了最为复杂的理论基础。虽然很多日报记者宣称严格遵守客观性原则,但无法看出这些记者的客观性概念是否真符合李普曼的标准。记者们眼中的"客观性"很有可能就是新瓶装旧酒,将19世纪90年代记者口中称作"现实主义"的天真经验主义贴个新标签拿出来兜售。尽管新闻从业者的哲学认识不如李普曼深刻,业界仍然发生了重大的变化。在19世纪90年代,很少有记者怀疑现实写作,而到了20世纪30年代,连信奉客观性理念的新闻从业者都承认客观报道其实可望而不可即,也认清了主观性的危险。利奥·罗斯顿(Leo C. Rosten)在1935到1936年间做博士论文时访问了多位驻华盛顿特派记者,将"客观性"作为一个大家都熟悉的术语放在问卷中使用。例如他要求记者对以下说法做出回应:

> 基本不可能做到客观。你平时读自己的报纸,留意社论的口吻,有些报道得到表扬,有些则受到批评。你"感悟报纸政策",在心理上就顺势调整了自己的报道角度。

42名记者同意这席话,24名反对,4名不确定。[98]罗斯顿的问卷和记者们的回应都很有意思。这个问题说明客观性被认为是测量记者自身的主观实际状况的最佳手段。这里所说的主观,主要来源于社论的影响,而不是记者的预设立场。而记者们的回答则说明,至少在驻华盛顿的精英记者阶层中弥漫着一种怀疑的心态——不相信客观性的理想已经实现,甚至认为永远也不可能实现。罗斯顿本人认为:"新闻的'客观性'无异于梦的客观性。"他进一步写道:

> 既然绝对的新闻客观性是不可能的,那记者的社会价值传承、"职业反应"、个人禀性和经济地位就对它产生了至关重要的影响。[99]

"客观性"这个在一战前的新闻界鲜有人知的词语,到20世纪30年代中期已经成了业界最常用的术语之一。30年代在《时代》和《财富》的员工辩论会上,正反双方都将其当作利器使用。[100]1937年,它还引人注目地出现在美国最高法院:莫里斯·恩斯特(Morris Ernst)代表美国报业工会(American Newspaper Guild)在"美联社诉美国劳工关系委员会"(*Associated Press*

v. National Labor Relations Board)这起案件中以"法庭之友"的身份出席。委员会指责美联社因为旗下一名记者支持报业工会而将其解雇,但美联社则辩称解雇的原因是这名记者的报道明显带有亲劳工的偏向。恩斯特写道:

> ……宪法并不保障报业的客观性,而且在一个主观性的世界中,客观性也无法实现;问题……的根本不在于新闻应该不含偏见,而在于哪一方的偏见应该影响新闻。[101]

报业工会成立于1933年,服务对象是报纸杂志等出版物的编辑员工。1937年工会通过了一系列政治决议,立刻在成员中引起了巨大的反响,会员沃尔特·李普曼就因此退出。但出版商之所以扛着"客观性"的武器攻击报业工会,倒不是因为工会的政治立场,而是因为它是一个积极斗争的协会。1937年,美国报业出版协会、美国报纸编辑协会和其他9家出版商组织走到一起,"以新闻和公共原则的立场,而非经济问题的角度来讨论封闭式行业(closed shop)*的话题"。但他们的本意明显是想削弱工会的力量:

> 报业——"本色地呈现新闻"——要想为大众提供重要服务,出版商就必须有权自由选择其认为最为合适的有资格报道和编辑新闻的员工。[102]

另一方面,工会的政治立场又为出版商提供了发动攻击的借口。出版商公开宣布,绝不会把新闻拱手交给"任何参与重大争议公共话题的组织",同时宣称自己才代表了新闻业最崇高的理想:

---

* 指雇用某一工会会员的工厂、商店、行业。——译者注

> 我们不否认伟大的事业需要英雄掌舵,社会进步需要先锋推动。但对社会同样重要的是,我们也需要对争议进行正反两方面报道的人。这就是报业人员的职责,不是有立场地参与,而是去客观地观察。[103]

尽管出版商拿客观性来抨击工会,但不代表他们是客观报道的推动者。当时客观性的标准已经树立起独立的权威,这些人只不过借用一下罢了。

20世纪30年代的客观性理念虽然是一个很流行的新闻学专业价值观,但它刚一形成便土崩瓦解了。一旦业界普遍接受了新闻报道中的主观性无法克服的观点,客观性就沦为一种纯理想。同时就如我之前所说的,这也是因为业界逐渐将主观性视为无法避免的事物。由此可以看出,自从客观性的"神话"诞生之日起,批评声便随之而来。新闻业的客观理想成了信仰的替代品,与其说是在作正面自我阐述,不如说是尴尬地在为自己辩护。同客观性信仰相比,这种信仰所生长的土壤对美国新闻界来说更为重要。正是这片土壤培育出了正反两派人士,为"客观性"争斗不休,而这片土壤其实就是相对论。它相信价值观的武断性,感觉到现代的"空洞寂静",而客观性的理想就是对相对论做出的一种回应。

若假定人类思想史是一部发现社会问题的历史,那我们就可以将20世纪二三十年代的文化思潮看作是对民主市场社会危机的响应。一方面民主和市场经济继续在形式上成长壮大,而另一方面商业和资本所有权的扩张似乎反而将民众与权力隔离开来。民众对民主和市场经济的信心已经开始动摇。人们不但怀疑这些基础制度,也不再相信独立的个体通过民主投票能够做出正确的决策,不相信独立的个体以随机的方式揭示事实就真的能够挖掘到真相。幻想消逝了,社会体系失败了,本应该构成社会体系的独立个体其实并不存在。控制着供需关系的不是个体，而是大公司；监管着投票选举的不是选民，而是机器；指导着新闻业的不是对真相的追求，而是有权势的出版商和大众的娱乐需求。

这种观点至少在进步主义时代早期十分盛行。到了20世纪20年代，社会各界更彻底地清醒过来。大公司取代了经济领域的小企业，连19世纪资本主义的踪影都难以寻觅。所有者无法控制自己的财产，要交给专业经理人来管理，公民则成为经济领域被大公司任意操纵的消费者。政治方面，国家机器被更加抽象、正式、疏离的政治组织取而代之。无论是政界还是商界的自由主义思想家都认为，只有这样做才是唯一的出路；自由民主主义者成为自由派的精英。人们要想拯救民主和市场经济，恐怕必须先将其彻底摧毁，或眼睁睁看着其自行崩溃。

进步主义对美国社会的看法很苛刻、负面，但仍抱着希望；战后的观点虽不苛刻，有调适性，但却少存希望。曾经认为社会进步天经地义的人开始对自己产生怀疑。人们在很大程度上丧失了信心。但即便是这样，新的思想和前景也同时应运而生。与当时的法律界、社会科学界的相关理想一样，客观性作为新闻界的理想，其产生深植于这样的观点，即失落的信仰再无法寻回。这种辩证法十分奇特，也不是那么稳固，卡尔·马克思（Karl Marx）在《德意志意识形态》（*The German Ideology*）中早有了一个恰当的比喻：

> 如果在全部意识形态中，人们和他们的关系就像在照相机中一样是倒立成像的，那么这种现象也是从人们生活的历史过程中产生的，正如物体在视网膜上的倒影是直接从人们生活的生理过程中产生的一样。

新闻从业者之所以如此信奉客观性,一方面是因为想要这样做、必须这样做;另一方面,在大众深深怀疑和无所适从的情况下,他们需要一种逃避。托马斯·曼(Thomas Mann)曾写道:我们这个时代无法就"为什么"、"目的何在"等问题给出令人满意的答案。这席话不得不让人正视。当然,客观性作为一种理想,在过去,乃至今天,都常被用来作为权力的掩饰,有时甚至是用不诚实的方式去掩饰。但客观性的根源并没有那么肤浅,它不是用来为权威、特权提供掩饰,而是用来遮掩我们在凝视现代社会时眼神中流露出的失落感。

第五章

客观性、新闻管理与批判文化

20世纪60年代,"客观性"成为侮辱性的词。在30年代,攻击客观性的批评家认为生硬地"获取事实"已经不合时宜,他们将解释性报道推崇为维护新闻专业性的方法。但到了60年代,专业主义的目标本身就受到了质疑。批评家指出,城市规划制造了贫民窟,学校教育造就了愚民,医药引发了疾病,精神病学创造了精神病,法院促进了不公正现象的滋长。在大众眼中,知识分子再也不是一副冷静的智者形象,而被称为"新官僚",政府决策制定者也被无情地嘲讽为"至高无上者和聪明绝顶者"。新闻业的客观性理念原来还被视为对抗偏见的良方,而现在则突然变成了最阴险的偏见,因为"客观"报道营造出的社会现实拒绝审视威权和特权的基本结构。在30年代的反对派看来,客观报道只是不完整,而现在它成了"扭曲事实"。它与来路不正、饱受争议的机构狼狈为奸。这种观点反映了一种强烈的道德危机。到60年代末,很多人觉得沃尔特·克朗凯特(Walter Cronkite)每晚广播的片头"事实就是如此"过于自大,也不同意"讲述事实真相"这样的说法——如果被报道的真相太过狂热,又怎能用文法使之平淡?

"客观性是神话",《罗利观察报》(Raleigh Observer)的记者克莉·格鲁森(Kerry Gruson)曾如此宣称,这代表了很多年轻记者的想法。克莉的父亲西德尼·格鲁森(Sydney Gruson)是《纽约时报》发行人的助理,他发表了相反的看法:"也许我跟不上时代了,但我坚决维护新闻栏目的纯洁性。纯粹的客观性也许不存在,但无论如何你得为之奋斗。"斯坦弗·塞瑟(Stanford Sesser)在1969年秋天的一期《华尔街日报》(Wall Street Journal)上,将父女俩的言论放到一起进行了比较,他报道的是新闻从业者的反战活动。西德尼·格鲁森曾拒绝了《纽约时报》308名员工的申请,不允许他们在10月15日的反越战示威游行日使用公司的礼堂进行讨论。克莉·格鲁森认为其父的做法是错误的,10月15日她在采访报道中就戴了反战的黑袖标。[1]

《华尔街日报》的这篇报道反映了20世纪60年代末美国新闻业两代人之间的冲突:一方是守卫客观性的老一代,另一方是攻击客观性的新一代;一方身经二战,另一方诞生于富足而充满焦虑的冷战中;一方不愿意放弃美国在越南的政策,另一方对此义愤填膺;一方充满强大报社的机构责任感,另一方则满怀年轻记者勇敢无畏的个人英雄主义。更重要的是,《华尔街日报》这篇报道本身就是其中的一部分:在60年代,新闻写作本身也第一次成了新闻报道的一个话题。

在此之前,我们也曾目睹过几代人之间关于新闻报道的矛盾冲突。19世纪90年代的编辑曾训练记者不要将自己的意见掺入报道之中,年轻的记者们则奋起反抗。编辑和记者总是担负着不同的任务,维护不同的利益,服务于不同的事业。年轻一辈和老一辈的新闻从业者处在职业生涯中的不同阶段,关心的东西也不同。因此也就难怪他们会对新闻报道持不同态度。

在过去,年轻记者对编辑的怨恨,**只是**因为工作的利益冲突,同范围更宽广的政治思潮无关,也不会用政治用语来表达厌恶之情。但是,在20世纪60年代,年轻一辈的反叛是整个文化危机的一部分。年轻记者仍然希望在报纸上抒发热情、展现个人风格,不过对"纯新闻"(straight news)的反抗,与其说是毛头小子通向专业道路的必由之径,不如说是一个严肃的政治挑战。年轻一辈的记者不仅呼吁新闻界更加积极地"参与"到新闻之中,怀疑官方对公共事务的说法,同时也特别指出新闻界一直以来其实参与得**过头**了。"纯新闻"不仅味同嚼蜡,左右受限,而且它本身就是一种参与的形式,暗中同官方新闻合谋,自以为是地声称高于一切党派和政治之争,这一点才是最为危险的。

60年代,报纸仍被指责屈从于报业老板的利益,在社论中有意掺入主笔的偏见。这些批评多数是有道理的。但过去十年最多的批评是在强调:新闻从业者无意识地或不情愿地就是"政治的"。新闻从业者的政治影响不在于公开声称支持什么,而在于不加检验地遵守他们职业活动的基本原则,最重要的是遵从客观报道的传统。从这个角度来看,客观性就不再是一个理想,而是一个令人迷惑的东西。新闻的偏颇不在于有意的偏见之中,而是在于新闻采集的方式强化了官方所建构的社会现实。因此,过去十年中,新闻业中那些最有名望、势力最大、资源最丰富的报纸,都试图摆脱官方意见的影响,宣扬《纽约时报》的麦克斯·弗兰克尔(Max Frankel)所说的"新闻概念大爆破"(an exploded concept of what is news)[2]。出现了更多的解释性报道和"新闻分析",更多的调查性新闻和"激进新闻"(enterprise journalism），对特写等新的形式也有了更多的宽容。但为什么这个时期对传统新闻采集会产生如此尖锐的批评？为什么新闻业的新理念和新制度获得了如此广泛的支持？

在本章，我要探讨两个方面的原因，正是这两点促使并推动了对新闻业的新一轮批评，唤起了对报纸内容变革的渴望。第一，政府对新闻的管理日益普遍，新闻业也日益警觉。普遍的看法是，政府都撒谎，从乔治·华盛顿开始，美国历任总统都试图误导媒体，欺骗公众——这个说法已经说滥了，所有人都会脱口而出。[3]但这种夸大其词的说法，并不是事实。组织有序、财力兼备的政府新闻管理，其实仅有60年的历史。只是到二战之后，出于对国家安全和"帝国总统"（imperial presidency）的重要性和相对独立的考虑，政府才制定了新闻政策。特别是外交政策，更成为政府和媒体关系的核心象征。

第二，60年代兴起的"对抗文化"也促使了新闻业的改变。这种对抗、批评的文化拒绝相信政府，制造了一群更激进、更具怀疑精神的新闻受众。在我看来，60年代末新闻管理和对抗文化在越战问题上的交火，对新闻业产生了深远而长久的影响，本章最后一部分会对此进行探讨。

政府与新闻界："新闻管理"

1919年的巴黎和会是政府和媒体的现代关系的象征。媒体当时陶醉于自己强大的势力，以为在决策制定中能起到举足轻重的作用，但巴黎和会却深深打击了这种自我想象。当将军的都喜欢战争，当记者的也是如此。但在大战之后，各大报社的编辑和记者都发现自己不再是政府的合作伙伴，只是政府的工具而已。新闻业的价值——或恐怖之处——不在于能否代表公众意见,而在于能否控制舆论。

瑞·斯坦纳德·贝克,这位曾经的揭丑闻记者,当时在巴黎担当伍德罗·威尔逊总统的助理,负责美国新闻局(American Press Bureau)的运营。他对第四权力(the fourth estate)*赋予了高度的期望:

> 巴黎和会有一点非常独特,也起到了决定性的影响:全世界的人民,即公众,都在和会上发出了自己的声音,组织井然有序,这在任何和平会议上都从未有过。过去的大会都是由外交官把持全局,讨价还价、事先把控、暗箱操作;但在巴黎和会上,民主就像邓塞尼(Dunsany)剧中失明的神仙,迈着缓慢、沉重的脚步走上了舞台。[4]

贝克所说的"公众"和"民主",其实就是指报纸和各大通讯社的记者。20世纪20年代典型的自由主义思潮认为,媒体就是民主政府的化身。在贝克看来,媒体对巴黎和会的报道必将迎来世界外交史的新纪元。从和会开始,政府必须呈现在舆论面前,制定国家政策必须获得公众的首肯。

但是,巴黎和会的协议却仍然是秘密达成的。贝克感到失望,他知道威尔逊保证"公开地达成和平协约"(威尔逊本人也解释过),是指"不会有秘密协议",而不是"不会就微妙事件举行秘密的会议"。[5]贝克并不反对政府避开读者大众举办某些机密会议,但他批评的是威尔逊对媒体保守了秘密。他认为:"历史一次又一次证明,只有经验丰富的报纸记者才最懂得怎样保守机密,怎样明智地处理机密,但前提是他们需要得到真正的信任和坦诚公布的信息。"[6]

---

* 或称第四等级,即新闻界。——译者注

巴黎和会没有像贝克期望的那样迎来外交的新时代,但的确重塑了媒体和政府的关系,这一点是贝克始料未及的,因为在巴黎和会中,公开性自身第一次成了核心政治话题。在美国外交史上,国内的政治讨论一直将目光集中在政府决策的内容上,而现在首次关注政府决策的方式。外交政策开始国内化,制定流程的正当性和结果的有效性越来越受到重视。和会第一周,美国特派记者纷纷给威尔逊写信抗议,反对与会专员依照隐秘的规则行事,而身在华盛顿的约瑟夫·图马尔提(Joseph Tumulty)也警告总统,若过于保密会引发信任危机。5个月后,就条约草案是否公开发布引起了巨大争议,参议院通过决议,要求威尔逊把草案递交给参议院审议。整个事件从头至尾,政治议题的公开化都成为首要问题。[7]

这次和平时期参议会管理新闻的手段,成为政府与媒体关系发展史上的一个里程碑。就在几年前的1913年,国会还禁止政府机构雇用公共关系人员。连公共信息委员会的政府公关活动也被认定是战时必需的临时举措,战争结束后委员会就解体了。但到了巴黎和会的时期,政府却开始用一种有组织、有意识的方式来"控制"新闻。这场戏剧化的变革史无前例地证明,政府对新闻的管理必将成为现代社会不可或缺的一部分。

随着20世纪二三十年代政府公关的发展壮大,对罗斯福和新政持批评意见者指责政府对公关宣传过分投入。1935年两位华盛顿记者用化名出版了《新闻通稿》(Handout)一书,就对罗斯福的"审查与宣传系统"加以鞭挞。[8]书中的指责有些夸大,也没有列出事实证据,不过埃默·戴维斯仍然在《纽约时报》的书评中写道:

> 有一点证据确凿:罗斯福政府模仿经济繁荣期大公司的做法,在每一个政府部门内都设立了新闻局来引导新闻,

而不允许报纸记者直接采访下级官员……这种事情在 1933 年前的华盛顿虽然也存在,但本届政府将这种做法发扬光大,无疑使新闻从业者发掘事情真相更加困难。[9]

戴维斯对罗斯福的这种不满,在当时的新闻界十分普遍,新闻从业者被迫接受政府的公关宣传。尽管报业老板反对罗斯福,但记者们觉得还是受到总统善待的,驻华盛顿的记者团也倾向于支持罗斯福和其国家政策。只有《时代》、《生活》和《财富》的老板亨利·卢斯在批评罗斯福的时候指出,政府与媒体的新关系引发了新的问题,对新闻自由产生了巨大的冲击。1942 年,卢斯建议芝加哥大学校长罗伯特·哈钦斯(Robert M. Hutchins)研究一下新闻自由的问题。1944 年新闻自由委员会(Commission on Freedom of the Press)成立之时,卢斯向《主编与发行人》杂志指出,"新闻自由"的含义已经失去了其不证自明的特征。卢斯主要担心"大政府"通过公关活动控制新闻,控制的方法不是通过新闻审查,而是发布海量信息,让媒体应接不暇。如果媒体受到大政府公关活动的控制,是否还能称为自由媒体?卢斯希望委员会能够就此问题深入探讨。[10]

但委员会没有这样做。其出版的综述报告书《一个自由与负责的新闻界》(*A Free and Responsible Press*)根本没有提及这个问题。撒迦利亚·切菲(Zechariah Chafee)为委员会所著的两卷《政府与大众传播》(*Government and Mass Communications*)用 700 页讲述政府如何抵制或鼓励传播,但只用不到 70 页来讨论政府自身就是传播的一部分这个话题。即便在这 70 页内,切菲也着重描述政府与公民的直接沟通,特别是通过电影形式的沟通,以及政府通过媒体与公民交流的情形。委员会丝毫也没有留意报纸每日呈现出的社会现实,是怎样通过记者和政府官员的互动行为进行建构与再建构的。

参议员约瑟夫·麦卡锡(Joseph McCarthy)的特殊案例更使记者与官员的关系成为新闻界讨论的焦点。当时及后来很多批评人士都指出,麦卡锡的政治生涯之所以能在短暂时间内如此耀眼,是因为当时的记者对政府官员有很强的依赖性,遵循着客观性的原则从事新闻写作,从而被精明的麦卡锡利用了。比如道格拉斯·卡特(Douglass Cater)就抨击媒体对麦卡锡报道的"僵化模式"(frozen patterns),因为麦卡锡本人根本不配如此大量的媒体宣传。其中一个"僵化模式"就是"纯新闻"和解释性报道的区分。解释性新闻记者为新闻提供背景信息,揭示行为的动机,不轻易放过枝节问题,而"纯新闻记者"则被动地接受官方的说法。通讯社和大多数记者都必备样板式的新闻稿,而解释性报道只有"少数高级记者"才能做。卡特评说道:当时也有关于麦卡锡的优秀解释性报道,但基本没有人转载重印,因为在业内人士眼中,这不是所谓的硬新闻,只是"作者的私有财产"。纯新闻记者为全国读者提供麦卡锡的新闻,包括麦卡锡的谎言和指控都登在报纸上,完全不去评论指控是否成立。卡特总结说:纯新闻记者仿佛"穿上了紧身衣"[11]。

大多数观察家都对此表示支持。理查德·罗维尔(Richard Rovere)曾为《纽约客》(New Yorker)撰写过关于麦卡锡的报道,对麦卡锡在公共宣传上的娴熟技巧进行了分析,说他把记者操纵得"就像巴甫洛夫的狗一样"。在新闻传统的束缚下,记者们眼看着明知虚假的"新闻"得以报道,不禁义愤填膺,但最后他们也没有抛弃这种传统。罗维尔总结说,媒体的确花了很大力气来维护自己的传统:

……我怀疑让媒体腐败无能的最佳方法,就是任凭记者告诉读者哪些是真正的"事实",哪些不是。在有些国家的确是这样做的,我们的媒体同这些国家相比对公众的贡献应该大得多。[12]

麦卡锡现象在传媒界引起了震动,但并没有打乱既有的新闻报道模式。的确,20世纪五六十年代新闻界特别关注的并不是这位政治煽动者的影响,而是行政部门日益集中化的新闻管理。虽然煽动性政客不再成为问题,但1945年后"国家安全状态"(national security state)对传媒的钳制浪潮正不断兴起。丹尼尔·耶金(Daniel Yergin)认为,国家安全状态就是一套"统一的态度、政策和制度模式",是国家为永久性国际冲突和冷战做的准备。[13]耶金认为"国家安全状态"是一种"指令思想",与其说是一套制度,不如说是一套训导。当然,它肯定既是制度又是训导。在过去的30年中,通过这个机制的运作,美国民众已经被教化成要随时应对国际(有时是国内)共产主义的威胁。其中包括军队建设及日益依赖军需的相关军事工业和科技行业;包括在二战后迅速壮大的情报机构,它们一面强有力地执行外交政策,一面又为决策者提供重要的情报;同时,总统权力急剧扩大,成了自主的国会,成了野心勃勃的宗主国"帝王"。

在此情况下,不仅外交政策的形成史无前例地中央化,而且国内事务决策也更加中央化。美国终于如愿以偿获得了世界第一强国的地位,它不容战后孤立主义的存在,突出外交事务的地位,不容破坏战后的和平状态。正当公众和媒体对外交政策的兴趣日渐浓厚之时,以国家安全之名建立的新机构却试图设下重重障碍,阻挠人们进一步了解国家的外交。同欧洲政府相比,美国的政府一直有公开坦率的美誉,但现在也将外交政策权转移到了离公众目光最远的机构。这种做法在当时得到了多方面的赞同。同国会一样,媒体也支持冷战的意识形态,很少怀疑国家安全条例的预想。但无论是国会还是媒体,都希望能够参与到这场游戏之中,不愿意站在场外眼巴巴地看着别人运筹帷幄。

1955年,詹姆斯·雷斯顿(James Reston)就政府信息问题在国会作证时发明了"新闻管理"(news management)一词。[14]当时很多人觉得该词很恰当地形容了艾森豪威尔政府对待媒体的做法。当艾森豪威尔在丹佛一家医院因冠状动脉血栓症住院时,内阁成员特意兴师动众地飞去丹佛与他磋商国家大事。但他们去丹佛的真正目的,其实就是想对公众摆出一副总统还有能力日理万机的姿态。媒体当时知道其中的诡计,但没有揭穿。拉塞尔·贝克(Russell Baker)评论说:

> 因为美国报纸报道高官的传统就是直截了当地转述他们的话,所以不能随便揣测阁员去丹佛做戏的背后企图。从一个方面来说,媒体是被自身的道德感束缚住了。[15]

艾森豪威尔时期的新闻管理大师,是白宫新闻发言人詹姆斯·哈格蒂(James Hagerty)。在1959年《绅士》(*Esquire*)杂志的一篇报道中,约瑟夫·克拉夫特(Joseph Kraft)便提到了"詹姆斯·哈格蒂开创的危险先河"。文章对哈格蒂的把戏做了描写,称他想尽办法让政府以最光鲜的形象出现在新闻之中,比如导弹试验成功时,就在白宫发布新闻,而失败时就在试验场发布新闻。克拉夫特也许看到了这种做法的危险性,但说不清是为什么。[16]克拉夫特批评哈格蒂对新闻做出了"管理"——他在这个新发明的词上加了引号——克拉夫特虽然觉得这令人不快,却找不到语言来说明这种行为是错误的。他的字里行间虽然充满了愤慨,但并没有反抗。

1961年,新闻界又迎来了一个新词:伪事件(pseudo-event)。这是历史学家丹尼尔·布斯廷提出的,用来形容那些事先设计好的、"目的是迅速被记者报道和复制"的事件。依此定义,一次火车事故是真事件,而一次采访就是伪事件。布斯廷解释道,伪

事件的目的也许是说服读者,但其逻辑不同于宣传:

> 伪事件之存在,是因为我们有受教育的义务;而宣传之存在,是因为我们有被煽动的欲望。宣传用意见来替代事实,而伪事件是合成事实,通过提供"事实"基础间接打动读者,帮助读者形成自己的观点。宣传则直接打动读者,直截了当地为读者做出判断。[17]

如我们所见,在美国,伪事件可以追溯到19世纪末赫斯特和普利策的"行动新闻"。不过在布斯廷眼中,爱德华·伯奈斯的公关才是伪事件的原型。他认为,直到20世纪初,"我们的日常经验,我们的所读、所见、所闻,才越来越多地由伪事件组成"[18]。

新闻从业者也对此牢骚满腹,但并未挑战政府的新闻管理和制造的伪事件。与此有关的关注也只是偶尔出现,没有形成集体式的反应。进入20世纪60年代后,事态开始发生变化,不过不是突然爆发,各个事件也绝不是同时发生的。在1960年美国U-2战斗机飞越苏联领空事件中,政府公然撒谎,新闻从业者深感震惊;1961年,《纽约时报》淡化处理肯尼迪政府即将入侵猪湾事件,对此新闻界有一些人深感困扰;1962年,古巴发生导弹危机,肯尼迪(后来是约翰逊)政府时期的五角大楼发言人阿瑟·希尔维斯特(Arthur Sylvester)为其新闻管理手段辩护,令很多记者和编辑惊骇不已。1962年10月30日,在新闻吹风会上,希尔维斯特辩称:"在我们所处的现今世界,由政府控制新闻的产生,可以成为紧张局势中的一种武器。结果证明,我们所用的手段是正确的。"[19]一个月后,在新闻业联谊会"职业记者社"(Sigma Delta Chi)的纽约支社发言时,他又更明白地宣称:"我认为政府天生有权撒谎,这是基本的、**基本的**权利,特别是在面对核灾难时,政府有撒谎自救的权利。"[20]

第四等级愤怒了。[21]但为什么呢?其实,新闻界早就习惯了与政府合作、为了国家利益不报道真相,甚至撒谎。1956年,美国报界拒绝了中国政府发出的向中国派驻特派记者的邀请,《纽约时报》的总编辑克利夫顿·丹尼尔(Clifton Daniel)后来解释说:"我们不想让美国政府难堪。"[22]《华盛顿邮报》的编辑和记者在U-2事件之前就知道美国对苏联的空中监视活动,但为了他们眼中的国家安全利益却选择了不予报道。[23]政府当时有一项"阿尔戈斯工程"(Project Argus),研究外层空间的核设施引爆问题,在试验正式开始数星期前《纽约时报》就拿到了消息,但迟迟没有发布。试爆成功后,《纽约时报》才公之于众,而且似乎还是因为要抢在《新闻周刊》(Newsweek)之前发表才被迫行动的。[24]1961年,《迈阿密先驱报》(Miami Herald)的总编们要求记者戴维·克拉斯罗(David Kraslow)撤下他的关于中央情报局局长艾伦·杜勒斯(Allen Dulles)在佛罗里达州训练古巴流亡军的新闻,结果这篇报道最终未见天日。[25]此外还有众所周知的《纽约时报》与肯尼迪政府合谋淡化处理即将发生的猪湾入侵事件。[26]既然媒体本来就习惯于独自或与政府官员合谋来抑制、遮掩新闻报道,那为什么希尔维斯特宣称政府有权撒谎会如此得罪新闻界呢?

其中的部分原因很简单:希尔维斯特的言论威胁到了媒体作为"政府第四权力"的地位。[27]新闻管理本身并没有什么问题,毕竟媒体天天都在管理着自己的新闻,记者报道的政治和公共事件信息从来都比自己知道的要少得多。[28]媒体抵制的是**政府**的新闻管理。媒体与政府合谋蒙蔽公众是一回事,政府蒙蔽媒体可就是另外一回事了。

希尔维斯特的言论还有一点更让人烦恼,因为这席话突破了媒体一直觉得有义务严守的道德防线。政府躲躲闪闪对媒体保密也许不好,政府明目张胆地撒谎则肯定是不好,而政府竟然宣布"有权"撒谎,就糟透了。原先政府一面撒谎一面假装说真话时,至少媒体还可以指责其虚伪:如果发现政府在撒谎,媒体可以揭发丑闻,让政府难堪;而希尔维斯特的宣言则将政府置于一个免受难堪的不败之地。

20世纪60年代中后期,记者们开始怀疑:希尔维斯特的粗鄙观点似乎已经贯穿于政府日复一日的实践中。最值得一提的是,越战的爆发最终耗尽了政府和媒体之间那层日渐消殒的信任。"希尔维斯特主义在越战中的后果已经众所周知",斯托顿·林德(Staughton Lynd)和汤姆·海登(Tom Hayden)写道。[29]二人没有说错。连1962、1963年在西贡为美国使团担任公共信息官的约翰·麦克林(John Mecklin)也在《痛苦的使命》(*Mission in Torment*, 1965)一书中承认,尽管他觉得任何一个负责的美国驻西贡官员都不会向记者撒"弥天大谎",但"出现了无数小谎言"。[30]麦克林认为,美国使团在对待媒体时处在一个极为困难的境地。首先,这些美国官员自己得到的也是错误的信息,他们对吴庭艳(Diem)政府过于信赖,又将那边传来的虚假信息转述给美国媒体。其次,美国人当时的地位异常微妙。美国介入越战在国内一直不得人心,因为美国1961年插手越南事务明显违反了1954年的日内瓦协议(Geneva Agreement),而且特别是在猪湾事件之后,反美帝国主义情绪特别高涨,大家都惧怕火上浇油。最后一点,越南政府对待媒体的态度也妨碍了美国人和媒体之间的关系,吴庭艳政府"对待新闻记者就好像人体应对血液中突然闯入的外部杂质一般,经常引发一阵阵难以控制的痉挛"。[31]这些都迫使美国官员始终对记者保持警觉的态度,有时竟公然采取敌对姿态。[32]在这种环境下,记者若是遵循传统原则去作报道,就难免会与政府交恶。

越战期间有一起引起特别关注的事件,即《纽约时报》的特派记者哈里森·索尔兹伯里(Harrison Salisbury)在1966年12月访问了河内。对索尔兹伯里本人而言,访问河内是他又一个"第一":他是第一位访问后斯大林时代西伯利亚和中亚的美国记者,也是第一位二战后访问阿尔巴尼亚的美国记者。但这次去河内可不仅仅是另一个"第一"。首先,60年代中期其他去河内的美国知名人士全都是反战分子。比如他到访一年之前,赫伯特·阿普特克(Herbert Aptheker)、汤姆·海登和斯托顿·林德都高调出访河内进行反战宣传。其次,索尔兹伯里从河内发回的报道,与他在西伯利亚和阿尔巴尼亚的不同,不仅涉及了河内的现状,也开始谈论美国国内的局势;报道的目标读者不是愚昧无知的群众,而是一个定期听取美国政府新闻通告的公众群体。他发回的故事掀起了很大波澜,至少让民众从此开始怀疑政府说法的真实性。国防部一而再,再而三地强调,对越南北部的轰炸只是针对军事目标,但索尔兹伯里指出,平民目标在轰炸中也伤亡惨重:

> 无论怎么解释,人们都能看到美国飞机在完全民用的目标上投下重磅炸弹。不管在南定(Namdinh)发生了什么,受苦的都是百姓。

如果这还说得不够清楚,那么索尔兹伯里还有进一步的解释:

> 约翰逊总统的政策声称,美国在越南北部的目标是钢筋水泥,不是平民的生命,而美国飞机实际的轰炸可就是另外一回事了。[33]

索尔兹伯里的报道遭到了政府的反驳,《华盛顿邮报》和《华盛顿星报》(Washington Star)也谴责他本人是越共政治宣传的工具。尽管如此,他的报道还是改变了他所谓的正统新闻的"接受性模式"(the pattern of acceptability)。一年之内,各大通讯社纷纷引用"秘密消息源"的话,证明对北部的轰炸的确摧毁了平民建筑。[34]

60年代中,新闻界每一起逃过新闻管理的行动,都让政府更加关注新闻管理。越来越多的报道是依靠记者自己的突破从而采访获得。索尔兹伯里的报道不但揭发了美国政府的谎言,而且描写了越南人民遭受的苦难。五角大楼文件的内容本就令人十分震惊,而尼克松政府试图阻挠其发表的行为,更是致命的错误。民主党国家委员会水门总部被闯入之前发生的一系列事件本就让人惊骇,事后试图"掩盖"的行径更是令人发指。

沃尔特·李普曼1922年写《舆论学》一书时,认为新闻的职能是要"凸显一个事件",而真相的职能是"探照隐藏的事实,并使其彼此发生关联"。[35]他认为,只有当社会条件达到可以认知、可以测量的状态,真相和新闻才会一致。李普曼觉得报纸自身并不拥有通向真相的特殊渠道;报纸的责任就是印刷新闻,只有当政府和独立情报机构有能力提供更可靠的数据时,报纸才能够印刷更精确的新闻。不过自20世纪20年代以来,业界逐渐意识到他这种观点对新闻的定义太过狭窄,特别是当政府和"独立机构"的"信誉"饱受怀疑时更是如此。如果社会事件都是自发、随机出现的,都能公平地代表"隐藏的事实",那报纸只要报道一下新闻就完全可以了,还会觉得自己为社会作了重要的贡献。但如果事件本身就是有权有势的个人和组织人为制造的,那简单的新闻报道不仅无法完整揭示真相,还会呈现出一个扭曲的现实。随着20年代公关业的兴起,随着政府逐渐意识到能够通过管理新闻来满足自己的利益,随着媒体逐渐意识到必须要在全社会范围内同新闻操纵做斗争,有良知的新闻从业者越来越不满足于仅仅是采集新闻。当华盛顿和外交政策成为公共事务的象征中心时,驻华盛顿和驻外特派记者提供了最出色的新闻作品,而报道外交政策时遇到的阻挠也成为新闻界议论的焦点。

批判文化的兴起

莱昂内尔·特里林(Lionel Trilling)1965年在描述现代文学"颠覆性意图"(the subversive intention)的特征时,使用了"对抗文化"(adversary culture)一词。在他看来,西方文学从18世纪后期以来就"有明显的意图,想让读者从文化强加于自身的思想和情感中脱离出来,给予他们场地和有利位置去评判、谴责甚至修正曾养育自己的文化"[36]。文学的这种驱动在20世纪早期达到了顶峰。之后大规模的变革便应运而生:20世纪30年代以来,大多数的人们将对抗文化的理念视作理所当然。

此对抗文化之说,与60年代的政治和文化动乱相关。特里林对规模的强调是很重要的:二战之后,接受高等教育的民众大幅增加;到50年代末苏联人造地球卫星上天之后,卓越的教育成了全社会的头等大事;60年代初,大学教授的地位和薪水,是前辈学者无法想象的。战后"婴儿潮"那一代人在60年代中期进入大学时,更多的人有了"场地和有利位置去评判、谴责甚至修正曾养育自己的文化"。

这个有利位置之所以有可能被接受,是因为中心要务的一个转变:古巴导弹危机之后,冷战也逐步趋于缓和。[37]1963年夏天签署的禁止核试验条约让20多年来大气都不敢出的大众终于长舒了一口气。冷战的缓和为批判的出现提供了空间,找到了听众,并组成了自己的机构。约翰·肯尼迪、马丁·路德·金和罗伯特·肯尼迪等遇刺事件带来了美国全国性的震荡,社会批判不仅变得可能,并且至关重要。原本易于理解的世界开始在表层分裂——现象是不可信的。这一系列刺杀事件让人摸不着头脑。对抗共产主义威胁的国家安全标志——中央情报局、联邦调查局——看起来正不断成为对自己的威胁。它们是焦虑和不安全之源,不仅激进的学生这么看,连温和的立法者也有此看法。甚至林顿·约翰逊(Lyndon Johnson)总统也一度被说服认为中央情报局是刺杀约翰·肯尼迪的凶手。连国旗的含义都变了,从一国的象征变成了一党的象征。

年轻一辈对共产主义的憎恶情感并非自己生成,而是继承下来的,因此年轻人可能质疑他们的憎恶,甚或翻转这样的情感。当他们开始批评政府,特别是批评外交政策机制时,他们发现自己有一呼即应的听众。这是一帮喜欢阅读的听众;这是一帮受过大学教育的听众。美国的大规模反越战活动最早就是大学生和教授支持的校内政治集会。年轻人和知识分子并不是唯一怀疑政府的群体。60年代中,来自社会各阶层的人都对政府表示出不信任的态度。1958年,24%的美国人认为"你不能相信政府会做好事",1973年这个数字升到了57%;1958年,18%的人觉得政府只是为小部分人谋利益,而1973年的比例是67%。[38]选民越来越积极关注政治、参与政治活动,就各大政治话题形成了更加统一、更加成熟的观点。但与此同时,民众对政党的认同感急遽削弱,年轻选民群体尤为明显。政治学家诺曼·尼(Norman Nie)和同事指出,60年代长大成人的年轻选民与政党的关系,比历史上任何时代的新选民与政党的关系都要疏远:1974年,21—25岁的选民中有53%的人称自己为"无党派",而1952年同年龄段选民中只有25%如此描述自己的政治取向。[39] 60年代发生的重大政治事件不但没有鼓励新成年的选民同政党建立起紧密联系,反而削弱了他们对传统党派和传统政治的兴趣。在尼看来,种族冲突、越战及水门事件让公众疏远了各大政党,让他们对政治体制也产生了敌对的情绪。[40]

因此,尽管60年代的批判文化的领导人和追随者更多的是在高等教育圈,但普通百姓中也明显出现了对政府更加严格苛刻、政治上更加成熟的长期趋势。高等教育本身并不会导致政治异议——确实,50年代就没出现这样的事。那为什么60年代民众对政府的不信任不断增长?对学生进行的舆论调查无法回答这个问题。分析人士能确定的只是,在年轻人中这种不信任情绪最强烈;他们也倾向于认为,政府逐渐失去公信力的一个主要原因是其行为不值得信任。

如果将60年代后期的"对抗文化"定义为对政府的敌对态度,那是错误的;如果认为只有在一小撮任性的学生和左派中才会出现"对抗"文化,那也是错误的。丹尼尔·帕特里克·莫伊尼汉(Daniel Patrick Moynihan)在1971年的一期《评论》(Commentary)杂志的文章中便犯了这两个错误。他认为越来越多的中产阶级与上流社会的年轻人就职于新闻业,他们身上的"对抗文化"烙印极大地发扬了美国新闻界揭露丑闻的传统。随着新闻业的社会地位的提升,"仇视美国社会和美国政府的敌对情绪逐渐对媒体产生了影响"[41]。但"敌对"的含义与"批判"和"对抗"有很大的不同。而且,如果说上流社会对政府的批评声越来越大,那下层社会也同样如此。对抗文化并不是一种反律法(antinomian)的文化,尽管它为非理性和无责任感提供了肥沃的土壤;它也不是一种纯粹的精英文化,尽管它在60年代的精英群体中广受推崇,并通过特里林所描述的现代主义艺术和文学得以流传至今。

批判文化深深影响了新闻界。直接的影响是：新闻从业者也是普通公民，和大众一样都受到文化思潮的浸染。年轻的记者也与其他年轻人一样，因为本就对冷战文化思维感受不深，所以受到更多的影响。而新闻从业者，特别是报道全国政治的记者所受的影响比大多数公民更深，因为他们曾经更加信任、更加关心政府。尽管揭丑的传统在新闻界一直享有很崇高的地位，但实际上揭丑式新闻却很稀有，甚至揭丑者通常也只是聚焦于政府的虚伪和腐败方面，而不是去质疑基本的政治原则和权力构架。新闻从业者都觉得自己比普通人的政治参与度更高，势力更大，与政治也不像一般大众那么疏远。[42]因此美国政治文化的分裂虽然深深触动了所有阶层，但新闻业承受的力度最大。新闻从业者们不但心灵受到了极大伤害，他们职业生命的外壳也终日忍受着痛苦。

批判文化也以间接的方式触动了新闻从业者。连60年代进入政府工作的年轻人也不相信政府。记者并没有将对抗文化"强加于"政治报道之中，仅仅是对新闻来源中本已存在的批评立场做出响应。确实，《华盛顿邮报》的国内新闻主编理查德·哈伍德（Richard Harwood）争辩说，媒体在过去十年内的"对抗"情绪其实增长得并不明显，反倒是一种"新制度"（New Establishment）掌权后对自身采取了一种对抗的立场。[43]因此，在政府的门厅内出现了对抗性的新闻报道。比如住房和城市发展部（Department of Housing and Urban Development）的一群年轻雇员就出版了一份名为《探求》（Quest）的时事通讯，谴责政府官员种族歧视，鼓励反战示威，1972年还鼓动政府员工不要投尼克松的票。其他政府部门、商业机构、高等院校、行业协会和军队中都出现了类似的刊物，证实了当时批判文化的广泛传播。[44]长期以来，媒体都将自己塑造为反对政府的忠诚斗士形象，现在虽然

"忠诚"已经很少被提及,但"反对"却与政府内部的批判文化遥相呼应、彼此促进。

若说是新闻界独立推动了对抗文化,是夸大其词了,而蓬勃发展的对抗文化对新闻文化的影响也许还重视得不够。记者不仅发现政府内部的新闻源的批判性日趋激烈,而且对抗文化中最显而易见的事件都成为新闻报道的主题,年轻记者常被派去采访,深受影响。1977年我访问的几位新闻从业者都回忆说,60年代初入新闻界的年轻记者经常报道民权运动和反战运动。因为年轻人更能融入新一代的文化,更能理解同龄人随意的举止、性解放和摇滚乐,所以被派去报道校园和社会运动,他们因此深受影响。这些记者通常不喜欢自己在报道时的身份,总觉得自己就像是"正统"社会派去监视颠覆文化的间谍。他们对笔下年轻人的理想和价值观感同身受,若审稿编辑或终审改动了原稿,他们会持怀疑态度,或不安,及至大怒。[45]

20世纪60年代年轻记者的叛逆,不仅仅反映了新闻界常见的代沟冲突,也是当时的社会与文化运动的写照。年轻记者在这场运动中首当其冲,随后老一辈记者和新闻界的精英也受到了影响。60年代的总编和出版商能够理解年轻一辈对解释性、调查性报道的渴望,因为整个报业当时都面临着电视的竞争。电视新闻在50年代还无足轻重,新闻质量更是不值一提,但这时却开始逐渐发挥生动、即时的优势,它不再是有图片的广播,而成为一种独特的传媒。1963年,电视网的晚间新闻从15分钟扩展到半个小时,同年,罗珀调查公司(Roper)对公众如何看待电视进行调查,发现以电视作为主要新闻来源的人,第一次超过了报纸。到1974年,65%的被采访者以电视为获取新闻的主要渠道之一,只有47%的人提到了报纸。同一年,受过高等教育的受访者中看电视的人数也首次超过了看报纸的人数。[46]

特派记者朱尔斯·维柯弗(Jules Witcover)也同意当时流行的看法,认为报纸在60年代末转向调查性、解释性报道的原因,是为了与电视在突发新闻报道上的优势进行竞争。但不到一年,他就在《哥伦比亚新闻评论》(Columbia Journalism Review)的另一篇文章中指出:这种同电视竞争的理论尽管很流行,但言过其实;实际上,"对华盛顿的新闻主管的非正式调查显示,他们对电视的'威胁'根本不在意。新闻主管更注重新闻报道自身视野的转变,以及如何应对这种转变"。他又补充道,《纽约时报》面临的压力更多来自《华盛顿邮报》和《华尔街日报》,而不是电视。[47]

尽管如此,各地大报间的竞争,大报与通讯社、与新闻杂志的激烈竞争,也许只是电视发展带来的副产品。如果说国家安全状况、经济政策的集中化使华盛顿成为大众媒体的焦点,那么电视新闻报道本身就更凸显了华盛顿的重要地位。因为各大电视网的观众是全国范围的,而且要依赖昂贵、沉重的摄像器材,因此电视新闻超高比例地报道着首都。这就促使各家报纸视驻华盛顿特派记者为最显要,其工作竞争也最激烈。

所谓电视的发展导致报纸远离客观报道的观点,其实就是重复了20世纪30年代所谓广播报道突发新闻的优势迫使报纸新闻更具阐释性的说法。在30年代和60年代,也许是因为出版商觉得自己必须变革新闻政策以与新媒体竞争,为新闻从业者尝试解释性报道提供了机会。另一方面,在广播和电视界,尤其是电视业内,同样出现了超越客观性传统的强烈愿望。60年代后期,电视远离了纯报道,"时评"栏目出现在地方新闻节目中,"评论"专栏——尤其是CBS的埃里克·塞瓦赖德(Eric Sevareid)的节目,成为电视网新闻的常规节目。CBS于1968年推出新闻节目《60分》(60 Minutes),首创杂志式电视新闻,大获成功——这就说明"被打破"的新闻敏感不仅仅是一种竞争战略，电视也开始因应不断变化的文化，在新闻业迎接批判的文化。[48]

对传统新闻业的批评及后果

对抗文化肯定要**对抗**某些事物。但社会制度的领袖们似乎否认自己的文化有任何实质问题：政府的问题是技术性的，不是政治性的；社会科学是"价值中立"（value-free）的政策指南；专业人士和管理者，在职业结构和社会权力结构中日益显要，其决策是"中立"或"超然"或"客观"的。在日趋高涨的对抗与批判声浪中，客观性的华丽言辞显得虚伪、带有欺诈性，在越战中则成为罪过。对抗文化对客观性的批评其实构筑于一个事实上并不存在的文化上。不过当时**的确**存在着一种崇尚技术和中立的意识形态，它**的确**隐藏了其他的价值观，这种价值观是批判文化强烈要求公开质疑的。

在新闻界内，对客观性的批评存在着多种制度上和学术上的形态。每一个单独的形态虽然新奇，但是这些形态集合在一起才最为重要、最具开拓性。大致而言，对客观性理念的批评明显分为三种观点。

第一种观点认为，**新闻报道的内容建立在一整套基本政治假设之上**，但这些假设的正确性从来没有被质疑过。新闻从业者在成长的过程中被灌输这些假设，新闻业的同行在对他们的"新判断"进行检查指导时也倡导这些假设，在他们经常报道的官员身上也能体验到这些假设。这些假设就是"客观性"隐藏的讯息。杰克·纽菲尔德（Jack Newfield）对这一类批评做出了阐述：

> 因此，控制大众传媒这台高精尖技术机器的男男女女

其实并不是中立、客观的计算机。他们也有明确固定的生活方式和政治价值观,但都掩藏于客观性的花言巧语之下。这些价值观被《纽约时报》、美联社、CBS……有机地融入各自的公司体系中并得以制度化。这些隐秘但有机的价值观,信仰资本主义的福利、上帝、西方、清教道德观、法律、家庭、财产、两党制以及最重要的一点——只有国家才有权使用暴力。在我看来,没有一名白宫特派记者、没有一位电视网新闻分析家不秉承这些价值观。但与此同时,所有人都坚持说自己完全客观。[49]

因此,这第一种观点认为形式掩盖了新闻报道的内容。第二种观点则认为,形式构成内容,而**新闻报道的形式形成了其自身的偏见**。保罗·韦弗(Paul Weaver)在《新闻报道的政治》("The Politics of a News Story")一文中对此有详尽的阐述。韦弗认为,典型的新闻报道是存在政治偏见的——但并不是偏左或偏右,也不是向中间。这种偏见倾向于陈述易于观察、清晰明确的事实;倾向于广义、总括式的词,如使用"说"而不用"喊"或"坚持";倾向于冷静的陈述风格和"倒金字塔"形的写作结构,呈现事实时尽量"少涉及现实世界的背景";倾向于报道冲突,而非平淡的事件;倾向于"事件"而非过程。韦弗认为,这样,从当事方各自的角度来看(且仅限于当事方),新闻报道就成了关于冲突的报道。[50]

其他的批评人士指出,韦弗列出的新闻报道模式巩固了现有的权力结构。这种模式迎合了机构,机构最善于制造并控制带有倾向性的"事件"或策划伪事件。强势的机构,尤其是政府,符合记者的"事件取向",可以操纵事件。与此同时,社会运动和改革者是"问题取向"的,因此他们易被记者忽视,除非他们也能获得策划或参与"事件"的权力。[51]

第三种批评同第二种关系比较密切，它不把新闻报道的形式看作文学模式，而是一种由新闻采编套路严格束缚的社会模式。其主要观点是：**采访新闻的过程本身就构建出一种现实，巩固了官方的观点**。为数众多的分析家都曾指出，新闻业的客观性传统一直便于官方观点的传播，记者就好像官方事实版本的速记员。在这里要强调的同样不是故意造成的偏见，而是着重指出社会形态和过程产生的后果，无论是否有意为之。在这种观点看来，"客观性"并不是新闻从业者虔诚信仰的对象。正如我在描述20世纪二三十年代时所言，"客观性"甚至连一种摇摇欲坠的信仰程序都算不上，事实与价值达成的关于坚定的真实性的共识是极不可靠的。正相反，客观性与其说是一种信仰，不如说是一种实践方法。社会学家盖伊·塔克曼（Gaye Tuchman）将其称作"战略性仪式"（strategic ritual），新闻从业者一旦出现错误或受到抨击，就可以拿它当作挡箭牌。这样看来，客观性就是一套具体的惯例习俗，之所以能够长久不衰，就是因为它可以降低记者为其文章负责的程度。如此，记者就可以引用权威人士的话语；但记者本身是不能独立评价这席话的，必须要引用另一位权威人士的话。塔克曼认为，记者会情不自禁地遵循这一套程序办事。道格拉斯·卡特在1950年分析有关麦卡锡的报道时就指出，新闻从业者像穿上了紧身衣。塔克曼也得出了同样的结论，同时比较合理地解释了记者心甘情愿穿上紧身衣的现象：记者想保护自己不受伤害，不想犯下大错、饭碗不保。[52]在我看来，也许还有一点更为重要，即总编和出版商也不希望下属出错，否则**他们自己**的职业和组织都要陷入困境。

在过去的十年中，反对新闻业客观性理念的人士总是把自己描绘成独行侠的模样，单枪匹马孤军奋战，得不到新闻传统的支持。但实际上,批评人士可以借用伯纳德·科恩(Bernard C. Cohen)所说的新闻业扮演的"贩卖私酒"(bootleg)的角色。科恩在1953年到1954年间和1960年对驻外特派记者进行了访问,发现记者对自己的角色理解有两层概念,其一是中立的观察者,其二是参与者。奇怪的是,记者们在公开场合只宣扬中立性,而参与式新闻虽然"就像非法贩卖私酒一样遍地都是",但罕有人承认。[53]

这个现象有两个方面的重要含义。首先,这就意味着如果新闻业的意识形态发生转变,必将得到业内隐秘力量的支持。新闻界内外的势力一直在**反对**客观性理念,甚至在其被整个行业捧上天的时代都没有罢休。其次,这也说明有一些职业实践中的仪式和程序会受到某种广义意识形态的保护,但其他的仪式和程序也许同任何易于理解的世界观都没有关联。不管这种现象的出现是因为什么,都说明至少我们需要调查下面的问题:如果社会内容不会自动地在文化形态中寻找到表达方式或存在的正当理由,那么当新闻界去做时,我们就需要考虑新闻界如何做、为什么做。[54]

反对客观性的两个隐秘的传统,在20世纪60年代找到了新的支持,这两个传统分别是文学传统和揭丑传统。文学传统在新闻界根深蒂固,它鼓励记者撰写精彩的故事,而不是四平八稳的客观报道,要求文采飞扬、感人至深。1968年,奈特·韩托夫(Nat Hentoff)形容"新新闻"就是"情感和知识驱动"的新闻,它"能打破读者和他生存的世界之间的那面镜子"。[55]在60年代,注重文采的传统以"新新闻"的名义传承了下来。它的主要呈现媒体并不是报纸,而是杂志,比如《滚石》(Rolling Stone)杂志就认为其读者理所当然会对对抗文化感同身受。新新闻的另一种呈现形式是书籍,最有名的要数诺曼·梅勒(Norman Mailer)的

《夜幕下的大军》(*Armies of the Night*),书中详尽描绘了1967年五角大楼的游行。无论"新新闻记者"(new journalists)写的是什么,他们都在把采访报道形式当作新闻报道的一部分。传统的新闻学仅仅将形式看作报道的载体,而在新新闻主义或戴维·伊森(David Eason)笔下的"元新闻主义"(metajournalism)中,"形式本身就是报道主题的一部分"[56]。早在20世纪30年代,业界就朦胧地感觉到报道活动本身是有问题的,新闻报道的体验应该放在报道中描述,詹姆斯·艾吉(James Agee)的《让我们来赞美名人》(*Let Us Now Praise Famous Men*)就是最佳例子。[57]到了60年代,这种看法更加根深蒂固并受到更广泛的支持。这不仅回应了批判文化的读者,也增加了他们的人数。

"新新闻"虽然对日报的新闻写作未产生太大的直接冲击,但确实产生了间接的影响。它满足了日报记者的想象力,比如《滚石》杂志就开始在全国各地的报纸编辑部被传阅。[58]最近几年,报纸也开始变得更加特写式或杂志化。《纽约时报》、《芝加哥论坛报》等一些报纸现在每天都设有不同的半杂志类特别栏目。期刊类写作更依赖自由撰稿人,而不是报社编制内的记者。追求文采、个性化和独特的写作风格和洞察力,也练就了新闻从业者和读者的品位,使其逐渐远离了客观报道。

第二个传统是在60年代复苏的揭丑传统,它对报纸的"硬新闻"产生了更大的影响。揭丑式新闻(muckraking)又叫作"调查性报道"或"激进新闻",在《华盛顿邮报》调查水门事件的过程中为大众所熟知,又通过《总统的全班人马》(*All the President's Men*)*这本著作和电影被罩上了一层浪漫主义的光环。鲍勃·伍德沃德(Bob Woodward)和卡尔·伯恩斯坦(Carl

---

* 又译为《水门事件》。——译者注

Bernstein)回顾报道历程时,一直强调说自己所做的并不特别。他们否认自己的报道方式与众不同,在他们眼中,"调查性报道"只是普通的报道;简而言之,就是勤恳地完成自己的本职工作罢了。[59]如果真的把《总统的全班人马》这本书当作入门记者的指南来读(它现在的确就是这个用途),则书中的主旨是强调记者一定要谨慎行事。伍德沃德和伯恩斯坦为某些信息的不正当获取手段表示道歉,同时为自己的正当手段感到无比自豪,比如二人曾确立起一套方针,规定每一项重要指控的确定都需要至少两名证人的证词。二人为真正的客观性报道树立了典范,在他们面前,那些以客观之名行虚伪之事的行径都会自惭形秽。二人的报道客观无私,也并不想宣传什么理想,若说其中真的有一丝个人因素,那也不是他们的个人意见或信念,而是他们充沛的精力。如果说,新闻文学与传统报道的区别在于一个充满激情,另一个"冰冷",那么调查性报道与传统的客观报道的区别就在于一个主动,另一个被动。

60年代,调查性报道在媒体中建立了几个至关重要的立足点,在机制上确立了地位,而新闻评论则为新闻批评和自我批评提供了一个平台。以1968年《芝加哥新闻评论》(*Chicago Journalism Review*)为发端,短短几年之内就出现了20多家新闻评论刊物。除了1971年在纽约创刊的《更多》(*More*),其他刊物都没能熬过70年代初期激进政治活动急遽减少带来的冲击。《更多》现在拥有广泛的读者群,而一份新的评论刊物《华盛顿新闻评论》(*Washington Journalism Review*)于1977年创刊,一些60年代出现、70年代蒸蒸日上的"地下"周刊也定期发表对本地报纸和电视的批评文章。[60]

另一个制度上的变化是,早在水门事件几年前美国各大都市日报中就建立了调查记者的队伍。1967年2月,《新闻日报》

(*Newsday*)成立了一支由三名记者、一名编辑和一名研究助理组成的团队,专门负责调查性报道。团队有自己的办公室和文档体系,每年发表三组重大报道,每一组在报纸上进行5天的连载。在《新闻日报》团队模式的基础上,《波士顿环球报》(*Boston Globe*)1970年成立了自己的焦点小组。驻华盛顿特派记者罗伯特·森普尔(Robert Semple)称,《纽约时报》的调查报道也从60年代末的"能报多少算多少"提升为"专职事业"。《克利夫兰老实人报》(*Cleveland Plain-Dealer*)的团队1974年成立,但因开销太大于1977年解散。《芝加哥论坛报》1968年也成立了自己的调查新闻特别工作组,到今天仍然拥有独立的运作实体、办公空间和报道任务。[61]

连美联社都有了相应的变化。60年代初"华盛顿邮报—洛杉矶时报"新闻社成立,原有的《纽约时报》新闻社也进一步得到发展,迫使美联社逐渐放弃了传统的报道模式。1967年,美联社成立了"特别任务小组"(special assignment team)来报道政府活动中"不为人知的一面"。1968年,小组发表了268篇报道,包括报道M-16步枪的研制,披露有关西贡政府腐败的报告等。[62]新闻机构不仅在调查性报道中投入了大量时间和人力,调查性报道的记者也开始视自己为独立的利益群体。1975年,一群调查性新闻记者建立了"调查性新闻记者与编辑组织"(Investigative Reporters and Editors),目的在于共享信息,防止调查性报道沦为"时髦品",只"吸引一心想出名的记者"。组织成员、亚利桑那州的记者唐·伯利斯(Don Bolles)去世后,该组织甚至自行对他的死因展开了调查,招致外界猛烈抨击。[63]

另一个非传统新闻的组织是1969年创设的调查性新闻基金会(Fund for Investigative Journalism),"目的在于向公众揭示重大社会事件隐秘、朦胧、复杂的另一面"。基金会旨在援助那些

"探究因滥用职权、因体制系统问题对公众造成伤害的事件"的新闻从业者,赞助额度很小,通常是 500 美元。基金赞助的作者大多数都是杂志撰稿者,不过 1969 年也援助过西摩·赫什(Seymour Hersh)调查米莱(My Lai)事件*,1970 年又援助他调查美国和北越在美国战俘上的矛盾说法;1971 年,基金为詹姆斯·波尔克(James Polk)提供资金支持,调查政治选举捐款问题,最终揭发了罗伯特·维斯科(Robert Vesco)的交易丑闻,为波尔克赢得了 1974 年的普利策新闻奖。该基金在美国新闻界绝对没有主流影响,但它是一个常设的基金会,也是 60 年代末非传统新闻报道长存的象征。[64]

水门事件不是调查性报道的开创者,而是它的巅峰之作,带着令人眩晕的光芒,成为报纸工作重要性的象征。伍德沃德和伯恩斯坦的文章、二人关于水门事件调查的回忆录以及根据该回忆录改编的电影,使"调查性报道"魅力无限,吸引了成千上万的年轻人纷纷涌入新闻学院。这个现象虽然为时短暂,但给后世留下了深远的影响。现在人们经常用"水门事件"来作范例,进一步巩固了激进新闻的重要性。它让原本七零八落的零碎变化远离了传统的客观性,并有了一个文化的整合。美国的新闻业从未有过一个标志性事件,能如水门事件这样内涵丰富、涉及面广大并且影响深远。

调查性报道仍然是一项不稳定的事业。它成本高昂,要想办法能在日益重视成本效益的报社中生存下去。它培养出了一批记者精英,他们可能会与一向注重民主的新闻编辑部产生冲突。[65] 更重要的是,调查性报道非常艰苦,也很少能取得总统被弹劾那么巨大的轰动效应。很多调查记者已经不再对工作抱有

---

* 1968 年,美国士兵在越南米莱村屠杀了 500 多平民。——译者注

幻想。尽管过去十年间新闻业在某种程度上将调查性新闻制度化，但这不说明它就一定能延续下去。调查记者虽然在新闻编辑部占据一席之地，但与编制内记者不同，他们不一定能够拿到报社的铁饭碗。在这个意义上说，专栏作家这个30年代的伟大发明，要比60年代的调查记者稳固、安全得多。专栏作家在地方或全国范围内都拥有忠实的读者群，调查性新闻记者却鲜有追随者，只能随着新闻业内部环境的变化沉浮。当然，还有"水门"这一标志留存下的力量。

很有可能，全美各地的新闻学院和新闻编辑部未来迎接新人时，会要求他们彻底忘掉报纸工作的浪漫理想，还是从何人、何事、何处、何时等传统的基本要素学起，鼓励他们重新奉行客观报道的原则。同解释性报道一样，调查性报道有自己的传统和回报，但没有写作指南。它需要的是成熟的主观性，这种主观性是伴随着年龄的增长、经历世事的增加而形成的，没有现成的教科书。即使在柯蒂斯·麦杜格尔的经典教材《解释性报道》中，也只有短短一章来说明解释性报道中遇到的问题，其书名也只是一种思维方式，而不是既定的办事流程。

做编辑的绝对不能任由新手记者随意判断到底应该往纸上写什么。连相信解释性报道的必要性的老一辈新闻从业者，也督促年轻人先在本市新闻部或通讯社做起，首先要学会如何严格遵守客观新闻的原则撰写纯新闻。年轻记者首先要学习的，仍然是将事实从意见中分开，这也是仅有的能用问答式方法教学的内容。这一点不太可能改变。

但这并不意味着过去十年发生的变革，不会给新闻业带来长久、深远的影响。

> 我们不再相信有人
> 能让世界变得更好

这是罗伯特·洛威尔（Robert Lowell）在《论尤金·麦卡锡》（"For Eugene McCarthy"）中的话。虽然60年代末爆发了激进的政治思潮，但即使那时都没有多少人相信人类真的改善了什么。就这种意义而言，麦卡锡就是一个很好的象征，因为显然他是很难相信自己的人。60年代的热潮退却后，我们又开始怀疑：世界真的能改善吗？过去的十年，兴高采烈与悲观沮丧并存、英勇无畏与愚蠢荒唐同台，任何的改善是否都只是昙花一现？

在新闻界，随着60年代社会运动的沉寂，精神的和组织的资源已消耗殆尽，支撑不起高格调的新闻批评和变革。过去的地下报纸上遍地开花的倡导式新闻（advocacy journalism）已少有支持。大多数新闻评论刊物已经倒闭。针对"新闻编辑部民主"（newsroom democracy）的改革刚刚起步便半途夭折[66]，但改革的余音仍然还在。只要冷战不再加剧，只要不会出现文化、政治上对异议的更多钳制，我们就可以肯定地说，批判文化依然会在新闻界发出自己的声音，依然会为其产品提供市场。新闻业还未出现一个崭新的理想来成功地挑战客观性理念，但仍然存在着一线希望，大家暗怀着对客观报道的不满，期盼着新事物的到来。我们对人类的了解并没有取得飞跃性进展，人类至今依然是主观的动物。而新闻事件也仍然被强大的体制事先建构着，迄今没有寻觅到一个简单的解决方案。但至少对认知和写作的不同方式，有了更多的宽容和鼓励。

早期的一份便士报《波士顿先驱报》在1847年写下的办报宗旨就是"表达时代精神"，该报希望能成为"一个热心记录此刻的史学家"，"**统合**和**描画**正在流逝的时光，以永不褪色的形象，复制呈现给公众"。今天，我们怀疑其统合和描画行为隐含着偏见，我们也看到了照片中可以有谎言，而公众的"散光眼"看事物各有所异。即使《先驱报》的座右铭——"忠诚但不奉承的爱"

(faithful and unflattering likeness),在我们这个自省的时代也会受到质疑,怀疑论者怀疑一切格言,甚至怀疑倡导怀疑主义的格言。今天我们若要写一篇创刊宗旨,该如何措辞呢?

  我不知道。我只知道一点,即新闻从业者必须像其他真理探求者一样,学会相信自己、相信同事、相信世界,包容世界,但同时又要怀疑自己、怀疑同事、怀疑世界的表现,不迷失于世界。他们不会屈服于相对主义,也不会屈服于以客观之名行武断之实的传统,今天有一些新闻从业者就是这么做的。这需要在个人和机构两方面都包容不确定性,承受风险,一心求真。这一点做起来也许很难,然而却事关新闻业的生死存亡,它会体现在新闻从业者日复一日的劝服中,并最终成为我们共同的理念。

注释

绪论 客观性理想

〔1〕 John W. C. Johnstone, Edward J. Slawski, and William M. Bowman, "The Professional Values of American Newsmen," *Public Opinion Quarterly* 36 (Winter 1972—1973): 522—540; and, by the same authors, *The News People* (Urbana: University of Illinois Press, 1976).

〔2〕 Donald L. Shaw, "News Bias and the Telegraph: A Study of Historical Change," *Journalism Quarterly* 44 (Spring 1967): 3—12, 31.

〔3〕 Shaw 在"News Bias and the Telegraph"和"Technology: Freedom for What?" in Ronald T. Farrar and John D. Stevens, *Mass Media and the National Experience* (New York: Harper and Row, 1971), pp. 64—86 中表达了此观点。James W. Carey 在"The Communications Revolution and the Professional Communicator," *Sociological Review Monograph* 13 (1969): 23—38 中也谨慎表达了类似观点。Bernard Roscho 也有类似观点见于 *Newsmaking* (Chicago: University of Chicago Press, 1975), p. 31。

〔4〕 Wayne Booth 在 1974 年写道,从 17 世纪到过去几十年前,"社会逐渐抛弃了将宇宙、世界、自然或'事实'与价值联系在一起的做法"。但他同时指出,只有到了 20 世纪,"事实—价值的分裂才成为被普遍接受的事实,理性在人们眼中无法解决任何价值问题,只是作为达成目的的手段而已"。(见 Wayne C. Booth, *Modern Dogma and the Rhetoric of Assent* [Chicago: University of Chicago Press, 1974], pp. 14—15.) Booth 强烈反对将事实与价值分裂开来,持同样意见的还有哲学家 Alasdair MacIntyre, 见其著作 *A Short History of Ethics* (New York: Macmillan, 1966) 和 *Against the Self-Images of the Age* (New York: Schocken Books, 1971), 尤其是随笔,"Hume on 'Is' and 'Ought,'" pp. 109—124。

〔5〕 社会现实构架研究领域近期有两部颇具影响力的著作:Thomas Kuhn, *The Structure of Scientific Revolutions* (Chicago: University of Chicago Press, 1962); 以及 Peter Berger and Thomas Luckmann, *The Social Construction of Reality* (Garden City, N. Y.: Doubleday, 1966)。

〔6〕 这是科学界对客观性的主流看法。Israel Scheffler 对其定义如下:"公正、客观的科学态度的基础乃至内容就是对公平控制的信仰、对武断结论的摒弃。公正与客观不是科学家个性或思考方式必不可少的特征;同其他任何群体一样,科学家在这些领域也彼此不同……最核心的是,要由衷地信仰全面控制,并据此进行科学研究。"(Israel Scheffler, *Science and Subjectivity* [Indianapolis: Bobbs-Merrill, 1967], p. 2.)

第一章 平等主义时代的美国
新闻革命:便士报

〔1〕 James Fenimore Cooper, *A Letter to His Countrymen* (New York: John Wiley, 1834), p. 11.

〔2〕 George Dekker and Larry Johnston, "Introduction" in James Fenimore Cooper, *The American Democrat* (Baltimore: Penguin Books, 1969), p. 26.

〔3〕 James Fenimore Cooper, *The American Democrat*, edited with an Introduction by George Dekker and Larry Johnston (Baltimore: Penguin Books, 1969), p. 183. 1838 年第一版。

〔4〕 关于此一时期新闻业的数据来自 Alfred McClung Lee, *The Daily Newspaper in America* (New York: Macmillan, 1937), pp. 705—753。

〔5〕 Glyndon G. Van Deusen, *Thurlow Weed* (Boston: Little, Brown, 1947), pp. 108, 360.

〔6〕 Philip Hone, *The Diary of Philip Hone*, ed. Bayard Tuckerman, 2 vols. (New York: Dodd, Mead, 1889), I: 30 (April 20, 1831). Lambert A. Wilmer 对美国媒体编辑之间的争斗提出了尖刻批评,见 *Our Press Gang* (Philadelphia: J. T. Lloyd, 1859), pp. 294—325。

〔7〕 Isaac Clark Pray, *Memoirs of James Gordon Bennett* (New York: Stringer and Townsend, 1855), p. 84. Pray 关于贝内特的专辑署名"A Journalist"。关于 Pray 和贝内特之间的关系,见 William A. Croffut, *An American Procession 1855—1914* (Boston: Little, Brown, 1931), pp. 9—23。

〔8〕 这个时期的报纸名称和出版日期可见 Clarence S. Brigham, *History and Bibliography of American Newspapers 1690—1820* (Worcester, Mass.: American Antiquarian Society, 1947); 和 S. N. D. North, *The Newspapers and Periodical Press* (Washington: Government Printing Office, 1884)。

〔9〕 Walter Lippmann, "Two Revolutions in the American Press," *Yale Review* 20 (March 1931): 433—441.

〔10〕 Willard G. Bleyer, *Main Currents in the History of American Journalism* (Boston: Houghton Mifflin, 1927), p. 166.

〔11〕 Ibid., pp. 171—180. Bleyer 的数据来自报纸自己的发行量宣传,因此肯定高估了实际发行量。

〔12〕 见 James Harvey Young, *The Toadstool Millionaires* (Princeton: Princeton University Press, 1961); 和 James Harvey Young, *The Medical Messiahs* (Princeton: Princeton University Press, 1967),里面有对美国专利药历史的介绍。

〔13〕 P. T. Barnum, *Struggles and Triumphs: Or, Forty Years' Recollections of P. T. Barnum* (New York: American News, 1871), p. 67.

〔14〕 *Boston Daily Times*, October 11, 1837, 引自 Bleyer, *Main Currents*, p. 175。

〔15〕 *New York Tribune*, December 20, 1841, 引自 Bleyer, *Main Currents*, p. 217。

〔16〕 *New York Times*, July 17, 1852.

〔17〕 *New York Herald*, November 21, 1837.

〔18〕 *New York Sun*, December 9, 1833.

〔19〕 *New York Transcript*, July 4, 1834.

〔20〕 *Baltimore Sun*, 引自 Bleyer, *Main Currents*, p. 180。

〔21〕 Horace Greeley, *Recollections of a Busy Life* (New York: J. B. Ford, 1868), p. 137.

〔22〕 *New York Transcript*, June 23, 1834, 引自 Bleyer, *Main Currents*, p. 165。这里的"友报"是指 *New York Sun*。

〔23〕 *New York Herald*, December 8, 1837.

〔24〕 Pray, *Memoirs*, p. 251.

〔25〕 James Gordon Bennett, 引自 Frederic Hudson, *Journalism in the United States* (New York: Harper and Brothers, 1872), p. 286。贝内特对自己发明的描述也可见 Ben: Perley Poore's recollections, 其中记录了贝内特各封"生动的"信件，其中提及了大量政客及其家庭成员，代表了华盛顿通信业的新发展。Ben: Perley Poore, *Perley's Reminiscences of Sixty Years in the National Metropolis*, 2 vols. (Philadelphia: Hubbard Brothers, 1886), I: 58.

〔26〕 John Quincy Adams, *The Diary of John Quincy Adams*, ed. Allan Nevins (New York: Frederick Ungar Publishing, 1969), p. 543.

〔27〕 James Parton, "The New York Herald," *North American Review* 102 (April 1866): 376.

〔28〕 *New York Herald*, September 30, 1840. Stansbury 即 Arthur J. Stansbury, 华盛顿新闻业早期发展时代一个著名的人物，用自己的普通速记

方法记录演讲稿。见 L. A. Gobright, *Recollections of Men and Things at Washington During the Third of a Century*（Philadelphia：Claxton, Remson, and Haffelfinger, 1869）, p. 401。

〔29〕 *New York Herald*, December 24, 1841.

〔30〕 *New York Herald*, November 21, 1840.

〔31〕 Hudson, *Journalism*, p. 470.

〔32〕 Erich Auerbach, *Mimesis*（Princeton：Princeton University Press, 1953）, p. 31.

〔33〕 Frank Luther Mott, *American Journalism：A History 1690—1960*（New York：Macmillan, 1962）, pp. 196—197.

〔34〕 *New York Herald*, March 12, 1837.

〔35〕 *New York Herald*, March 17, 1837.

〔36〕 Hone, *The Diary*, II：13.（February 25, 1840.）

〔37〕 *New York Herald*, March 2, 1840.

〔38〕 *New York Herald*, December 28, 1837.

〔39〕 Gobright, *Recollections of Men and Things*, pp. 73—76.

〔40〕 Hannah Arendt, *The Human Condition*（Garden City, N. Y.：Doubleday Anchor Books, 1958）, p. 33.

〔41〕 纽约作为美国商业、交通和通信业中心的事实可见 Allan R. Pred, *Urban Growth and the Circulation of Information：The United States System of Cities, 1790—1840*（Cambridge：Harvard University Press, 1973）。

〔42〕 它为 Alfred McClung Lee 对日报的研究提供了基础,见 *The Daily Newspaper in America*（New York：Macmillan, 1937）。它与"交通革命"的理论十分相似,历史学家 Lee Benson 希望借此理论为美国 19 世纪初期的历史发展提供一个统一的解释,见 *The Concept of Jacksonian Democracy*（Princeton：Princeton University Press, 1961; New York：Atheneum, 1964）, pp. 337—338。

〔43〕 在技术理论方面我借鉴了如下资料：Lawrence C. Wroth and Rollo G. Silver, "Book Production and Distribution from the American Revolution to the War Between the States" in Hellmut Lehmann-Haupt, *The Book in America*（New

York: R. R. Bowker, 1951); Sean Jennett, *Pioneers in Printing* (London: Routledge and Kegan Paul, 1958); S. H. Steinberg, *Five Hundred Years of Printing* (Harmondsworth, England: Penguin Books, 1961); John Tebbel, *A History of Book Publishing in the United States*, vol. 1 (New York: R. R. Bowker, 1972); James Moran, *Printing Presses* (Berkeley: University of California Press, 1973); and Rollo G. Silver, *The American Printer 1787—1825* (Charlottesville: University Press of Virginia, 1967)。

〔44〕 John F. Stover, *American Railroads* (Chicago: University of Chicago Press, 1961), pp. 264—269.

〔45〕 Jennett, *Pioneers in Printing*, p. 159. 另见 Moran, *Printing Presses*, p. 222。

〔46〕 Frank M. O'Brien, *The Story of The* Sun (New York: D. Appleton, 1928), pp. 4, 26, 32. Lee, *Daily Newspaper*, p. 116, 认为《太阳报》在引进蒸汽印刷机前不久的发行量仍然为8000, 而不是2万。见 *New York Sun*, September 5, 1853 中该报自己的编年历史。

〔47〕 George Rogers Taylor, *The Transportation Revolution 1815—1860* (New York: Rinehart and Co., 1951), p. 152.

〔48〕 Gerald Johnson, Frank Kent, H. L. Mencken, and Hamilton Owens, *The Sunpapers of Baltimore* (New York: Alfred A. Knopf, 1937), pp. 67—71.

〔49〕 Robert Luther Thompson, *Wiring a Continent: The History of the Telegraph Industry in the United States 1832—1866* (Princeton: Princeton University Press, 1947), p. 219.

〔50〕 Mott, *American Journalism*, p. 304, 从反作用的角度去看待识字率问题。Richard D. Altick 在分析英格兰阅读历史时也自动地采纳了这个观点:"众所周知,19世纪英格兰有阅读能力者的人数翻倍增长,因此媒体报业的发行量也突飞猛进。" Richard D. Altick, *The English Common Reader* (Chicago: University of Chicago Press, 1957), p. 1. 这句话中的"因此"很值得怀疑。

〔51〕 有些证据显示,如果有两个人能够书写,那么就会有三到四个人能够阅读。Robert K. Webb, "Working Class Readers in Early Victorian England," *English Historical Review* 65（1960）:350.

〔52〕 Ian Watt, *The Rise of the Novel*（Berkeley: University of California Press, 1965）, pp. 39—40.

〔53〕 Webb, "Working Class Readers," p. 334, 提出提高识字率的几种重要方法,并重述了 Harriet Martineau 讲述的一则故事:一个男孩子本来已经忘了怎样阅读,但通过学习广告海报又重新想了起来。

〔54〕 见 Jack Goody and Ian Watt, "The Consequences of Literacy" in *Literacy in Traditional Societies*, ed. Jack Goody（Cambridge: Cambridge University Press, 1968）, pp. 27—68。

〔55〕 Paulo Freire, *Cultural Action for Freedom*（Cambridge: Harvard Educational Review Monograph Series, 1970）, p. 13.

〔56〕 Thomas Hamilton 如此描绘在美国的旅途:"报纸的影响力和发行量超出了欧洲历史上的任何事件。"(*Men and Morals in America*, 2 vols., 2: 74.)［Edinburgh: William Blackwood, 1833］。见 Carlo M. Cipolla, *Literacy and Development in the West*（Harmondsworth, England: Penguin Books, 1969）, p. 94;和 Daniel Boorstin, *The Americans: The National Experience*（New York: Vintage Books, 1965）, pp. 280, 328。

〔57〕 E. P. Thompson, *The Making of the English Working Class*（New York: Vintage Books, 1963）, p. 718;和 J. F. C. Harrison, *Learning and Living 1790—1960*（London: Routledge and Kegan Paul, 1961）, p. 41。

〔58〕 Freire, *Cultural Action*, p. 4. 有关 Freire 作品的近期讨论,见 Nan Elsasser and Vera P. John-Steiner, "An Interactionist Approach to Advancing Literacy," *Harvard Educational Review* 47（August 1977）:355—369。在社会心理学领域也有人对 Freire 的观点表示支持,认为当人感到有能力掌控自己的生活时学习效果会更好。见 Melvin Seeman, "Alienation, Membership, and Political Knowledge: A Comparative Study," *Public Opinion Quarterly* 30（Fall 1966）:353—367。

〔59〕 Kenneth A. Lockridge, *Literacy in Colonial New England* (New York: W. W. Norton, 1974).

〔60〕 Lippmann, "Two Revolutions," p. 440.

〔61〕 Robert E. Park, "The Natural History of the Newspaper," *American Journal of Sociology* 29 (November 1923): 273—289.

〔62〕 Mott, *American Journalism*, p. vii.

〔63〕 Ibid., pp. 215, 304.

〔64〕 Allan Nevins and Henry Steele Commager, *A Pocket History of the United States* (New York: Washington Square Press, 1967), p. 167.

〔65〕 见 Edward Pessen, "The Egalitarian Myth and the American Social Reality: Wealth, Mobility, and Equality in the Era of the Common Man," *American Historical Review* 76 (October 1971): 989—1034。有关批评 Pessen 关于杰克逊时代观点的历史编纂研究,见 Lee Benson, "Middle Period Historiography: What Is to Be Done?" in Lee Benson, *Toward the Scientific Study of History* (Philadelphia: J. B. Lippincott, 1972), pp. 190—224。

〔66〕 Douglas T. Miller, *Jacksonian Aristocracy* (New York: Oxford University Press, 1967), pp. 124—125.

〔67〕 Margaret G. Myers, *The New York Money Market*, vol. 1 (New York: Columbia University Press, 1931), pp. 17, 18, 32. 交易所 1817 年开始营业时,只有联邦和各州政府、银行及保险公司的股票允许交易。到了 19 世纪 20 年代,每日成交额大约 100 股。1830—1831 年,当第一支铁路股上市时,日成交量达到 1000 股也是很平常的事情。到了 30 年代中期,铁路股成交额巨大,日成交量平均 5000 股。

〔68〕 Bray Hammond, *Banks and Politics in America* (Princeton: Princeton University Press, 1957), p. 9.

〔69〕 Stephen Salsbury, *The State, The Investor, and the Railroad* (Cambridge: Harvard University Press, 1967), pp. 140—141. 巴尔的摩和俄亥俄铁路 1827 年上市时,超过 22000 名股东以每股 100 美元的价格购买了 36788 股。Edward Hungerford, *The Story of the Baltimore and Ohio Railroad 1827—*

1927 (New York: G. P. Putnam's, 1928), p. 30.

[70] Taylor, *The Transportation Revolution 1815—1860*, p. 102.

[71] Paul Starr, "Medicine, Economy and Society in Nineteenth Century America," *Journal of Social History* 10 (Summer 1977).

[72] Pray, *Memoirs*, p. 199.

[73] J. A. Scoville, 引自 Robert G. Albion, *The Rise of New York Port 1815—1860* (New York: Charles Scribner's, 1967), p. 244。有关商人价值变化的其他证据,见 Paul Goodman, "Ethics and Enterprise: The Values of a Boston Elite, 1800—1860," *American Quarterly* 18 (Fall 1966): 437—451。有关经济从以社区需求为主导转向以个体商户为主导的总体描述,见 Oscar Handlin and Mary Handlin, "Origins of the American Business Corporation," *Journal of Economic History* 5 (May 1945): 1—23。二人认为,1812 年战争之前的美国商界在社会眼中是政府的一支,行使"社会功能"。他们写道:"收费公路是其活动领域,而非贸易、银行、土地投机等,因为是社区而不是资本家限定了其活动范围。"

[74] Chilton Williamson, *American Suffrage From Property to Democracy 1760—1860* (Princeton: Princeton University Press, 1960), p. 260。有关此时期美国政党政治转变的讨论,见 Richard P. McCormick, *The Second American Party System* (Chapel Hill: University of North Carolina Press, 1966);另见 William Nisbet Chambers, "Party Development and the American Mainstream;" Walter Dean Burnham, "Party Systems and the Political Process;" 和 Paul Goodman, "The First American Party System"。以上文章均收录于 William Nisbet Chambers and Walter Dean Burnham, *The American Party Systems* (New York: Oxford University Press, 1967)。

[75] McCormick, *Second American Party System*, p. 30.

[76] Richard Hofstadter, *The Idea of a Party System* (Berkeley: University of California Press, 1972), p. 242. 另见 Robert V. Remini, *Martin van Buren and the Making of the Democratic Party* (New York: W. W. Norton, 1970), p. 193。

〔77〕 有关它们彼此相仿的观点,见 Lee Benson, The Concept of Jacksonian Democracy。认为它们同早期政党不同则是另外一种观点,如 Richard McCormick 和 Richard Hofstadter。

〔78〕 William Appleman Williams, The Contours of American History (New York: Franklin Watts New Viewpoints, 1973), p.229.

〔79〕 Ronald Formisano, "Michigan and the Party System, Mass Party Loyalty 1835—1852" in Political Ideology and Voting Behavior in the Age of Jackson, ed. Joel H. Silbey (Englewood Cliffs, N. J. : Prentice-Hall, 1973), p.153. 知道政党忠诚度在19世纪30年代很重要是一回事,要想去理解又是另外一回事。虽然历史学家知道在此时期政党体制得到了发展,但几乎不了解这些发展对公众产生了什么影响。Ronald Formisano 提出了一个值得深思的问题:"在19世纪30年代,为什么政党变为了不同亚文化的参照群体?"见 Ronald Formisano, "Political Character, Antipartyism and the Second Party System," American Quarterly 21 (Winter 1969): 688。

〔80〕 Springfield Republican, June 7, 1872, 引自 Bleyer, Main Currents, pp.208—209。

〔81〕 New York Herald, 引自 Bleyer, Main Currents, p.187。

〔82〕 New York Herald, September 6, 1836.

〔83〕 Ibid.

〔84〕 Ibid. 贝内特同时指责其他便士报是黑人才读的报,暗示这些报纸的确是穷人报。见1837年12月27日的《先驱报》,贝内特在其上声称《太阳报》"主要在城内的黑人中"发行。

〔85〕 New York Herald, May 22, 1837.

〔86〕 The Evening Chronicle 发行时间为1837年5月22日到1837年7月11日,后来以 Evening Herald 的名义又发行至1839年3月30日。

〔87〕 New York Herald, April 13, 1840. 贝内特从一开始就采用这种基调。1835年5月26日,《先驱报》宣称其"在所有阶层都受到欢迎,但主要在商务界、私人家庭和有闲阶层中发行。在这种意义上,它区别于其他的小型日报"。引自 Bleyer, Main Currents, p.187。

〔88〕 Pray, *Memoirs*, pp. 256—257, 474.

〔89〕 这条公告在《纽约先驱报》上从 1838 年 2 月 28 日一直刊登至 3 月 12 日。

〔90〕 *New York Herald*, January 30, 1837.

〔91〕 *New York Herald*, October 28, 1836.

〔92〕 *New York Herald*, January 30, 1837.

〔93〕 *New York Herald*, September 28, 1837, and April 13, 1840.

〔94〕 *Albany Argus*, 引自 the *Commercial Advertiser*, June 11, 1840.

〔95〕 *New York Courier and Enquirer*, June 4, 1840.

〔96〕 *New York Courier and Enquirer*, June 9, 1840.

〔97〕 对"道德战"的描述来自 Pray, *Memoirs*, pp. 263—270; Hudson, *Journalism*, pp. 456—462; 以及当时的报纸内容。

〔98〕 Joseph Gusfield, *Symbolic Crusade* (Urbana: University of Illinois Press, 1963), p. 36.

〔99〕 David Donald, *Lincoln Reconsidered* (New York: Vintage Books, 1956), p. 36.

〔100〕 William Charvat, "American Romanticism and the Depression of 1837," *Science and Society* 2 (1937): 67.

〔101〕 Robert Nisbet, *The Sociological Tradition* (New York: Basic Books, 1966), p. 47.

〔102〕 Louis Wirth, "Urbanism as a Way of Life," *American Journal of Sociology* 44 (July 1938): 21.

〔103〕 见 Reinhard Bendix, "Tradition and Modernity Reconsidered," *Comparative Studies in Society and History* 9 (April 1967): 292—346。

〔104〕 Richard Sennett, *The Fall of Public Man* (New York: Alfred A. Knopf, 1976), p. 39.

〔105〕 见 Sennett, *The Fall of Public Man* 和 Lionel Trilling, *Sincerity and Authenticity* (Cambridge: Harvard University Press, 1972)。

第二章　讲故事：1880年后新闻业成为一种职业

〔1〕 Irvin S. Cobb, *Exit Laughing* (Indianapolis: Bobbs-Merrill, 1941), pp. 251—264. Cobb 将美国新闻业历史划分为19世纪90年代的"伟大编辑的时代"、"伟大记者的时代"、"出版人的时代"以及专栏作家时代。

有关奥莉维特号事件，我既阅读了当时的纽约报纸，也参考了 Charles H. Brown, *The Correspondents' War* (New York: Scribner's, 1961)。另外有关理查德·哈丁·戴维斯从古巴发回报道的资料见 Charles Belmont Davis, ed., *Adventures and Letters of Richard Harding Davis* (New York: Scribner's, 1917); Richard Harding Davis, *Cuba in War Time* (New York: R. H. Russell, 1897); Fairfax Downey, *Richard Harding Davis: His Day* (New York: Scribner's, 1933); 及 Gerald Langford, *The Richard Harding Davis Years* (New York: Holt, Rinehart, and Winston, 1961)。有关纽约新闻业这段时期的其他资料见 Gerald Linderman, *The Mirror of War* (Ann Arbor: University of Michigan Press, 1974); W. A. Swanberg, *Citizen Hearst* (New York: Scribner's, 1961); 及 W. A. Swanberg, *Pulitzer* (New York: Scribner's, 1967)。除《世界报》和《新闻报》，当时唯一详细记录了奥莉维特号事件的是1897年3月2日的《纽约时报》上的"Cuban Women Ill Treated"。

赫斯特电报的内容经常被引用。虽然无法获知是否真实，但其已经成为新闻业神话的一部分，最早可以追溯到 James Creelman, *On the Great Highway* (Boston: Lothrop Publishing, 1901), pp. 177—178。

〔2〕 Edwin A. Perry, *The Boston Herald and Its History* (Boston: 1878), p. 13.

〔3〕 见 Culver Smith, *The Press, Politics, and Patronage: The American Government's Use of Newspapers, 1789—1875* (Athens, Ga.: University of Georgia Press, 1977), pp. 219—234。Smith 讨论了1860年佐治亚印刷办公室

(Printing Office)的成立取消了政府赞助报纸的体制,同时也讨论了布坎南总统在任期即将结束时放弃利用华盛顿报纸作为个人和政党机关报的做法。因此,林肯的决定在之前就存在很好的基础。

〔4〕 *New York Herald*, March 13, 1852.

〔5〕 *New York Times*, November 1, 1860.

〔6〕 有关第一次采访究竟是谁开创的存在争论。Oliver Carlson 将其和几乎一切其他 19 世纪新闻界的创新都归功于詹姆斯·戈登·贝内特。见 *The Man Who Made News*: *James Gordon Bennett*(New York: Duell, Sloan and Pearce, 1942)。Carlson 重新发表了 1836 年 4 月 16 日的《先驱报》上关于贝内特一则故事的一部分。文章写道,贝内特和 Rosina Townsend 进行了交谈,Townsend 是妓院的老鸨,妓女 Ellen Jewett 就在妓院中被谋杀。不过 Townsend 否认了采访的存在。当时采访这种形式还不是报业经常使用的方法。F. B. Marbut 认为,第一次采访可能是 1859 年 8 月 20 日《论坛报》上霍雷斯·格里利对 Brigham Young 的访问。这种方式当时很明显非常新奇,因为格里利需要额外解释一下采访这种形式:"这就是我记忆中的近两个小时的谈话内容。双方说了很多,但许多内容即使我能想起来,也不值得特意放在报纸上印刷出来。"Marbut 认为,安德鲁·约翰逊是第一个接受采访的总统。见 F. B. Marbut, *News From the Capital*(Carbondale: Southern Illinois University Press, 1971),pp. 134, 167。

〔7〕 Bernard Weisberger 的观点最为直接:"南北战争是新闻业发展的转折点。"(*The American Newspaperman*〔Chicago: University of Chicago Press, 1961〕, p. 118.)Edwin Emery 说得更为委婉一些,不过观点类似:"内战影响到了新闻业的方方面面。报道、编辑、发行、印刷、广告和插图等都在战争中产生了变动。"(*The Press and America*〔Englewood Cliffs, N. J.: Prentice-Hall, 1972〕, p. 231.)Havilah Babcock 列出了内战对新闻业的主要影响,见"The Press and the Civil War," *Journalism Quarterly* 6(March 1929):1—5。名单内容也包括了低俗新闻的发展,作者称"低俗新闻"起始于战时局势(但没有指明何种局势),但和战争没有什么关系。

〔8〕 这里有关内战中的新闻业描写参考了 Louis M. Starr, *Bohemian*

Brigade (New York: Alfred A. Knopf, 1954); 及 J. Cutler Andrews, *The North Reports the Civil War* (Pittsburgh: University of Pittsburgh Press, 1955), especially pp. 1—34。

〔9〕 Frederic Hudson, *Journalism in the United States* (New York: Harper's, 1872), p. 719.

〔10〕 Julius Chambers, *News Hunting on Three Continents* (New York: Mitchell Kennerly, 1921), p. 3.

〔11〕 "Our 17th 'Special,'" *The Journalist* 28 (December 15, 1900).

〔12〕 Isaac F. Marcosson, *David Graham Phillips and His Times* (New York: Dodd, Mead, 1932), p. 101.

〔13〕 Richard Hofstadter, *The Age of Reform* (New York: Vintage Books, 1955), p. 191, 称记者的薪水在 1870 年到 1890 年间翻了一番。

〔14〕 如社论"Working on Space," *The Journalist* 7 (March 31, 1888)。

〔15〕 Margheita Arlina Hamm, "The Journalist's Birthday," *The Journalist* 23 (April 23, 1898).

〔16〕 关于白教堂俱乐部,见 Willis J. Abbot, *Watching the World Go By* (Boston: Little, Brown, 1933), pp. 87—92; 及 Elmer Ellis, *Mr. Dooley's America* (New York: Alfred A. Knopf, 1948; reprint ed., New York: Archon Books, 1969), pp. 48—54。关于"派瑞药房",见 Abbot, *Watching the World Go By*, pp. 22—23。Allen Churchill, *Park Row* (New York: Rinehart, 1958; reprint ed., Westport, Conn.: Greenwood Press, 1973), 描绘了此时期纽约报业生活多姿多彩的一面。

〔17〕 见 William H. Freeman, *The Press Club of Chicago: A History* (Chicago: Press Club of Chicago, 1894); 及 Duncan Aikman, "Prehistory" in *Dateline: Washington*, ed. Cabell Phillips (Washington: National Press Club, 1949; New York: Greenwood Press, 1968), pp. 9—25。

〔18〕 E. L. Godkin, "Newspapers Here and Abroad," *North American Review* 150 (February 1890): 198.

〔19〕 见 Edwin L. Shuman, *Steps Into Journalism* (Evanston, Ill.: Correspondence School of Journalism, 1894), 此书为该作者文化讲习集会(Chautauqua course)的理论延伸。之后该书重新出版,题为 *Practical Journalism* (New York: D. Appleton, 1903)。Robert Luce, *Writing for the Press* (Boston: Writer Publishing, 1891), 1886、1888、1889、1891 年再版。

〔20〕有关专家的崛起,见 Richard Hofstadter, *Anti-intellectualism in American Life* (New York: Alfred A. Knopf, 1964), pp. 197—229。有关科学管理,见 Samuel Haber, *Efficiency and Uplift: Scientific Management in the Progressive Era* (Chicago: University of Chicago Press, 1964)。有关现实主义,见 Alfred Kazin, *On Native Grounds* (New York: Reynal and Hitchcock, 1942); George J. Becker, ed., *Documents of Modern Literary Realism* (Princeton: Princeton University Press, 1963); Malcolm Cowley, "A Natural History of American Naturalism," ibid., pp. 429—451; Wallace Stegner, ed., *American Prose: The Realistic Movement 1841—1900* (New York: Holt, Rinehart, & Winston, 1958); 及 Erich Auerbach, *Mimesis* (Princeton: Princeton University Press, 1953)。有关对形式主义的反抗,见 Morton White, *Social Thought in America: The Revolt Against Formalism* (Boston: Beacon Press, 1957);有关该理论的新诠释,见 Thomas L. Haskell, *The Emergence of Professional Social Science* (Urbana: University of Illinois Press, 1977)。

〔21〕引自 Robert Bremner, *From the Depths* (New York: New York University Press, 1956), p. 140。

〔22〕有关贝克,见 Robert C. Bannister, *Ray Stannard Baker* (New Haven: Yale University Press, 1966), pp. 30—40。有关斯蒂芬斯,见 Lincoln Steffens, *The Autobiography of Lincoln Steffens* (New York: Harcourt, Brace, 1931), pp. 149—152; 及 Justin Kaplan, *Lincoln Steffens* (New York: Simon & Schuster, 1974), pp. 34—52。有关德莱塞,见 Theodore Dreiser, *Newspaper Days* (New York: Horace Liveright, 1922), p. 457; 及 Robert H. Elias, *Theodore Dreiser: Apostle of Nature* (Ithaca: Cornell University Press, 1970), pp. 80—83。有关伦敦,见伦敦自传体小说中的角色 Martin Eden 对斯宾塞的热爱, *Martin Eden* (New York: Macmillan, 1957), pp. 98—107。有关卡汉,见 Abraham Cahan,

The Education of Abraham Cahan (Philadelphia: Jewish Publication Society of America, 1969), pp. 369, 404—405。综述见 Richard Hofstadter, *Social Darwinism in American Thought* (New York: George Braziller, 1959)。

〔23〕 Cahan, *Education*, p. 405.

〔24〕 Clarence Darrow, "Realism in Literature and Art" in *The Land of Contrasts: 1880—1901*, ed. Neil Harris (New York: George Braziller, 1970), p. 286. 文章最早出现于 *The Arena* 9 (December 1893), 98—109, 111—113。

〔25〕 Everett Carter, *Howells and the Age of Realism* (Philadelphia: J. B. Lippincott, 1954), p. 102.

〔26〕 Larzer Ziff, *The American 1890s* (New York: Viking Press, 1966), p. 159.

〔27〕 引自 Fred C. Kelly, *George Ade* (Indianapolis: Bobbs-Merrill, 1947), p. 110。

〔28〕 Becker, *Documents*, p. 31.

〔29〕 有关文学中的现实主义,见注释20。

〔30〕 引自 Carter, *Howells*, p. 89。

〔31〕 Kazin, *On Native Grounds*, p. 10.

〔32〕 Ibid. , p. 15.

〔33〕 见 Perry Miller, *The Life of the Mind in America* (New York: Harcourt, Brace, 1965);另见 Michael Schudson, "Origins of the Ideal of Objectivity in the Professions: Studies in the History of American Journalism and American Law 1830—1940" (Ph. D. diss. Harvard University, 1976)。

〔34〕 Charles Rosenberg, *The Cholera Years* (Chicago: University of Chicago Press, 1962), p. 232.

〔35〕 有关早期的"民主"科学,见 George Daniels, "The Pure-Science Ideal and Democratic Culture," *Science* 156 (June 30, 1967): 1699—1705。有关民主文化对科学的益处的讨论,见 Alexis de Tocqueville, *Democracy in America*, ed. Phillips Bradley, 2 vols. (New York: Vintage Books, 1945), pp. 42—49;及 Karl Mannheim, *Essays on the Sociology of Culture* (London: Routledge and Kegan Paul, 1956), pp. 171—246。Mannheim 的文章"The Democratization of Culture"表达了明确的观点。

〔36〕 Julius Chambers, *News Hunting on Three Continents* (New York: Mitchell, Kennerly, 1921), p. 7.

〔37〕 Steffens, *Autobiography*, p. 179.

〔38〕 Joseph H. Appel, *Growing Up with Advertising* (New York: Business Bourse, 1940), p. 23.

〔39〕 Dreiser, *Newspaper Days*, p. 52.

〔40〕 Ibid., p. 467.

〔41〕 Edwin L. Shuman, *Steps Into Journalism* (Evanston, Ill.: Correspondence School of Journalism, 1894), p. 66.

〔42〕 Ibid., p. 123.

〔43〕 Ibid., p. 66. 这是我重点强调的。

〔44〕 Edwin L. Shuman, *Practical Journalism* (New York: D. Appleton, 1903), p. 102. Shuman 在再版中对"新闻想象"(journalistic imagination)的评论更为谨慎。他观察到新闻想象的应用"在每一家报社中都或多或少"存在,但他对是否向读者推荐却感到犹豫不决:"对这个问题的道德讨论还是留给读者为好。"(p. 104) 在 *Writing for the Press* (Boston: Writers Publishing, 1891) 中,Robert Luce 认为事实和意见之间的区别如下:"'不要把社论意见带入新闻段落'是标准的规矩,如果正确解读的话,也是一条好规矩。理论上讲,记者不应该发表意见,但如果过于严格实施,新闻栏目就会变得单调乏味。尤其在描写性文章中,如果不加入意见,文章便会失去娱乐性。大多数此类的意见都是无害的。规矩应该改为,'不要将任何会伤害别人感情、引起争论的个人意见带入新闻段落、特别文章和通讯文章'。这就排除了可能引起诽谤起诉的意见,也排除了与报社'政策'不一或迫使报社采纳不受欢迎的政策的意见。"(p. 82)

〔45〕 H. L. Mencken, *Newspaper Days* (*1899—1906*) (New York: Alfred A. Knopf, 1941), pp. 14, 23.

〔46〕 Arthur Reed Kimball, "The Invasion of Journalism," *Atlantic Month-*

ly 86 (July 1900): 119—124. 19世纪90年代之前的主流杂志发行量不大,价格偏高,观点也颇为保守,编辑的主要兴趣在文学上,认为杂志就是定期发表的书籍。《麦克卢尔》和其他19世纪90年代兴起的杂志价格为10到15美分,不是35美分,发行量也早就超过了10万,在40万到100万之间。出版人都是商人,不是搞文学的,他们把报纸而非书籍当作杂志的模范。报纸和杂志之间的隔阂在19世纪90年代得以弥补。便士报在19世纪30年代开创的日报革命中低价格、大发行、新闻导向的特点在90年代也完全出现在杂志领域。有关杂志新闻的这种变化的讨论,见 Hofstadter, *The Age of Reform*, pp. 192—194; 及 Ziff, *American 1890s*, pp. 120—123。更加有用、详细的讨论见 Theodore Greene, *America's Heroes* (New York: Oxford University Press, 1970)。

〔47〕 Harold S. Wilson, *McClure's Magazine and the Muckrakers* (Princeton: Princeton University Press, 1970), p. 191.

〔48〕 Ibid., p. 192.

〔49〕 Ibid., p. 192.

〔50〕 Jacob Riis, *The Making of an American* (New York: Grosset and Dunlap, 1901), p. 266.

〔51〕 Ibid., p. 223.

〔52〕 Ibid., p. 204.

〔53〕 Steffens, *Autobiography*, p. 375, 讨论了他自己"科学"报道城市新闻的意图。

〔54〕 Ibid., p. 223.

〔55〕 Ibid., p. 312.

〔56〕 Hugh Dalziel Duncan, *Culture and Democracy* (Totowa, N.J.: Bedminster Press, 1965), p. 53.

〔57〕 Dreiser, *Newspaper Days*, p. 151.

〔58〕 Hugh Dalziel Duncan, *The Rise of Chicago as a Literary Center from 1885 to 1920* (Totowa, N.J.: Bedminster Press, 1964), p. 114.

〔59〕 引自 Duncan, *The Rise of Chicago*, p. 117。

〔60〕 Dreiser, *Newspaper Days*, p. 396.

〔61〕 *New York World*, February 17, 1897, p. 2.

〔62〕 引自 Wilson, McClure's Magazine, p. 196。

第三章　故事与信息:19 世纪 90 年代的两类新闻

〔1〕 George Herbert Mead, "The Nature of Aesthetic Experience," *International Journal of Ethics* 36 (July 1926): 390. John Dewey 有类似的观点:"……报纸是我们取得的唯一真正意义上的流行文学形式。报纸不会为报道地方新闻感到羞耻,反而无比兴奋,甚至沉迷其中。我不是说这是一种高级文学,也不是说它是优秀的文学,即使从它自身角度出发都不能算是。但报纸文学总是能成功刻画浪漫和戏剧化事件,这在文学的其他领域可很少见。"("Americanism and Localism," *The Dial* 68 [June 1920]: 686.)

〔2〕 Walter Benjamin, *Illuminations* (New York: Schocken Books, 1969), pp. 88—89.

〔3〕 Alvin Gouldner, *The Dialectic of Ideology and Technology* (New York: Seabury Press, 1976); 及 Basil Bernstein, "Elaborated and Restricted Codes" in "The Ethnography of Communication," ed. John Gumperz and Dell Hymes, *American Anthropologist* 66 (1964), pt. 2: 55—69。另见 Basil Bernstein, *Class, Codes, and Control* (New York: Schocken Books, 1974)。

〔4〕 Julian S. Rammelkamp, *Pulitzer's Post-Dispatch 1878—1883* (Princeton: Princeton University Press, 1967), p. 109.

〔5〕 Ibid., p. 239.

〔6〕 *New York World*, September 30, 1884, 引自 Willard G. Bleyer, *Main Currents in the History of American Journalism* (Boston: Houghton Mifflin, 1927), p. 333。

〔7〕 Frank Presbrey, *The History and Development of Advertising* (Garden City, N. Y.: Doubleday, Doran, 1929), p. 356.

〔8〕 Daniel Boorstin, *The Americans: The Democratic Experience* (New York: Random House, 1973), p. 139. 今天可能很难理解19世纪80年代之前期刊和广告客户之间居然不存在任何标准、长期的关系,而且在杂志领域更是如此。《哈泼》杂志的广告主要都是对哈泼出版公司产品的宣传,一家缝纫机公司曾以1.8万美元的价格购买封底,也被杂志拒绝。Presbrey, *History and Development of Advertising*, p. 466.

〔9〕 有关百货公司,见 George Juergens, *Joseph Pulitzer and the* New York World (Princeton: Princeton University Press, 1966), pp. 135—136。另见 Charles Edward Russell, *These Shifting Scenes* (New York: George H. Doran, 1914), p. 309,其中身为《世界报》1894到1897年记者的Russell指出,到了19世纪末时,报纸已经成为"百货公司的附属品"。有关全国制造业的发展及其对广告的影响,见Neil Borden, *The Economic Effects of Advertising* (Chicago: Richard D. Irwin, 1942), p. 37。Borden认为,在19世纪80年代开始打广告的消费商品制造厂商对买卖其产品的商人又多了一层控制。他们的稳定收入不是来自小规模的中间购买者,而是广大的终端客户。这就允许厂商对产品的销售和定价有更大的控制。艾耶广告公司在19世纪七八十年代的主要客户是零售商;到了1890年,制造商则成为其主要客户。David Potter, *People of Plenty* (Chicago: University of Chicago Press, 1954), p. 171.

在竞争不如纽约那样激烈的市场上,报纸可能会在广告策略上落在后面。比如《巴尔的摩太阳报》在1898年之前禁止广告客户违反栏目规则,不允许使用插图。Gerald W. Johnson, Frank R. Kent, H. L. Mencken, and Hamilton Owens, *The Sunpapers of Baltimore* (New York: Alfred A. Knopf, 1937), p. 213.

〔10〕 Juergens, *Joseph Pulitzer*, p. 136. 这本书提供了极为出色的研究资料,正如我的脚注所说,我在本章参考了大量这本书的内容。

〔11〕 William S. Rossiter, "Printing and Publishing" in *U. S. Census Reports* 9 (12th census), 1902, pp. 1041—1042. 1972年美国制造商普查(U. S. Census of Manufactures)的调查结果显示,在1970年的报纸收入中,广告收入占到了66%。

〔12〕 Boorstin, *The Americans*, p. 150.

〔13〕 Edwin Emery, *History of the American Newspaper Publishers Association* (Minneapolis: University of Minnesota Press, 1950; Westport, Conn.: Greenwood Press, 1970). Emery 的数据表明,广告收益占报纸总收入的比重从 1879 年的 49% 上升到了 1909 年的 64% (p. 29)。

〔14〕 *The Journalist* (August 22, 1885), 引自 Juergens, *Joseph Pulitzer*, p. 95。

〔15〕 Robert Taft, *Photography and the American Scene* (New York: Macmillan, 1942), p. 428.

〔16〕 Juergens, *Joseph Pulitzer*, pp. 98—105.

〔17〕 Ibid., p. 27. Juergens 重点介绍了《世界报》在普利策早年印刷样式方面的保守风格。

〔18〕 Harold U. Faulkner, *The Decline of Laissez Faire: 1897—1917* (New York: Holt, 1962), pp. 4—5.

〔19〕 Juergens, *Joseph Pulitzer*, p. 239.

〔20〕 Robert Park, *The Immigrant Press and Its Control* (New York: Harper, 1922; Westport, Conn.: Greenwood Press, 1970), p. 103.

〔21〕 *New York World*, October 11, 1891, 引自 Bleyer, *Main Currents*, p. 352。

〔22〕 有关奥克斯,见 Meyer Berger, *The Story of the* New York Times *1851—1951* (New York: Simon and Schuster, 1951), p. 424; 有关赫斯特,见 Gerald Linderman, *The Mirror of War* (Ann Arbor: University of Michigan Press, 1974), p. 167; 有关贝内特,见 An Insider, "New York Editors and Daily Papers"(见新闻业活页文件, Widener Library, Harvard University); 有关社论的衰落,见 *The Journalist* 28 (March 30, 1901): 419—420, 其中包括"The Newspaper Editorial"上的一篇评论以及 *Louisville Courier-Journal* 的编辑 Henry Watterson 在相同问题上的一篇文章。Paul Starr 在一次私人通信中指出,这些编辑决定保留社论版的一个原因可能是他们知道社论版的存在就证明了新闻和社论的区别,保证了新闻栏目的可信度。

〔23〕 引自 W. A. Swanberg, *Citizen Hearst* (New York: Charles Scribner's, 1961), p. 90。这句话也出现在 1896 年 11 月 8 日《新闻报》的一篇社论中。

〔24〕 Melville Stone, *Fifty Years a Journalist* (Garden City, N. Y.: Doubleday, Page, 1921), pp. 53, 107.

〔25〕 Juergens, *Joseph Pulitzer*, pp. 56—57.

〔26〕 Charles Dana, *The Art of Newspaper Making* (New York: D. Appleton, 1900), p. 84. 摘自 1894 年 1 月 11 日于康奈尔大学的一次演讲。

〔27〕 Juergens, *Joseph Pulitzer*, p. 57.

〔28〕 Ibid., pp. 132—174.

〔29〕 Ibid., pp. 145—149.

〔30〕 Ibid., p. 148.

〔31〕 Michael Young and Peter Willmott, *Family and Kinship in East London* (Harmondsworth: Penguin Books, 1957), p. 160.

〔32〕 Ibid., p. 164. 注意在他们口中,社会地位的无私判官是"女性"。

〔33〕 因此也就难怪某位经济学家有关社会地位的经典作品就是在这个阶段写成的;Thorstein Veblen 的 *The Theory of the Leisure Class* (New York: New American Library Mentor Books, 1953), 于 1899 年初版。

〔34〕 见 Theodore Hershberg et al., "The 'Journey-to-Work': An Empirical Investigation of Work, Residence and Transportation, Philadelphia, 1850 and 1880" in *Toward an Interdisciplinary History of the City: Work, Space, Family and Group Experience in Nineteenth-Century Philadelphia*, ed. Theodore Hershberg (New York: Oxford University Press, 即将出版)。

〔35〕 Juergens, *Joseph Pulitzer*, pp. 39, 47.

〔36〕 Charles Dickens, *American Notes* (Paris: Baudry's European Library, 1842), p. 100.

〔37〕 Walt Whitman, *Calamus* (Boston: Laurens Maynard, 1897), pp. 41—42. 不过惠特曼认为南北战争前的日子是公车的"繁荣"时期。有关他的回忆,见 *Specimen Days* (Boston: David Godine, 1971), p. 10。*Specimen*

Days 于 1882 年初版。

〔38〕 Theodore Dreiser, *Newspaper Days* (New York: Horace Liveright, 1922), p. 139.

〔39〕 Mabel Osgood Wright, *My New York* (New York: Macmillan, 1926), p. 37. Wright 对火灾的热情可以追溯到 19 世纪 70 年代她还是少女时的日子。但她同样也指出,当火警铃声响起,如果她母亲没有客人来访,也没有针线活要干,就会把她带去看火灾。因此,不仅仅只有儿童对火灾感兴趣。

〔40〕 引自 Fred H. Matthews, *Quest for an American Sociology: Robert E. Park and the Chicago School* (Montreal: McGill-Queen's University Press, 1977), pp. 9—10。

〔41〕 *The Journalist* 32 (December 27, 1902).

〔42〕 Will Irwin, "The American Newspaper. VI: The Editor and the News," *Colliers* 47 (April 1, 1911).

〔43〕 *New York Times*, September 19, 1926.

〔44〕 Presbrey, *History and Development of Advertising*, p. 354.

〔45〕 *The Journalist* 22 (December 4, 1897): 46.

〔46〕 John Lee Mahin, 引自 Chester S. Lord, *The Young Man and Journalism* (New York: Macmillan, 1922), p. 211。

〔47〕 Meyer Berger, *The Story of the* New York Times *1851—1951* (New York: Simon and Schuster, 1951; reprint ed., New York: Arno Press, 1970), p. 109.

〔48〕 Elmer Davis, *History of the* New York Times: *1851—1921* (New York: The New York Times, 1921), p. 193.

〔49〕 *The Journalist*, 引自 Berger, *Story of the* New York Times, p. 125。

〔50〕 Berger, *Story of the* New York Times, pp. 70—106. 另见奥克斯的传记,Gerald W. Johnson, *An Honorable Titan* (New York: Harper, 1946)。

〔51〕 Berger, *Story of the* New York Times, p. 112.

〔52〕 Davis, *History of the* New York Times, p. 218.

〔53〕 Berger, *Story of the* New York Times, p. 124.

〔54〕 *The Journalist* 32 (December 20, 1902).

〔55〕 Davis, *History of the* New York Times, pp. 223—224.

〔56〕 *New York Times*, February 16, 1897.

〔57〕 *New York Times*, March 4, 1897.《晚邮报》在1897年3月3日的一篇名为"The Way to Reform in Journalism"的社论中督促所有图书馆和俱乐部学习纽瓦克。纽约技工和商人总协会的理事们将《世界报》和《新闻报》从图书馆撤出；普林斯顿神学院仿效；纽约的主流绅士俱乐部不再公开摆放《世界报》和《新闻报》，只保留一份供私下阅读，且必须事先申请。《纽约太阳报》1897年3月3日对这些事件都有所报道。

〔58〕 *New York Times*, September 18, 1911, and September 18, 1926. (均为报纸的周年特别发行版。)

〔59〕 引自 Berger, *Story of the* New York Times, p. 126。

〔60〕 R. C. Cornuelle, "Remembrance of the *Times*: From the Papers of Garet Garrett," *The American Scholar* 36 (Summer 1967): 429—445.

〔61〕 Benjamin Stolberg, "The Man Behind *The Times*," *Atlantic Monthly* 138 (December 1926): 721—731.

〔62〕 Gary Steiner, *The People Look at Television* (New York: Alfred A. Knopf, 1963); 及 Harold Wilensky, "Mass Society and Mass Culture: Interdependent or Independent?" *American Sociological Review* 29 (April 1964): 173—196.

〔63〕 引自 Juergens, *Joseph Pulitzer*, p. 17。

〔64〕 E. L. Godkin, "Journalistic Dementia," *The Nation* 60 (March 14, 1895): 195. 社论在总体上抨击了煽情主义，特别鞭挞了偷窥富人生活的煽情新闻。

〔65〕 Edmund Wilson, *Patriotic Gore* (London: Oxford University Press, 1962), pp. 635—669. 19世纪中期，美国散文和演讲的文体发生了审美趣味上的转变——由华丽的风格转变成更为直白和平实的风格。对于这种转变，本书做了讨论。

〔66〕见 Christopher Driver,"Why Newspapers Have Readers"in Alan Casty, comp., *Mass Media and Mass Man*(New York: Holt, Rinehart and Winston, 1973), pp. 199—207。Driver 讨论了伦敦报纸如何组织以便操纵读者的体验。他认为,《快报》将每件事都当作惊奇来报道,是"来自无垠的银河的随机万象的礼物"。而《泰晤士报》和《电报》则是另一类,"削弱世界事件的明显随机性,满足知识分子、保守读者在宇宙中寻觅秩序的渴望"。另见门肯和拉尔夫·普利策在 1914 年《大西洋月刊》上的讨论。门肯攻击整个报业,指责其努力想要变得有趣的政策。他认为道德才是核心问题,"用概念性的过程控制冲动,用遥远的目的压制当下的欲望"。报纸宣传的道德观是肝脏的道德,不是头脑和心灵的。见 H. L. Mencken,"Newspaper Morals," *Atlantic Monthly* 113(March 1914):289—297。而从父亲手中接管《世界报》的普利策则为媒体进行了辩护,见"Newspaper Morals: A Reply," *Atlantic Monthly* 113(June 1914):773—778。

第四章 客观性成为意识形态:
一战之后的新闻业

〔1〕见 Alvin W. Gouldner, *The Coming Crisis of Western Sociology*(New York: Avon Books, 1970)对"功利主义文化"的讨论。有关从超我文化到自我文化转移的观点,见 Christopher Lasch, *Haven in a Heartless World*(New York: Basic Books, 1977), p. 23;及 Allen Wheelis, *The Quest for Identity*(New York: W. W. Norton, 1958)。有一部著作深刻影响了本章的基调,强调了 20 世纪二三十年代的认知历史,见 Edward Purcell, *The Crisis of Democratic Theory*(Lexington: University Press of Kentucky, 1973)。

〔2〕引自 James Wechsler, *The Age of Suspicion*(New York: Random House, 1953), p. 16。

〔3〕见 John Diggins, *Mussolini and Fascism: The View from America*(Princeton: Princeton University Press, 1972),其中谈论了墨索里尼在 20 世纪 20 年代的美国受欢迎的程度。

〔4〕 Walter Lippmann, *The Phantom Public* (New York: Harcourt, Brace, 1925), p. 58.

〔5〕 Idem., *Drift and Mastery* (New York: Mitchell Kennerly, 1914), pp. 275—276.

〔6〕 Felix Frankfurter, "Democracy and the Expert," *Atlantic Monthly* 146 (November 1930): 649.

〔7〕 Harold J. Laski, "The Present Position of Representative Democracy," *American Political Science Review* 26 (August 1932): 630, 632.

〔8〕 *The New Republic* 90 (April 7, 1937).

〔9〕 怀特和贝克这番言论分别引自 Otis L. Graham, Jr., *An Encore for Reform: The Old Progressives and the New Deal* (New York: Oxford University Press, 1967)的第 98 页和第 179 页。

〔10〕 有关 20 世纪 20 年代乐观的思潮,见 Arthur M. Schlesinger, Jr., "Theology and Politics from the Social Gospel to the Cold War: The Impact of Reinhold Niebuhr" in *Intellectual History in America*, edited by Cushing Strout, vol. 2 (New York: Harper and Row, 1968), pp. 158—181,其中认为 20 年代的社会福音和杜威式实用主义是乐观主义的重要来源。有一篇非常重要的文章: Henry F. May, "Shifting Perspectives on the 1920s," *Mississippi Valley Historical Review* 43 (December 1956): 405—427。May 区分了 20 世纪 20 年代的三类似像:一是商界,非常乐观;二是社会科学界,也很乐观;三是知识分子,将 20 年代视为堕落年代。他总结道,不管从哪个方面来讲,旧有价值和体系的"崩溃"是当时的时代主题。

〔11〕 Roscoe Pound, "The Cult of the Irrational," *Wellesley Alumnae Magazine* 13 (August 1929): 368.

〔12〕 Leon Bramson, *The Political Context of Sociology* (Princeton: Princeton University Press, 1961), p. 62.

〔13〕 Edward L. Bernays, *Biography of an Idea: Memoirs of Public Relations Counsel Edward L. Bernays* (New York: Simon and Schuster, 1965), pp. 290—291.

〔14〕 引自 J. D. Y. Peel, *Herbert Spencer* (New York: Basic Books, 1971), p. 70。见 Cecil S. Emden, *The People and the Constitution* (Oxford: Clarendon Press, 1933), pp. 312—315, 其中描述了"人民"的含义的变化。

〔15〕 Peel, *Herbert Spencer*, p. 70.

〔16〕 Chilton Williamson, *American Suffrage from Property to Democracy 1760—1860* (Princeton: Princeton University Press, 1960), p. 185. Williamson 引用了 *Connecticut Courant* 在 1817 年对 people 和 populace 的区分, people 在这里指中产阶级。

〔17〕 Donald Fleming, "Attitude: The History of a Concept," *Perspectives in American History* 1 (1967): 287—365.

〔18〕 H. J. Dyos and Michael Wolff, "The Way We Live Now" in *The Victorian City*, edited by H. J. Dyos and Michael Wolff, vol. 2 (London: Routledge and Kegan Paul, 1973), p. 396.

〔19〕 Seymour I. Toll, *Zoned American* (New York: Grossman Publishers, 1969), p. 193.

〔20〕 引自 Toll, *Zoned American*, p. 224。

〔21〕 见 John Higham, *Strangers in the Land* (New York: Atheneum, 1963), pp. 271, 278, 302。另见 William Greenbaum, "America in Search of a New Ideal: An Essay on the Rise of Pluralism," *Harvard Educational Review* 44 (August 1974): pp. 411—440。

〔22〕 John Dewey, *The Public and Its Problems* (New York: Henry Holt, 1927).

〔23〕 Adolph A. Berle and Gardiner C. Means, *The Modern Corporation and Private Property* (New York: Harcourt, Brace, and World, 1968), pp. 64—65, 116.

〔24〕 Vincent P. Carosso, *Investment Banking in America: A History* (Cambridge: Harvard University Press, 1970), p. 237. 有关股权民主化, 见 Edward C. Kirkland, *A History of American Economic Life* (New York: F. S. Crofts, 1941), pp. 656—657; 及 Forrest McDonald, *Insull* (Chicago: University of Chicago Press, 1962), pp. 185, 203—205。

[25] John Dewey, *Individualism Old and New* (New York: Minton, Balch, 1930), p. 44.

[26] Robert S. Lynd with Alice C. Hanson, "The People as Consumers" in the President's Research Committee on Social Trends, *Recent Social Trends* (New York: McGraw-Hill, 1933), pp. 862—864.

[27] 生活在"消费社会"中的现象学含义还没有得到学术界太多的关注。Peter d'A. Jones 撰写了一部美国经济史,名为 *The Consumer Society* (Harmondsworth: Penguin Books, 1965),发现美国在20世纪20年代时就已经完全变为了一个"消费者"社会,但他拒绝多说这一现象的含义是什么,只提到了个人可支配收入的增加。更加清晰的观点见 Daniel Bell, *The Cultural Contradictions of Capitalism* (New York: Basic Books, 1976), pp. 65—72。Bell 对分期付款的关注与杜威的主题是一致的。另外一部重要的著作为 David Riesman, Nathan Glazer and Reuel Denney, *The Lonely Crowd* (New Haven: Yale University Press, 1961)。

[28] 包括 *New Republic* 的编辑沃尔特·李普曼和 Walter Weyl。见 Charles Forcey, *The Crossroads of Liberalism* (London: Oxford University Press, 1961), pp. 82, 165。

[29] Edwin L. Shuman, *Practical Journalism* (New York: D. Appleton, 1903), p. 36,举例说明了记者所受到的"典型"教育。

[30] Ray Eldon Hiebert, *Courtier to the Crowd: The Story of Ivy Lee and the Development of Public Relations* (Ames: Iowa State University Press, 1966), p. 57.

[31] 引自 Hiebert, *Courtier to the Crowd*, p. 50。

[32] Ivy Lee, *Publicity* (New York: Industries Publishing, 1925), p. 21. 见反面社论"Lee and Publicity," *Journalism Bulletin* 2 (June, 1925): 16; 以及哥伦比亚新闻学院院长 John Cunliffe 的正面评论 "The Case for Publicity" in *Journalism Bulletin* 2 (November 1925): 23—26。

[33] Lee, *Publicity*, p. 38.

〔34〕 Edward L. Bernays, *Crystallizing Public Opinion* (New York: Horace Liveright, 1923), p. 122.

〔35〕 Ibid., p. 214.

〔36〕 Ibid., p. 215.

〔37〕 Bernays, *Biography of an Idea*, p. 288.

〔38〕 Stanley Walker, "Playing the Deep Bassoons," *Harper's* 164 (February 1932): 365.

〔39〕 Ibid., p. 370.

〔40〕 Nelson Antrim Crawford, *The Ethics of Journalism* (New York: Alfred A. Knopf, 1924), p. 160. 扒粪行为(muckraking)也促使商界担忧宣传问题,并努力加强公关活动。见 Silas Bent, *Ballyhoo* (New York: Boni and Liveright, 1927), p. 134。

〔41〕 Henry Pringle, 引自 Hiebert, *Courtier to the Crowd*, p. 302。

〔42〕 引自 Hiebert, *Courtier to the Crowd*, p. 114。

〔43〕 Bernays, *Crystallizing Public Opinion*, p. 195.

〔44〕 Crawford, *Ethics of Journalism*, p. 162.

〔45〕 引自 Walter Lippmann, *Public Opinion* (New York: Macmillan, 1922), p. 218。

〔46〕 F. B. Marbut, *News from the Capital* (Carbondale: Southern Illinois University Press, 1971), pp. 192—196.

〔47〕 Leo C. Rosten, *The Washington Correspondents* (New York: Harcourt, Brace, 1937), pp. 67—77, 其中注意到对华盛顿新闻稿的使用大量增加,记者至少从1923年开始就抱怨不断,但总结认为,在整体上新闻稿推动了新闻业的发展。

〔48〕 Eric Goldman, *Two-Way Street* (Boston: Bellman Publishing, 1948), p. 19.

〔49〕 引自 Hiebert, *Courtier to the Crowd*, p. 307。

〔50〕 Ibid., p. 307.

〔51〕 Dewey, *Individualism Old and New*, p. 43.

〔52〕 李的自我怀疑因大众的广泛批评而强化。参议员 LaFollette 称他的工作为"耻辱之碑",并提议立法禁止通过以信件、文章和其他任何通信形式影响州际商务委员会,旨在阻挠李的公关活动。李在拉德洛屠杀事件(Ludlow Massacre)后为洛克菲勒所作的公关很早就使他成为批评家的靶子,Upton Sinclair 还给他起了个外号"毒葛"(Poison Ivy,Ivy 为李的名)。这期间最严重的事件,要数 20 世纪 30 年代早期李和众多公关业领袖因为给德国工业和纳粹政府提供服务而接受议会非美活动调查委员会(House Un-American Activities Committee)的调查。详情见 Hiebert, *Courtier to the Crowd*。

在社会科学领域、大众期刊和新闻贸易期刊中关于公关和宣传的当代文献浩如烟海。其中比较有用的传记性资料包括 Harold D. Lasswell, "Propaganda," *Encyclopedia of the Social Sciences*(New York: Macmillan, 1934)12: 521—528,附有扩展传记;及 Linda Weiner Hausman, "Criticism of the Press in U. S. Periodicals, 1900—1939: Annotated Bibliography," *Journalism Monographs* No. 4(August 1967)。另有一篇优秀的传记,见 Leila A. Sussmann, "The Public Relations Movement in America"(M. A. diss., University of Chicago, 1947)。另外一些有用的文章见 Harwood L. Childs, ed., "Pressure Groups and Propaganda," *Annals of the American Academy of Political and Social Science* 179(May 1935)。*Public Opinion Quarterly* 是一份学术性期刊,致力于对舆论的研究,1937 年创刊,对我的研究也提供了很多帮助。新闻业的贸易期刊,特别是 *Editor and Publisher*,充满了当时关于公关的讨论。

〔53〕 Edward L. Bernays, *Propaganda*(New York: Horace Liveright, 1928), p. 27.

〔54〕 John Luskin, *Lippmann, Liberty, and the Press*(University, Ala.: University of Alabama Press, 1972), pp. 38—39;及 Michael Stockstill, "Walter Lippmann and His Rise to Fame, 1889—1945"(Ph. D. diss., Mississippi State University, 1970), pp. 152,178。

〔55〕 见 George Creel, *How We Advertised America*(New York: Harper and Row, 1920);James R. Mock and Cedric Larson, *Words That Won the War*(Princeton: Princeton University Press, 1939);Carol Oukrop, "The Four Minute

Men Became National Network During World War I," *Journalism Quarterly* 52 (Winter 1975): 632—637。

[56] 关于《纽约时报》这句话,见 Hiebert, *Courtier to the Crowd*, p.243。Jack J. Roth, *World War I: A Turning Point in Modern History* (New York: Alfred A. Knopf, 1967), p.109.

[57] Bent, *Ballyhoo*, p.134; Scott M. Cutlip, *Fund Raising in the United States: Its Role in America's Philanthropy* (New Brunswick, N. J.: Rutgers University Press, 1965); Robert S. Lynd and Helen Merrell Lynd, *Middletown* (New York: Harcourt, Brace, 1929), pp.458—470; Will Irwin, "If You See It in the Paper, It's—?" *Colliers* 72 (August 18, 1923): 27.

[58] Forrest McDonald, *Insull* (Chicago: University of Chicago Press, 1962), p.185.

[59] Ernest Gruening, *The Public Pays* (New York: The Vanguard Press, 1931), p.235.

[60] 在"Propaganda" in the *Encyclopedia of the Social Sciences* 中,Lasswell 列出了宣传机构的名单,他写道:"也许有 500 家颇有影响力的宣传机构在全国范围内运作,通常在华盛顿特区或纽约市设立办公室。"有一些全国运营的机构还得到了国际资金的支持。Diggins, *Mussolini and Fascism*, pp.49—50 中提到了 1927 年美国一家媒体在意大利开设办公室,进行反法西斯宣传。

[61] O. H. Archambault, 引自 Lee William Huebner, "The Discovery of Propaganda: Changing Attitudes Toward Public Communication in America 1900—1930" (Ph. D. diss., Harvard University, 1968), p.iv。

[62] Harold D. Lasswell, *Propaganda Technique in the World War* (New York: Alfred A. Knopf, 1927), p.4.

[63] Lippmann, *Public Opinion*, p.218.

[64] Bent, *Ballyhoo*, p.123.

[65] 个人采访,1977 年 9 月 17 日。

[66] Peter Odegard, *The American Public Mind* (New York: Columbia University Press, 1930), p.132.

〔67〕 我对《纽约时报》1920年到1944年间的报道以4年为间隔调查了其元旦那一周的头版情况,结果如下:

年份	署名栏数目
1920	6
1924	2
1928	16
1932	8
1936	20
1940	35
1944	37
1964	62

在1920年和1924年,美国国内新闻基本没有署名栏。1928年驻阿尔巴尼通讯员已经有了署名栏,而1932年时驻阿尔巴尼通讯员和科学记者都有了署名栏。Turner Catledge 注意到与编辑岗位有关的记者的地位在20世纪30年代逐渐提升,这点在当时署名栏的大量出现中可以清楚看到。我的取样证实了他的观点,见 Turner Catledge, *My Life and The Times* (New York: Harper and Row, 1971), p. 165。

〔68〕 Kent Cooper, *Kent Cooper and the Associated Press*; *An Autobiography* (New York: Random House, 1959), pp. 104, 110. Elmo Scott Watson 在"The Return to Personal Journalism"中注意到同时期署名栏增加的现象,这是他1931年11月21日在密歇根大学媒体俱乐部的讲话中提到的。文章后来被重新发表,见 Frank L. Mott and Ralph D. Casey, *Interpretations of Journalism* (New York: F. S. Crofts, 1937)。另见 Victor Rosewater, "Sees Wire Services Freed of Routine," *Editor and Publisher* 66 (January 20, 1934): 7。

〔69〕 *Journalism Bulletin* 1 (1924): 16.

〔70〕 Edwin Emery, *The Press and America* (Englewood Cliffs, N. J.: Prentice-Hall, 1972), pp. 563—565. 有关专门化,另见"Williams Says Day of Specialization in News Writing Here,"这是密苏里大学新闻学院院长 Walter Williams 一篇演讲的报告,见 *Quill* 13 (March 1925): 20。*Quill* 14 (September

1926):14—15 对专门化的问题发表了社论。Curtis MacDougall, *Interpretative Reporting* (New York: Macmillan, 1938), p.65:"新闻出版社的发展趋势绝对是向着专门化报道的方向前进着的"。

〔71〕 Herbert Brucker, *The Changing American Newspaper* (New York: Columbia University Press, 1937), pp.11—12.

〔72〕 MacDougall, *Interpretative Reporting*, p.v.

〔73〕 Ibid., p.251.

〔74〕 Raymond Gram Swing 在 1935 年 4 月 18—20 日美国报纸编辑协会第 13 次会议上在小组中对"The Big News in Europe, What It Means and How to Get It"的评论,见 *Problems of Journalism* (American Society of Newspaper Editors, 1935), p.92。

〔75〕 *Problems of Journalism* (American Society of Newspaper Editors, 1933), p.74. 美联社也在向阐释性报道的方向发展。见 Kent Cooper, "Report of the General Manager," Associated Press, *32nd Annual Report of the Board of Directors to the Members*, 1932, p.6。

〔76〕 Walter Trohan, *Political Animals* (Garden City, N.Y.: Doubleday, 1975), p.30. Trohan 是《芝加哥论坛报》长期驻华盛顿特派记者。

〔77〕 当然了,新政将政治积极性前所未有地集中在了华盛顿,但在罗斯福上台之前华盛顿的权力集中现象就已经很明显了。见 Leonard D. White, "Public Administration" in the President's Research Committee on Social Trends, *Recent Social Trends* (New York: Macmillan, 1933), pp.1393—1397。

〔78〕 引自 W. A. Swanberg, *Luce and His Empire* (New York: Charles Scribner's, 1972), pp.142—143。另见 Robert T. Elson, *Time Inc.* (New York: Atheneum, 1968)。

〔79〕 MacDougall, *Interpretative Reporting*, p.18. 1904 年,Robert Park 与 John Dewey 和 Franklin Ford 合作运作 *Thought News*,办刊主旨是用哲学来指导报纸的新闻报道。Park 后来写道,《时代》的精神就正好代表了 *Thought News* 的理想。见 Fred H. Matthews, *Quest For an American Sociology: Robert E. Park and the Chicago School* (Montreal: McGill-Queen's University Press,

1947), p. 28。

〔80〕 C. L. Edson, *The Gentle Art of Columning* (New York: Brentano's, 1920); 及 Hallam W. Davis, *The Column* (New York: Alfred A. Knopf Borzoi Handbooks of Journalism, 1926)。

〔81〕 Emery, *Press and America*, p. 491.

〔82〕 Raymond Clapper 夫人对亡夫的传记描写见:*Watching the World*, ed. Mrs. Raymond Clapper (London: Whittlesey House, 1944), p. 21。

〔83〕 "The Press and the Public," special section of *The New Republic* 90 (March 17, 1937): 185.

〔84〕 Robert S. Lynd and Helen Merrell Lynd, *Middletown in Transition* (New York: Harcourt, Brace, 1937), pp. 377—378.

〔85〕 "The Press and the Public," *The New Republic* 90 (March 17, 1937): 188. 华盛顿专栏辛迪加化的现象并不是得到所有人欢迎的。Lynd 家的两位作者就担忧其对 Middletown 当地独立思想的影响。见 *Middletown in Transition*, pp. 377—378。Raymond Clapper 在 1936 年的一篇专栏文章中写道,他认为辛迪加化的专栏"对编辑来说既是福又是祸",使得时评版的作者越来越想将评论权交给评论家。见 Clapper, *Watching the World*, pp. 36—37。在 1938 年美国报纸编辑协会第 16 次会议上,下面的议题被提了出来,但最终没有通过:"协会认为媒体中专栏意见辛迪加化的现象——报纸本身并不负责——对读报公众的独立思考造成了威胁。协会担忧这些经过别人咀嚼过的意见配上华丽的辞藻后,会被大众逐渐接受,轻而易举地取代事实和个体的独立思考。"见 *Problems of Journalism* (American Society of Newspaper Editors, 1938), pp. 157—162。

〔86〕 Lippmann, *Public Opinion*, p. 256.

〔87〕 Walter Lippmann, *Liberty and the News* (New York: Harcourt, Brace, and Hone, 1920), pp. 5, 54—55.

〔88〕 Ibid., p. 67.

〔89〕 Ibid., p. 82.

〔90〕 Joseph Pulitzer, "The College of Journalism," *North American*

Review 178 (May 1904): 657. 另见普利策在 1902 年 8 月的原版备忘录, 载于 Richard Terrill Baker, *A History of the Graduate School of Journalism* (New York: Columbia University Press, 1954), pp. 23—25。

〔91〕 Walter Lippmann and Charles Merz, "A Test of the News," *The New Republic* 23 (August 4, 1920): 3 的增刊。

〔92〕 Ibid., pp. 41—42. 另见 H. L. Mencken, "Journalism in America" (1927) in H. L. Mencken, *The American Scene*, ed. Huntington Cairns (New York: Alfred A. Knopf, 1965)。门肯认为:"其实今日困扰美国新闻业的大多数问题不能怪报社老板, 也不能怪业务经理的狂轰滥炸, 而要怪报社工作人员的愚蠢、怯懦和庸俗不堪。"但这一点并不是所有人都认同。李普曼的观点受到了批评, 见 John Macy, "Journalism" in *Civilization in the United States*, edited by Harold Stearns (New York: Harcourt, Brace, 1922), pp. 35—51。Macy 是《波士顿先驱报》的文学编辑, 他认为美国新闻业的问题不能从记者身上找原因, 问题出在报社老板身上:"矛盾的是, 新闻工作者是唯一对改善新闻业无能为力的人。"

〔93〕 Walter Lippmann and Charles Merz, "'A Test of the News': Some Criticisms," *The New Republic* 24 (September 8, 1920): 32.

〔94〕 Ibid., p. 33.

〔95〕 Walter Lippmann, "The Press and Public Opinion," *Political Science Quarterly* 46 (June 1931): 170.

〔96〕 Walter Lippmann, *American Inquisitors* (New York: Macmillan, 1928), p. 46.

〔97〕 Walter Lippmann, *A Preface to Morals* (New York: Macmillan, 1929; reprint ed., Time Incorporated, 1964), pp. 222—224.

〔98〕 Leo C. Rosten, *The Washington Correspondents* (New York: Harcourt, Brace, 1937), p. 351.

〔99〕 Ibid., pp. 149—150.

〔100〕 Robert T. Elson, *Time Inc.* (New York: Atheneum, 1968), p. 319.

〔101〕 引自 Herbert Harris, *American Labor* (New Haven: Yale University Press, 1938), p.185。最高法院判决美国劳工关系委员会获胜。见"Associated Press v. National Labor Relations Board" 301 U.S. 1—147 (1937)。

〔102〕 *Editor and Publisher* 70 (July 3, 1937), p.3.

〔103〕 Ibid., p.4.

第五章 客观性、新闻管理与批判文化

〔1〕 Stanford Sesser, "Journalists: Objectivity and Activism," *Wall Street Journal*, October 21, 1969. 重新发表于 *Quill* 57 (December 1969): 6—7。

〔2〕 引自 Leon V. Sigal, *Reporters and Officials* (Lexington, Mass.: D. C. Heath, 1973), p.68。

〔3〕 在这里我不同意 Joe McGinniss 的说法:"从某种意义上讲,政治从来就是一场骗子的游戏。"我也不同意 Richard J. Barnet 的说法:"美国新闻管理的传统要追溯到乔治·华盛顿时期。"见 Joe McGinniss, *The Selling of the President 1968* (New York: Trident Press, 1969; Pocket Books, 1970), p.19;及 Richard J. Barnet, *The Roots of War* (Baltimore: Penguin Books, 1972), p.271。

〔4〕 Ray Stannard Baker, *Woodrow Wilson and World Settlement*, 2 vols. (London: William Heineman, 1923), 1: 116.

〔5〕 引自 Baker, *Woodrow Wilson*, p.137。

〔6〕 Ibid., p.150.

〔7〕 关于会议开幕时对公共宣传问题的讨论见 Baker, *Woodrow Wilson*, pp.139ff。关于条约草案公布引发的争议,见 Frederic L. Paxson, *American Democracy and the World War. Postwar Years: Normalcy, 1918—1923* (New York: Cooper Square Publishers, 1966; Berkeley: University of California Press, 1948), p.108。

〔8〕 "George Michael," *Handout* (New York: G. P. Putnam's, 1935), p.233.

〔9〕 Elmer Davis,"The New Deal's Use of Publicity,"review of George Michael, *Handout* (New York: G. P. Putnam's, 1935) in *New York Times*, May 19, 1935. 另见 Arthur Krock,"Press vs. Government—A Warning," *Public Opinion Quarterly* 1 (April 1937): 45—49。

〔10〕 *Editor and Publisher* 77 (April 8, 1944): 7, 56.

〔11〕 Douglass Cater,"The Captive Press," *The Reporter* 2 (June 6, 1950): 18.

〔12〕 Richard Rovere, *Senator Joe McCarthy* (New York: Harcourt, Brace, 1959), p. 166. 另见 Ronald May,"Is the Press Unfair to McCarthy?" *The New Republic* 127 (April 20, 1953)。

〔13〕 Daniel Yergin, *Shattered Peace* (Boston: Houghton Mifflin, 1977), p. 5. 另见 Francis E. Rourke,"The United States" in *Government Secrecy in Democracies*, ed. Itzhak Galnoor (New York: Harper Colophon, 1977), pp. 113—128; Arthur Schlesinger, Jr., *The Imperial Presidency* (New York: Popular Library, 1974); David Wise, *The Politics of Lying* (New York: Random House, 1973); Geoffrey Hodgson, *American in Our Time* (Garden City, N. Y.: Doubleday, 1976); 及 Robert Borosage,"The Making of the National Security State" in *The Pentagon Watchers*, edited by Leonard S. Rodberg and Derek Shearer (Garden City, N. Y.: Doubleday, 1970), pp. 3—63。

〔14〕 雷斯顿在一个国会委员会作证时使用了"管理新闻"("manage the news")这个说法:"我今天同在场的大多数同事主要谈论的话题就是压制新闻现象。我希望能够让委员会意识到这个问题的另一个关键方面,即管理新闻的趋势。"*Availability of Information from Federal Departments and Agencies* pt. I, 1955 年 11 月 7 日众议院政府运作委员会下附设委员会听证会(Washington: Government Printing Office, 1956), p. 25。1965 年 1 月 28 日雷斯顿接受采访时认为是自己发明了这个说法,而似乎其他权威人士也认为是他发明的。采访见 George H. Berdes, *Friendly Adversaries: The Press and Government* (Milwaukee: Center for the Study of the American Press, Marquette University College of Journalism, 1969), p. 92。"U. S. Suppression of News Charged,"

New York Times, November 8, 1955, 引用了《华盛顿邮报》的编辑 J. Russell Wiggins 的说法,即国防部和国家安全委员会的秘密运作"很危险"。

〔15〕 Russell Baker, *An American in Washington* (New York: Knopf, 1961), pp. 81—83.

〔16〕 Joseph Kraft, "The Dangerous Precedent of James Hagerty," *Esquire* 51 (June 1959): 94. 另见 Baker, *American in Washington*, pp. 75—84。

〔17〕 Daniel Boorstin, *The Image* (New York: Harper and Row, 1961; Harper Colophon, 1964), p. 34.

〔18〕 Ibid., p. 12.

〔19〕 引自 *Editor and Publisher* (November 10, 1962): 12。另见 "Use of Press As Weapon in Blockade Is Debated," *Editor and Publisher* (November 3, 1962): 11, 59。

〔20〕 希尔维斯特的这席话以不同形式出现在各种各样的出版物中。关于媒体如何引用和滥用这席话的现象,见 Martin Gershen, "The 'Right to Lie'" *Columbia Journalism Review* 5 (Winter, 1966—1967): 14—16。

〔21〕 如见 *Nieman Reports* 16 (December 1962) 中对希尔维斯特的大量论述,以及 *Nieman Reports* 17 (March 1963) 针对"新闻管理"的专题。另一方面,当希尔维斯特回答完针对"撒谎权利"的发言所提出的问题后,全场记者起立欢呼。见 *Editor and Publisher* (December 15, 1962): 54。

〔22〕 Clifton Daniel, "Responsibility of the Reporter and Editor," *Nieman Reports* 15 (January 1961): 14.

〔23〕 Chalmer M. Roberts, *First Rough Draft* (New York: Praeger, 1973), p. 171.

〔24〕 William L. Rivers, *The Opinionmakers* (Boston: Beacon Press, 1965), pp. 84—85.

〔25〕 "The CIA's 3-Decade Effort to Mold the World's Views," *New York Times*, December 25, 1977, p. 12.

〔26〕 如见 Gay Talese, *The Kingdom and the Power* (New York: World Publishing, 1969; Bantam Books, 1970), pp. 5—6, 8, 28。

〔27〕 Douglass Cater, *The Fourth Branch of Government* (Boston: Houghton Mifflin, 1959).

〔28〕 关于这个观点的早期言论见 O. O. Stealey, *Twenty Years in the Press Gallery* (New York: Publishers Printing, 1906), p. 4。书中 Stealey 写道，驻华盛顿记者知道的比发表的要多，他们都私下保有很多秘密。

〔29〕 Staughton Lynd and Tom Hayden, *The Other Side* (New York: New American Library, 1966), p. 11.

〔30〕 John Mecklin, *Mission in Torment* (Garden City, N. Y.: Doubleday, 1965), p. 113. 但后来也出现了弥天大谎。比如，前 CIA 分析员 Frank Snepp 指出 CIA "凭空捏造"，故意撒谎称美国一旦撤兵就会导致"大屠杀"，见 Seymour Hersh, "Ex-Analyst says CIA in Saigon Gave False Reports to Newsmen," *New York Times*, November 21, 1977。

〔31〕 Mecklin, *Mission in Torment*, p. 107.

〔32〕 Philip Geyelin, "Vietnam and the Press: Limited War and an Open Society" in *The Vietnam Legacy*, ed. Anthony Lake (New York: New York University Press, 1976), p. 172.

〔33〕 *New York Times*, December 27, 1966. 有关索尔兹伯里的旅行见闻，见 Harrison E. Salisbury, *Behind the Lines—Hanoi* (New York: Harper and Row, 1967)。

〔34〕 James Boylan, "A Salisbury *Chronicle*," *Columbia Journalism Review* 5 (Winter, 1966—1967): 10—14. 另见 James Aronson, *The Press and the Cold War* (Indianapolis: Bobbs-Merrill, 1970), pp. 254—261。

〔35〕 Walter Lippmann, *Public Opinion* (New York: Macmillan, 1922; Free Press Paperback, 1965), p. 226.

〔36〕 Lionel Trilling, *Beyond Culture* (New York: Viking, 1965), pp. xii—xiii.

〔37〕 见 David Halberstam 在 "Press and Prejudice," *Esquire* 81 (April 1974): 114 中表达的观点。

〔38〕 Norman H. Nie, Sidney Verba, and John R. Petrocik, *The Chan-*

ging American Voter (Cambridge: Harvard University Press, 1976), p. 278.

〔39〕 Ibid., p. 60.

〔40〕 Ibid., p. 350. 其他关于美国选民态度转变的相关讨论有:Philip E. Converse, "Change in the American Electorate" in Angus Campbell and Philip E. Converse, *The Human Meaning of Social Change* (New York: Russell Sage Foundation, 1972), pp. 263—337; Arthur H. Miller, "Political Issues and Trust in Government: 1964—1970," *American Political Science Review* 68 (September 1974): 951—972; 及 Jack Citrin, "Comment: The Political Relevance of Trust in Government," ibid., pp. 973—988;以及 Arthur H. Miller 的反驳, ibid., pp. 989—1001。

〔41〕 Daniel Patrick Moynihan, "The Presidency and the Press," *Commentary* 51 (March 1971): 43.

〔42〕 有关批评媒体批评性不够的观点,见 Tom Bethell, "The Myth of an Adversary Press," *Harper's* 254 (January 1977): 33—40 和 Nicholas von Hoffman, "Dining Out in Medialand," *More* (February 1978): 24—25。关于总体来说记者比大众更加相信政府的观点,见 E. Barbara Phillips, "Journalistic Versus Social Science Perspectives on Objectivity" in *Methodological Strategies for Communications Research*, edited by Paul Hirsch, Peter V. Miller, and F. Gerald Kline, vol. 6 (Beverly Hills: Sage Publishers, 1978) 及 E. Barbara Phillips, "The Artists of Everyday Life: Journalists, Their Craft, and Their Consciousness," Ph. D. diss., Syracuse University, 1975。关于媒体一直以来就信任政府,而且这种信任是美国媒体的优秀传统而不是缺点的观点,见 Paul Weaver, "The New Journalism and the Old—Thoughts After Watergate," *Public Interest* 35 (Spring 1974): 68—74, 及 Irving Kristol, "Is the Press Misusing Its Growing Power?" *More* (January 1975): 26, 28。

〔43〕 Richard Harwood, "The Fourth Estate" in *The Washington Post Guide to Washington* edited by Laura Longley Babb (New York: McGraw-Hill, 1976), p. 85.

〔44〕 有关《探求》的报道,见 *Wall Street Journal*, October 29, 1971。另

见 Joann S. Lublin, "Underground Papers in Corporations Tell It Like It Is—Or Perhaps Like It Isn't," *Wall Street Journal*, November 3, 1971。

〔45〕 1977 年我在对纽约、芝加哥和华盛顿的几名记者进行采访时,他们都提到了这一点。

〔46〕 有关电视新闻性质的变化和一篇关于电视新闻"叛国式"(dispatriating)政治影响的挑衅性文章,见 Michael J. Robinson, "American Political Legitimacy in an Era of Electronic Journalism: Reflections on the Evening News" in *Television as a Social Force* edited by Douglass Cater and Richard Adler (New York: Praeger, 1975)。调查数据见 Burns W. Roper, *Trends in Public Attitudes Toward Television and Other Mass Media 1959—1974* (New York: Television Information Office, 1975)。北卡罗来纳大学的研究者 Robert L. Stevenson 和 Kathryn White 认为 Roper 的调查高估了大众对电视新闻的依赖性。见 Chris Welles, "At Issue," *Columbia Journalism Review* 16 (January-February 1978): 12—13。

〔47〕 Jules Witcover, "The Press and Chicago: The Truth Hurt," *Columbia Journalism Review* 7 (Fall 1968): 6; 及 idem., "Washington: The News Explosion," *Columbia Journalism Review* 8 (Spring 1969): 25。

〔48〕 有关《60 分》见 Donovan Moore, "60 Minutes," *Rolling Stone* (Jan. 12, 1978), pp.43—46。有关过去十年电视上出现的争议性纪录片、政治讽刺节目和"适时"的情景喜剧,见 Erik Barnouw, *Tube of Plenty* (London: Oxford University Press, 1977)。

〔49〕 Jack Newfield, "Journalism: Old, New and Corporate" in *The Reporter as Artist: A Look at the New Journalism*, edited by Ronald Weber (New York: Hastings House, 1974), p.56. 原文发表于 *The Dutton Renew*, ed. Susan Stern (New York: E. P. Dutton, 1970)。

〔50〕 Paul Weaver, "The Politics of a News Story" in *The Mass Media and Modern Democracy*, edited by Harry M. Clor (Chicago: Rand McNally, 1974), pp.85—112.

〔51〕 Gaye Tuchman, "The Exception Proves the Rule: The Study of Routine News Practices" in *Methodological Strategies for Communications Research*, edited by Paul Hirsch, Peter V. Miller, and F. Gerald Kline, vol. 6 (Beverly Hills: Sage Publishers, 1978). 详尽阐述相关观点的研究见 Harvey Molotch and Marilyn Lester, "Accidents, Scandals, and Routines: Resources for Insurgent Methodology" in *The TV Establishment*, edited by Gaye Tuchman (Englewood Cliffs, N. J.: Prentice-Hall, 1974), pp. 53—65。原文发表于 *The Insurgent Sociologist* 3 (1973): 1—11。

〔52〕 Gaye Tuchman, "Objectivity as Strategic Ritual: An Examination of Newsmen's Notions of Objectivity," *American Journal of Sociology* 77 (January, 1972): 660—679. 今天有浩如烟海的文献从各个方面指出新闻内容是新闻采集和新闻组织的社会结构的一个功能。这些文献大多观察到"新闻制作"的过程是倾向官方观点的。如见 Gaye Tuchman, ed. , *The TV Establishment*; Edward Jay Epstein, *News From Nowhere* (New York: Random House, 1973); E. Barbara Phillips, "The Artists of Everyday Life: Journalists, Their Craft, and Their Consciousness" (Ph. D. diss. Syracuse University, 1975); Leon V. Sigal, *Reporters and Officials* (Lexington, Mass. : D. C. Heath, 1973); Bernard Roshco, *Newsmaking* (Chicago: University of Chicago Press, 1975); David L. Altheide, *Creating Reality* (Beverly Hills: Sage Publications, 1976); Lou Cannon, *Reporting: An Inside View* (Sacramento: California Journal Press, 1977)。

〔53〕 Bernard C. Cohen, *The Press and Foreign Policy* (Princeton: Princeton University Press, 1963), p. 20.

〔54〕 有关社会制度是如何及必须被相互矛盾而不是统一设计的标准管理的详尽讨论, 见 Robert Merton, *Sociological Ambivalence and Other Essays* (New York: Free Press, 1976)。不过 Merton 没有指出哪一种标准是起主导作用的。

〔55〕 Nat Hentoff, "Behold the New Journalism—It's Coming After You!" in Weber, *Reporter as Artist*, p. 52. 摘自 *Evergreen Review* (July 1968)。文采飞扬、感人至深的新闻故事写作传统受到重视的现象可以从以下事例看出: 1945 到 1946 年哈佛的倪曼(Nieman)学者们被要求选择一篇新闻故事来说

明他们理想中的最佳报道,结果他们选出了一份《纽约先驱论坛报》上 Vincent Sheean 的一篇极其主观、动情的文章,内容是对南部法庭如何对待黑人被告人的描述。见 *Nieman Reports* 1（April 1947）：16—17;及下一期的通讯 *Nieman Reports* 1（July 1947）：29—30。

〔56〕 David L. Eason, "Metajournalism: The Problem of Reporting in the Nonfiction Novel"（Ph. D. diss. Southern Illinois University, 1977）. 另见 John Hollowell, *Fact and Fiction*（Chapel Hill: University of North Carolina Press, 1977）。

〔57〕 James Agee and Walker Evans, *Let Us Now Praise Famous Men*（New York: Ballantine Books, 1966; Boston: Houghton Mifflin, 1941）. 对此书精彩的评论,见 William Stott, *Documentary Expression and Thirties America*（New York: Oxford University Press, 1973）。

〔58〕 Cannon, *Reporting*, p.54.

〔59〕 Bob Woodward and Carl Bernstein, *All the President's Men*（New York: Simon and Schuster, 1974; Warner Books Edition, 1975）。另见伯恩斯坦 1975 年 4 月在波士顿大学接受法律博士学位时的演讲,载于 Walter Lubars and John Wicklein, eds., *Investigative Reporting*: The Lessons of Watergate（Boston: Boston University School of Public Communication, 1975）, pp. 9—13。有关伍德沃德、伯恩斯坦和当时其他著名调查性新闻记者的工作习惯和新闻理念,见 Leonard Downie, *The New Muckrakers*（Washington: New Republic Books, 1976）。*All the President's Men and The New Muckrakers* 也由本书作者做出了评论,见"A Matter of Style," *Working Papers for a New Society* 4（Summer, 1976）: 90—93。

〔60〕 Cannon, *Reporting*, p. 54 证明了《更多》的确拥有广大的读者群。*Chicago Reader* 和 *Village Voice*（一家 60 年代之前几年创刊的刊物）等都定期在专栏中刊登媒体批评文章。1962 年创立的《哥伦比亚新闻评论》(*Columbia Journalism Review*)是唯一一家和 60 年代的对抗文化紧密相连的媒体批评报刊。有关 60 年代末新闻业评论发展的精彩讨论,见 James Aronson, *Deadline for the Media*（Indianapolis: Bobbs-Merrill, 1972）, pp. 93—122, 299—300。

[61] 关于《新闻日报》,见 Carey McWilliams, "Is Muckraking Coming Back?" *Columbia Journalism Review* 9 (Fall 1970): 12。关于《波士顿环球报》,见"City and State Investigative Reporting" in Lubars and Wicklein, *Investigative Reporting*, p.38。关于《纽约时报》,见 Robert B. Semple, Jr., "The Necessity of Conventional Journalism: A Blend of the Old and the New" in *Liberating the Media: The New Journalism*, edited by Charles C. Flippen (Washington: Acropolis Books, 1974), pp.89—90。关于《克利夫兰老实人报》和调查团队话题的综述讨论,见 John Consoli, "Investigative Reporters Debate Use of Teamwork," *Editor and Publisher* (June 25, 1977): 5, 13。关于《芝加哥论坛报》的信息取自 1978 年 1 月对该报一位编辑的采访。

[62] Jules Witcover, "Washington: The Workhorse Wire Services," *Columbia Journalism Review* 8 (Summer 1969): 13。关于通讯社面临增加阐释性甚至调查性报道的压力问题,见一篇讨论通讯社的文章, *Wall Street Journal*, January 28, 1969。20 世纪 60 年代,美国成立了几个新型、小型的通讯社,致力于积极、激进的新闻报道。国家通讯社(State News Service)于 1973 年在华盛顿成立。当年晚些时候国会山通讯社(Capitol Hill News Service)也成立,得到了拉尔夫·纳德(Ralph Nader)的资助,致力于"非消极"的报道。两家通讯社在 1978 年 5 月合并。合并后的通讯社为接受其服务的 77 家中小型报纸提供有关华盛顿事务的新闻报道。见 John S. Rosenberg, "Imperiled Experiment: Capitol Hill News Service," *Columbia Journalism Review* 16 (September-October, 1977): 59—64 及"Sale of Small News Service in Capital to Have a Big Effect," *New York Times*, May 12, 1978。

[63] Melvin Mencher, "The Arizona Project: An Appraisal," *Columbia Journalism Review* 16 (November, December, 1977): 38—42, 47. 另见 Michael F. Wendland, *The Arizona Project* (Kansas City: Sheed Andrews and McMeel, 1977)。

[64] 摘自调查性新闻基金会报告(mimeo, 1977)关于其资金赠予的介绍,以及基金会手册的介绍。在 1976 年,1969 年成立的 Sabre 基金会设立了新闻基金(The Journalism Fund),为那些调查政府权力滥用的新闻工作者提

供小额赞助,并在会员刊物中发表这些人的文章。会员刊物五花八门,包括 *The New Republic*, *Inquiry*, *Washington Monthly*, *Progressive*, *Human Events*, *Reason*, 及 *National Enterprise*。

〔65〕 见 Consoli, "Investigative Reporters," p. 5。

〔66〕 Peter Dreier, "Newsroom Democracy: A Case Study of an Unsuccessful Attempt at Worker Control," mimeo, 1977.

索引

(索引中的页码为原书页码,即本书边码)

Abell, Arunah, 阿儒纳·亚贝尔 18

Abolitionism, 废奴主义 56

Accuracy: facts and, 准确性:事实和准确性 78—81, 204; in news (1890s), 新闻中的准确性(19世纪90年代) 62—64; in penny press, 便士报的准确性 25; of information and story journalism, 信息和故事新闻的准确性 118—119

Action journalism, 行动新闻 105—106

Adams, John, 约翰·亚当斯 47

Ade, George, 乔治·艾德 73

Advertisers, 广告商 93—94

Advertising, 广告 206; decency of, 广告的庄重 109—110; directly to consumers, 直接对消费者的广告 133; and drop in price for the *Times*, 广告和《时报》的降价 114—115; and expansion of market, 广告和市场拓展 46; financial, 金融广告 108; page one (1850s), 头版广告(19世纪50年代) 66; and penny press, 广告和便士报 18—20; percent revenue from (1880—1900), 广告的收益比例(1880—1900年) 93; self-

自我广告 95—97，106，112—113，118；sold on basis of circulation, at fixed price, 以发行量为基础、以固定价格卖广告 93；timely, 及时广告 26；and women's consciousness of social status, 广告和女性的社会地位意识 100—101

Advertising agency: first modern, 广告公司：第一家现代广告公司 94；see also Public relations 另见公共关系

Advertising Club of New York, 纽约广告俱乐部 135

Aesthetic function, 审美功能 89

Agee, James, 詹姆斯·艾吉 187

Agnew, Spiro, 斯皮罗·阿格纽 3

Albany Argus, 《阿尔巴尼看守人报》 15, 54

Albany Evening Journal, 《阿尔巴尼晚报》 15

Alger, Horatio, 霍雷肖·艾尔杰 6, 101

American Association of Teachers of Journalism, 美国新闻专业教师协会 135

American Newspaper Guild, 美国报业工会 156—157

American Newspaper Publishers Association, 美国报业出版人协会 94, 157

American Political Science Review (magazine),《美国政治学评论》(杂志) 125

American Press Bureau, 美国新闻局 164

American Society of Newspaper Editors, 美国报纸编辑协会 147, 148, 157

Appel, Joseph, 约瑟夫·阿佩尔 78, 85

Aptheker, Herbert, 赫伯特·阿普特克 174

Arnold, Matthew, 马修·阿诺德 117

Associated Press, 联合通讯社（美联社） 4—5, 145, 146, 156, 184, 190

Atlantic Monthly (magazine),《大西洋月刊》(杂志) 116, 151

Attitude: modern use of term, 态度："态度"这个词的现代用法 129

Authority: problem of loss of, 权威：丧失权威的问题 124—125

Baker, Ray Stannard, 瑞·斯坦纳德·贝克 72, 73, 126, 164—165

Baker, Russell, 拉塞尔·贝克 170

Baltimore *American and Commercial Daily Advertiser*, 巴尔的摩《美国及商业广告日报》 17

Baltimore *Federal Gazette and Baltimore Daily Advertiser*, 巴尔的摩《联邦公报及巴尔的摩广告日报》 17

Baltimore *Federal Republican and Baltimore Telegraph*, 巴尔的摩《联邦共和党人及巴尔的摩电讯报》 17

Baltimore *Morning Chronicle and Baltimore Advertiser*, 巴尔的摩《巴尔的摩广告及晨间纪事报》 17

Baltimore *Patriot and Mercantile Advertiser*,《巴尔的摩爱国者及商业广告报》 17

Baltimore *Sun*,《巴尔的摩太阳报》 18, 22, 34, 80

Bancroft, George, 乔治·班克罗夫特 67

Barnum, P. T., 巴南 19

Bay of Pigs invasion (1961), 入侵猪湾事件 171, 172

Beach, Moses, 摩西·比其 34

Becker, George, 乔治·贝克 73

Bennett, James Gordon, 詹姆斯·戈登·贝内特 16, 18, 50—55, 128; advertising and, 广告和贝内特 20, 26, 93; influence of, 贝内特的影响 91; as journalist, 贝内特作为记者 24; pioneering work of, 贝内特的创新 65; political independence and, 政治独立性和贝内特 21; self-advertising and, 自我广告和贝内特 95; use of telegraph and, 电报的应用和贝内特 34

Bennett, James Gordon, Jr., 小詹姆斯·戈登·贝内特 98

Bent, Silas, 塞拉斯·本特 144

Berle, Adolf A., 阿道夫·伯利 132

Bernays, Edward L., 爱德华·伯奈斯 128, 134, 136—138, 141, 171

Bernstein, Basil, 巴兹尔·伯恩斯坦 90

Bernstein, Carl, 卡尔·伯恩斯坦 188, 191

Bierce, Ambrose, 安布罗斯·比尔斯 73

Birth announcements, 出生启事 29

Blackstone, William, 威廉·布莱克斯通 36

Bly, Nelly, 内丽·布莱 69

| 225

Bolles, Don, 唐·伯利斯 190

Boorstin, Daniel, 丹尼尔·布斯廷 94, 170—171

Boston Daily Advertiser,《波士顿广告日报》 17

Boston Daily Times,《波士顿每日时报》 18, 20, 21

Boston Globe,《波士顿环球报》 189

Boston Herald,《波士顿先驱报》 65, 193—194

Boston *New England Palladium*, 波士顿《新英格兰守护神》 19

Boston *Boston Patriot and Daily Mercantile Advertiser*,《波士顿爱国者及商业广告日报》 17

Bowles, Samuel, 萨缪尔·鲍尔斯 50, 128

Bramson, Leon, 利昂·布兰姆森 127, 128

Brand names: development of, 品牌：品牌的发展 93

Bremner, Robert, 罗伯特·布莱姆纳 72

Brisbane, Arthur, 阿瑟·布里斯班 150, 151

Broun, Heywood Hale, 黑伍德·哈尔·布朗 150

Brucker, Herbert, 赫伯特·布拉克 145—146

Bryant, William Cullen, 威廉·卡伦·布莱恩 16

Business practices, 业务经营 17—21, 26, 92—93, 110—112

Business property ownership changes, 业务资产所有权的转变 132, 158—159, 210

Business reporting, 商务报道 53—55

Butler, Nicholas Murray, 尼古拉斯·默里·巴特勒 123

By-lines, 署名栏 68, 144—145, 150—151, 212—213

Cahan, Abraham, 亚伯拉罕·卡汉 72, 98

Carter, Everett, 埃弗雷特·卡特 73

Cater, Douglass, 道格拉斯·卡特 167—168, 186

Cather, Willa, 乌伊拉·卡瑟 73, 81

Cavour, Count, 加富尔伯爵 66

Chafee, Zechariah, 撒迦利亚·切菲 167

Chambers, Julius, 朱利叶斯·钱伯斯 68, 77, 85

Charleston Courtier,《查尔斯顿快报》 50

Charvat, William, 威廉·沙瓦 56, 57

Chattanooga Dispatch,《查塔努加电讯报》110

Chattanooga Times,《查塔努加时报》110

Chicago Daily News,《芝加哥每日新闻》99, 105, 147

Chicago Globe,《芝加哥环球报》78

Chicago Herald,《芝加哥先驱报》141

Chicago Journalism Review (magazine),《芝加哥新闻评论》(杂志) 189

Chicago Morning News,《芝加哥晨报》99

Chicago Tribune,《芝加哥论坛报》78, 141, 188—190

Children, 儿童 129, 133

Circulation, 发行量 198; advertising and, 广告和发行量 93, 94, 114—115 (see also Advertising)(另见广告); and cost of issue, 发行量和发行成本 110, 114; 1833—1860, reasons for growth, 1833—1860 年的发行量, 发行量增长的原因 42; first modern mass, paper, 现代第一次大规模发行的报纸 98; *Herald* (1840—1844),《先锋报》(1840—1844 年) 的发行量 55; literacy and, 识字率和发行量 35—39; solicited by phone, 电话推销的发行量 111—112; struggle for, 争取拓宽发行量 40—41; technology and, 技术和发行量 31—35

Citizenship: unattainable ideal of, 公民性：理想无法实现 123

City life, 城市生活 102—106, 129—131

Civil War (1860—1865), 南北战争 (1860—1865 年) 65—68

Clapper, Raymond, 雷蒙德·克拉普 150

Classes, see Social classes, 阶层, 见社会阶层

Cleveland Plain-Dealer,《克利夫兰老实人报》189

Clubs, 俱乐部 208

Cobb, Frank, 弗兰克·考伯 139

Cobbett, William, 威廉·柯贝特 38

Cohen, Bernard C., 伯纳德·科恩 186

Coler, Bird, 伯德·科勒 108

Columbia Broadcasting System

227

（CBS），哥伦比亚广播公司（CBS） 183，184

Columbia Journalism Review（magazine），《哥伦比亚新闻评论》（杂志） 182

Comic strips，连环漫画 99

Commager, Henry Steele，亨利·斯蒂尔·康马杰 43

Commentary（magazine），《评论》（杂志） 179

Commercial revolution，商业革命 17

Community，社区 58—59，121

Consumer society，消费社会 132—134，210

Consumption，消费 100，102，116

Cooper, James Fenimore，詹姆斯·费尼莫·库珀 12—14，44

Corporations，公司 132，158，199

Correspondents, *see* Reporters，通讯员，见记者

Cost，成本 204—205；circulation and，发行量和成本 110，114；1820s，19世纪20年代的成本 15；1830s，19世纪30年代的成本 17—18

Crane, Stephen，斯蒂芬·克雷恩 74

Crawford, Nelson，纳尔逊·克劳福德 138，139

Creel, George，乔治·克里尔 142

Cronkite, Walter，沃尔特·克朗凯特 161

Croswell, Edwin，埃德温·克罗斯威尔 15

Crowd behavior，大众行为 127—128

Crusade，惩恶运动 92

Cuban missile crisis（1962），古巴导弹危机（1962年） 171，177

Culture：adversary, and objectivity，文化：对抗文化和客观性 183—184；crisis in（1960s），文化危机（20世纪60年代） 162；emergence of adversary，对抗文化的兴起 163—164，176—183，217，219；market，市场文化 58；and reading papers，文化和读报 116—118；utilitarian，功利主义文化 121，122

Dailies, *see specific dailies*，日报，见具体日报

Dana, Charles，查尔斯·达纳 68，99

Daniel, Clifton，克利夫顿·丹尼尔 172

Darrow, Clarence, 克拉伦斯·达罗 72—73

Darwin, Charles, 查尔斯·达尔文 72

Davis, Elmer, 埃默·戴维斯 108, 166

Davis, Hallam W., 哈拉姆·戴维斯 150

Davis, Richard Harding, 理查德·哈丁·戴维斯 61—63, 68, 69, 71, 73, 87

Day, Benjamin, 本杰明·戴 18, 28, 34

Decency: as newspaper policy, 庄重：庄重作为办报政策 112—114

Democracy, 民主 121; crisis in, as crisis in journalism (1920), 民主的危机，新闻业的民主危机（1920 年）151—152; faith in, losing out to fears of unreason, 对非理性的恐惧淹没了对民主的信念 131; formal growth and decline in real, 民主在形式上的成长和实质上的削弱 131; see also Democratization, 另见民主化

Democratic despair, 民主绝望 122—126, 209

Democratic market society: cultural currents in 1920s and 1930s and crisis in, 民主市场社会：20世纪二三十年代的文化思潮以及民主市场社会的危机 158—159; effects of rise of, 民主市场社会崛起的影响 121—122; faith in, 对民主市场社会的信念 6; growth of, 民主市场社会的成长 45—46; losing faith in, 对民主市场社会信念的削弱 122—134; penny press emerging in, 便士报在民主市场社会中兴起 30—31, 57—60; and science, 民主市场社会和科学 74—76

Democratization, 民主化 43—50

Department stores, 百货公司 93, 206

Dewey, John, 约翰·杜威 131, 133, 141

Dickens, Charles, 查尔斯·狄更斯 104

Dictatorship: leaders in, 独裁：独裁体制中的领导人 123

Diem, Ngo Dinh, 吴庭艳 173—174

Donald, David, 戴维·唐纳德 56

Dreiser, Theodore, 西奥多·德莱塞 72, 73, 78, 80, 85—86, 105

Duncan, Hugh Dalziel, 休·达尔兹尔·邓肯 85

Dyos, H. J., 戴奥斯 130

Eason, David, 戴维·伊森 187
Eaton, William, 威廉·伊顿 65
Editor and Publisher（magazine），《主编与发行人》（杂志）135, 136, 167
Editorials, 社论 25, 98—99, 207
Edson, C. L., 爱德森 150
Education：dissidence and higher, 教育：异议和高等教育 178—179；journalist, 新闻教育 68, 69；and journalistic orientation, 教育和新闻定向 120；literacy, 识字率教育 35—36, 198；1950s—1960s, 20世纪五六十年代的教育 177；objectivity and, 客观性和教育 8；skepticism and, 怀疑论和教育 120
Eisenhower, Dwight D., 德怀特·艾森豪威尔 170
Elections, 选举 123—124, 131, 158
Emerson, Ralph Waldo, 拉尔夫·沃尔多·埃默森 56
Entertainment, 娱乐 99—100, 102
Ernst, Morris, 莫里斯·恩斯特 156

Esquire（magazine），《绅士》（杂志）170
Everyday life：as object of entertainment, 日常生活：日常生活作为娱乐的对象 104—106；as subject of news, 日常生活作为新闻的主题 26—29

Facts：accuracy and, 事实：准确性和事实 78—81；changing relation to, 与事实关系的转变 5—7；craze for, 对事实的疯狂 71—72；decline of, in journalism, 新闻业事实理念的衰弱 134—144；elements focusing attention on, 强调事实的因素 121；as matter of interpretation, 事实根据诠释不同而变化 138；in myth of reporter-editor conflict, 记者和编辑的矛盾中的事实 85；opinions separated from, 意见与事实分离 77—80；and political column, 事实和政治专栏 151；as providing moral direction, 提供道德指引的事实 87；realism and, 现实主义和事实 72—74；reporters' allegiance to, 记者对事实的忠

心 70—71; and rise of objectivity, 事实和客观性的兴起 122 (see also Objectivity)（另见客观性）; values and, 价值观和事实 5—6, 195; wartime propaganda and, 战时宣传和事实 141—143

Faunce, W. H. P., 方斯 114

Financial reporting, 金融报道 53—54, 108, 109

Fires, 火灾 105, 207

Fischel, Max, 马克斯·费歇尔 83

Fleming, Donald, 唐纳德·弗莱明 129

Foreign policy, 外交政策 164—165, 169

Formisano, Ronald, 罗纳德·弗米萨诺 49

Fortune (magazine),《财富》（杂志）144, 156, 166

Frankel, Max, 麦克斯·弗兰克尔 163

Frankfurter, Felix, 费利克斯·弗兰克福特 125

Frederic, Harold, 哈罗德·弗雷德里克 73

Free press: development of, 自由的报业: 自由报业的发展 39—41

Freedom of the press, 新闻自由 166—167

Freedom of the Press, Commission on, 新闻自由委员会 167

Freire, Paul, 保罗·弗莱雷 37, 38

Freud, Sigmund, 西格蒙德·弗洛伊德 121, 136

Fund for Investigative Journalism, 调查性新闻基金会 190—191

Garrett, Garet, 加瑞特·加瑞特 115—116

Gibbon, Edward, 爱德华·吉本 67

Godkin, E. L., 高德金 70, 77, 117

Goldman, Eric, 埃里克·高曼 140

Gouldner, Alvin, 艾尔文·古尔德纳 90, 121

Government, 政府 163—183, 215—217

Grant, Madison, 麦迪逊·格兰特 131

Greeley, Horace, 霍雷斯·格里利 20, 22, 24, 34, 68, 128

Gribayedoff, Valerian, 瓦勒良·格里鲍耶陀夫 95

Gridiron Club, 格里丁俱乐部 70

Gruening, Ernest, 恩尼斯特·格鲁宁 143

Gruson, Kerry, 克莉·格鲁森 161

Gruson, Sidney, 西德尼·格鲁森 161

Gutenberg, Johann, 约翰·古登堡 31

Hadden, Briton, 布里顿·哈登 149

Hagerty, James, 詹姆斯·哈格蒂 170

Harding, Warren, G., 沃伦·哈丁 139

Harper's (magazine),《哈泼斯》(杂志) 61, 137

Harris, Joel Chandler, 约耳·钱德勒·哈里斯 73

Harwood, Richard, 理查德·哈伍德 180

Hawthorne, Nathaniel, 纳撒尼尔·霍桑 56

Hay, John, 约翰·海 77

Headlines: size of, 标题:标题的大小 96

Hayden, Tom, 汤姆·海登 173, 174

Hearn, Lafcadio, 拉弗卡迪奥·赫恩 73

Hearst, William Randolph, 威廉·伦道夫·赫斯特 61—63, 88, 92, 96, 98—99, 105, 171

Hentoff, Nat, 奈特·韩托夫 187

Hersh, Seymour, 西摩·赫什 190

Hill, David, 戴维·希尔 108—109

Hoaxes, 恶作剧新闻 66

Hofstadter, Richard, 理查德·霍夫斯达德 47—49

Hone, Philip, 菲利普·霍恩 16, 28

Hooker, Gen. Joseph, 约瑟夫·胡克 68

Howells, William Dean, 威廉·迪恩·豪韦尔斯 73, 74

Hudson, Frederic, 弗雷德里克·哈德森 26, 67, 68

Huxley, Thomas Henry, 托马斯·亨利·赫胥黎 72

Illustrations, 插图 95—97

Immigration, 移民 97—98, 130—131

Information: as form of communication, 信息:信息作为交流的形式 89—90

Informational ideal, 信息理念

Installment buying, 分期付款 133

Insulation from public, 与公众绝缘 8—9

Insull, Samuel, 塞缪尔·因萨尔 143

Inter-Allied Board for Propaganda, 盟国宣传委员会 142

Interpretive reporting, 解释性报道 145—149, 163, 182, 191—193, 213

Interview: first, 采访: 首次采访 66, 202; with British ministers, 采访英国大臣 143

Investigative reporting, 调查性报道 187—192, 219—220

Investments, 投资 45—46, 132—134

Irwin, Will, 威尔·厄文 107, 142

Jackson, Andrew, 安德鲁·杰克逊 12, 43, 44, 47

Jefferson, Thomas, 托马斯·杰斐逊 12

Jessup, John, 约翰·杰瑟普 144

Johnson, Lyndon B., 林顿·约翰逊 171, 175, 177

Jones, George, 乔治·琼斯 110, 111

Journalism: as vocation, 新闻业: 新闻业作为职业 61—87; see also Reporters, 另见记者

Journalism Bulletin, 《新闻学公报》 145

Journalist, The (magazine), 《新闻从业者》(杂志) 68, 69, 95, 106, 110, 112

Journalists, see Reporters, 新闻工作者, 见记者

Juergens, George, 乔治·于尔根斯 100, 103

Kazin, Alfred, 阿尔弗莱德·卡津 74

Keeley, James, 詹姆斯·基利 141

Kennedy, John F., 约翰·肯尼迪 171, 172, 177

Kennedy, Robert, 罗伯特·肯尼迪 177

Kent, Frank, 弗兰克·肯特 150

King, Martin Luther, Jr., 马丁·路德·金 177

Knoxville Chronicle, 《诺克斯维尔新闻》 110

Koenig, Frederick, 弗雷德里克·科尼格 32, 33

Kraft, Joseph, 约瑟夫·克拉夫特 170

Kraslow, David, 戴维·克拉斯罗 172

Laski, Harold, 哈罗德·拉斯基 125

Lasswell, Harold, 哈罗德·拉斯韦尔 143

Lawrence, David, 戴维·劳伦斯 150, 151

233

Lead paragraphs, 导语 103

LeBon, Gustave, 古斯塔夫·勒庞 128

Lee, Ivy, 艾维·李 134—136, 138, 140—141

Life（magazine），《生活》（杂志）144, 166

Lincoln, Abraham, 亚伯拉罕·林肯 65

Lippmann, Walter, 沃尔特·李普曼 39—41, 127, 128, 135, 142, 146, 150—156, 175; on propaganda, 李普曼对宣传的看法 144; scientific thinking and, 科学思想和李普曼 125, 152; on voting, 李普曼对投票的看法 123—124

Literacy, 识字率 35—39, 198

Literary realism, 文学现实主义 72—75

Literary tradition, 文学传统 187—188

Literature, 文学 176—177, 205

Livingstone, David, 戴维·李文斯顿 69

Lockridge, Kenneth, 肯尼斯·洛克里奇 39

London, Jack, 杰克·伦敦 72, 73

London Observer,《伦敦观察家》38

London Times,《泰晤士报》32, 33, 38, 53

Lord, Chester S., 切斯特·罗德 107

Lowell, Robert, 罗伯特·洛威尔 193

Luce, Henry, 亨利·卢斯 149, 166—167

Lynd, Helen, 海伦·林德 150

Lynd, Robert, 罗伯特·林德 150

Lynd, Staughton, 斯托顿·林德 173, 174

McCarthy, Eugene, 尤金·麦卡锡 193

McCarthy, Joseph, 约瑟夫·麦卡锡 167—168, 186

McClure, Col. Sam, 桑·麦克卢尔 78, 80—81, 87

McClure's（magazine），《麦克卢尔》（杂志）80—81

McCormick, Richard, 理查德·麦考密克 47

McCullagh, Joseph, 约瑟夫·麦库拉 91

MacDougall, Curtis, 柯蒂斯·麦杜格尔 146—147, 149, 192

McDougall, Walt, 沃尔特·麦独孤 95

Mackinnon, W. H., 麦金农 128

McMaster, John Bach, 约翰·巴赫·麦马斯特 96—97

Mailer, Norman, 诺曼·梅勒 187

Majority rule, 多数决定原则 123

Mann, Thomas, 托马斯·曼 159

Martin, Bradley, 布莱德利·马丁 113

Martin, Everett Dean, 埃弗雷特·迪恩·马丁 127, 128, 136

Marx, Karl, 卡尔·马克思 159

Maxwell, John, 约翰·麦克斯韦 78

Mead, George Herbert, 乔治·赫伯特·米德 89

Means, Gardiner C., 加迪纳·敏思 132

Mecklin, John, 约翰·麦克林 173

Mencken, H. L., 门肯 80, 85, 137

Merz, Charles, 查尔斯·梅尔兹 142, 153—154

Miami Herald, 《迈阿密先驱报》 172

Middle class, *see* Social classes, 中产阶层, 见社会阶层

Miller, Charles R., 查尔斯·米勒 111

Miller, Douglas, 道格拉斯·米勒 43

"Moral War"（1840）, "道德战"（1840年） 55—57

Morality, 道德 208—209; advertising and, 广告和道德 19—21; best exemplification of, 最佳道德范例 155; to moral dimension to reading kinds of papers, 阅读不同报纸的道德层次 116—117; *see also* Decency opposing moralism, 另见庄重反对卫道士 85—87

Morgan, J. P., 摩根 97

Mott, Frank Luther, 弗兰克·卢瑟·莫特 42

Mussolini, Benito, 贝尼托·墨索里尼 123

Moynihan, Daniel Patrick, 丹尼尔·帕特里克·莫伊尼汉 179

Muckraking tradition, 揭丑传统 187—192, 219—220

My Lai（1969）, 米莱 190

Napier, Sir William, 威廉·纳皮尔爵士 67

Nation, The（magazine）, 《国家》（杂志） 117

National Capital Press Club, 全美首府记者俱乐部 70

National interest, 国家利益 172

National Press Club, 全美记者俱乐部 70

National security state, 国家安全状态 169, 182

Natural history argument of development of journalism, 新闻业发展的自然史论 39—43

Nevins, Allen, 艾伦·内文斯 43

New journalism, 新新闻 187—188

New Orleans American,《新奥尔良美国人》 54

New Republic, The (magazine),《新共和》(杂志) 125, 131, 151

New York Commercial Advertiser, 纽约《商业广告人报》 54, 55, 68, 83, 98

New York Courier and Enquirer, 纽约《询问快报》 52, 55

New York Daily Graphic,《纽约每日画报》 96

New York Enquirer,《纽约询问报》 24, 50

New York Evening Chronicle, 纽约《晚间新闻》 52—53

New York Evening Post,《纽约晚邮报》 19, 77, 84, 88

New York Evening Transcript, 纽约《晚讯报》 18

New York Herald,《纽约先驱报》 18—29, 50—57, 77, 80, 88; advertising in, 其广告 20, 21, 26; apolitical character of, 其非政治性 22; circulation of (1896), 其发行量(1896年) 111; correspondents employed by, 其通讯员 23, 24; editorials in, 其社论 98; money reports of, 其财务报告 53—54; "Moral War" against, 反对其的"道德战" 55—57; news in, 其新闻 25—27, 66, 67; price of, 其价格 92; readership of, 其读者群 51—55, 65; social column of, 其社会专栏 28—29; success of, 其成功 24—25; use of telegraph by, 其对电报的应用 34

New York Herald Tribune,《纽约先驱论坛报》 137, 150

New York Jewish Daily Forward, 纽约《犹太前锋日报》 72, 98

New York Journal: circulation of (1896),《纽约新闻报》:其发行量(1896年) 111, 112; city life as described in, 其对城市生活的描述 105; editorials in, 其社论 99; Lee working for, 李为其工作 135; new journalism at（1890s），其新新闻（19世纪90年代） 88，89；price of（1890s），其价格（19世纪90年代） 115；readership of，其读者群 92；Spanish-American War in，其对美西战争的报道 61—64

New York *Journal of Commerce*，纽约《商报》 19，55

New York Press Club，纽约记者俱乐部 70

New York *Sun*，《纽约太阳报》 88；apolitical character of，其非政治性 21；advertising in，其广告 19，20；circulation of（1896），其发行量（1896年） 111；correspondents employed by，其通讯员 23—24；crime coverage in，其犯罪报道 28；education of reporters of（1870s），其对记者的教育（19世纪70年代） 68；as first penny paper，其作为第一家便士报 18；Mencken and，和门肯 80；Moral War of，其道德战 112；presses used by，其印刷机 33—34；price of（1880s），其价格（19世纪80年代） 92—93；readership of，其读者群 52；Sunday editions of，其周日版 99；timeliness of news in，其新闻的及时性 25；use of press agents by（1920s），其对报业代理人的使用（20世纪20年代） 144；weekend news summaries in（1930s），其周末新闻回顾（20世纪30年代） 145

New York *Times*，《纽约时报》 20，88；advertising in，其广告 20—21；antibolshevik bias of，其对布尔什维克的偏见 153；critical culture and，其批判文化 182；editorials in，其社论 98；growth of，其成长 65—66；informational ideal of，其信息理念 5，89—91，106—120；investigative reporting by，其调查性报道 189；Lee working for，李为其工作 135；Newfield on，纽菲尔德对其评价 184；news in，其新闻 66，67；news analysis in，其新闻分析 163；news management and，和新闻管理 166，171，172；price of（1880s），其价格（19世纪80年代） 92；racism and（1910s），和种族主义（20世纪头十年） 131；self-advertising

237

in，其自我广告 96—97；semimagazine sections of，其半杂志类栏目 188；subjectivity in（1920s），其主观性（20 世纪 20 年代） 145；use of press agents by（1920s），其对报业代理人的使用（20 世纪 20 年代） 144；Vietnam war and，和越南战争 161，174—175；weekend news summaries in（1930s），其周末新闻回顾（20 世纪 30 年代） 145；World War I and，和第一次世界大战 142

New York Transcript，《纽约抄录报》 21，23

New York Tribune，《纽约论坛报》 20，22，67—69，77，88；editor-reporter conflicts at，其编辑和记者的矛盾 82；price of（1880s），其价格（19 世纪 80 年代） 92；readership of，其读者群 65；use of telegraph by，其对电报的应用 34

New York Wall Street Journal，纽约《华尔街日报》 161，162

New York World，《纽约世界报》 77，138，139，153；circulation of（1896），其发行量（1896 年） 111，112；Dreiser's apprenticeship at，德莱塞在报社的实习 78；informational ideal of，其信息理念 118—120；journalism as entertainment and，和新闻娱乐化理念 89，91—106；Lee working for，李为其工作 135；new journalism at（1890s），其新新闻（19 世纪 90 年代） 88；New York Times attacks（1890s），《纽约时报》对其的攻击（19 世纪 90 年代） 113；New York Times compared with，其与《纽约时报》的对比 108—109，112；price of（1890s），其价格（19 世纪 90 年代） 115；Spanish-American War and，和美西战争 62

New Yorker（magazine），《纽约客》（杂志） 168

Newfield, Jack，杰克·纽菲尔德 184

News：accuracy in（1890s），新闻：新闻准确性（19 世纪 90 年代） 62—64；competition for，新闻竞争 65—66；gathering of, in Civil War，南北战争时期的新闻搜集 66—67；government management of，政府的新闻管理 163—176，215—217；Mc-

Carthy and straight, 麦卡锡和纯新闻 168; origin of ideal of, 新闻理想的起源 4; penny press and modern concept of, 便士报和新闻的现代概念 22—26; political bias in choice of, 新闻选择中的政治偏见 108—110

News story, 新闻故事 118—119, 184—186

Newsday（magazine）,《新闻日报》（杂志） 189

Newsweek（magazine）,《新闻周刊》（杂志） 172

Nie, Norman, 诺曼·尼 178

Nietzsche, Friedrich, 弗里德里希·尼采 120

Nixon, Richard M., 理查德·尼克松 3, 175, 180

Norris, Frank, 弗兰克·诺利斯 73, 74

North American Review（magazine）,《北美评论》（杂志） 24

Northern Star,《北方星报》 38

Objectivity: and arbitrariness of values, 客观性：客观性和价值观的任意性 157—158; concealing values, 客观性掩盖价值观 183—186; critique of, 对客观性的批评 183—184; defined, 客观性的定义 7; as emblem of U.S. journalism, 客观性作为美国新闻业的标志 9—10; function of ideal of, 客观性理念的功能 151—152; as ideal, 客观性理想 7—8, 10, 120, 122; as ideology of distrust of self, 客观性是一种对自我的不信任观念 71; in science, 科学中的客观性 195; and interpretive reporting, 客观性和解释性报道 147; as myth, 客观性的神话 161; not a criteria（to 1920s）, 客观性不是标准（20世纪20年代之前） 120; as political weapon, 客观性是政治武器 156—157; as term of abuse, 客观性是侮辱性词 160; as way to overcome doubt and drift, 客观性是克服怀疑和无所适从感的方式 159

Ochs, Adolph, 阿道夫·奥克斯 89, 98, 107, 108, 110—112, 115—116

Odegard, Peter, 彼得·奥德加德 144

Odell, Benjamin, 本杰明·欧戴尔 108—109

Olivette affair, 奥莉维特号事件 61—65, 201

Opinions, 意见 77—80, 128—129, 136, 164, 204

Paper manufacture, 报纸大规模印刷 32—33

Paris Peace Conference (1919), 巴黎和会(1919 年) 164—166

Park, Robert, 罗伯特·帕克 40—42, 105

Parmalee, 帕马里 24

Parton, James, 詹姆斯·帕顿 24—25

Party system, 政党制度 47—49, 58, 200

Party papers, 党派报纸 65, 201

Patent medicines, 专利药 19—21

Payne, John Howard, 约翰·霍华德·佩恩 24

Penny press: rise of, 便士报:便士报的崛起 14—31

Perception: subjectivity of, 感知:感知的主观性 6; see also Objectivity, Subjectivity, 另见客观性、主观性

Persimmon (penname), 柿子(笔名) 29

Philadelphia Public Ledger, 《费城公共基石报》 18, 32, 34

Philadelphia Times, 《费城时报》 78

Phillips, David Graham, 戴维·格雷厄姆·菲利普斯 69, 73, 81

Pittsburgh Daily Express, 《匹兹堡每日快报》 29

Political papers, 政治报纸 15, 65, 201

Political positions, 政治姿态 21—22, 106—109

Polk, James, 詹姆斯·波尔克 190—191

Population growth, 人口增长 14, 97—98

Pound, Roscoe, 罗斯科·庞德 126—127

Pray, Isaac Clark, 艾萨克·克拉克·普雷 46, 53

Presbrey, Frank, 弗兰克·普雷斯布利 107

Presses: printing, 印刷机:印刷 31—34, 198

Professional associations, 职业协会 122

Professionalization, 职业化 153—154, 160

Professions: objectivity of, 职业:职业的客观性 8—9

Project Argus, 阿尔戈斯工程 172

Propaganda: defined, 宣传: 宣传的定义 135, 136; pseudo-events distinguished from, 不同于宣传的伪事件 170—171; and public relations, 宣传和公共关系 135, 136, 142—143, 211—212; publicity and, 公关和宣传 137—138; U. S. obsession with (World War I), 美国对宣传的痴迷（一战）143—144; wartime, and suspiciousness of facts, 战时宣传和对事实的怀疑 141—143

Pseudo-events, 伪事件 170—171

Psychology, 心理学 126—127

Public, the (population will), 公众（民众意志）123—134, 141

Public Information, Committee on, 公共信息委员会 142

Public opinion, 舆论 128—129, 164

Public and private life: division between, 公共和私人生活：两者之间的分野 29—30

Public relations, 公共关系 128, 133—134, 171, 211—212

Publicity, 公关 137—138, 165, 166

Pulitzer, Albert (brother of Joseph), 阿尔伯特·普利策（约瑟夫的兄弟）88

Pulitzer, Joseph, 约瑟夫·普利策 50, 62, 63, 88, 91—106, 117, 152—153, 171

Raleigh Observer,《罗利观察报》161

Rammelkamp, Julian, 朱利安·拉莫坎普 92

Raymond, Henry J., 亨利·雷蒙德 20, 66, 110

Readership, 读者群 15—17; see also Circulation, Social classes, 另见发行量、社会阶层

Real estate transactions, 房地产交易 108

Reason: distrust of, 理智: 对理智的不信任 126—127, 129

Reid, Whitelaw, 怀特罗·瑞德 68

Remington, Frederic, 弗雷德里克·雷明顿 61—64, 87, 113

Reporters, 记者 65; allegiance of, to facts, 记者对事实的忠诚 70—71; conflict with editors, 记者同编辑的矛盾 77—82; covering Civil War, 记者报道南北战争 67, 68; as men of literary ambition, 记者的文学理想 83—84; mutual criticism and collegiality among, 记者内部的批评和团结 69—70; myth of young eager, and cynical editors, 关于年轻热情的记者和愤世嫉俗的编辑的谜 84—85; occupational ideals of, 记者职业的理想 77—87; rise of, 记者地位的崛起 23—24; stereotypes of old-time and new, 老记者和新记者的形象 69

Register,《记录报》 38

Restell, Madame, 雷斯特尔女士 20

Reston, James, 詹姆斯·雷斯顿 170

Richmond News Leader,《里士满领袖报》 145

Riis, Jacob, 雅各布·里斯 81—83, 85

Robert, N. L., 罗伯特 32

Rockefeller, John D., 约翰·洛克菲勒 138

Rolling Stone（magazine）,《滚石》（杂志）187, 188

Romantic fiction in papers, 报纸中的浪漫小说 100

Romantic movement, 浪漫主义运动 56—57

Roosevelt, Franklin D., 富兰克林·罗斯福 166

Roosevelt, Theodore, 西奥多·罗斯福 139

Rosenberg, Charles, 查尔斯·罗森伯格 76

Rosten, Leo C., 利奥·罗斯顿 155—156

Roth, Jack, 杰克·罗思 142

Rovere, Richard, 理查德·罗维尔 168

Rowell, George P., 乔治·罗威尔 94

St. Louis *Morning Globe*, 圣路易斯《环球晨报》 91

St. Louis *Post and Dispatch*,《圣路易斯邮报》 91—92

Salisbury, Harrison, 哈里森·索尔兹伯里 174—175

Saturday Evening Post（magazine）,《星期六晚邮报》（杂志） 131

Sawyer, William, 威廉·索亚 29

Science, 科学 125; and democratic market society, 科学和民主市场社会 74—76; as model, 科学是途径和模式 7—8, 72, 74—76, 152, 154—155, 195;

and Progressive era, 科学和进步主义时代 122

Scientific management, 科学管理 122

Scott, Fred Newton, 弗雷德·牛顿·斯科特 72

Scovel, Sylvester, 希尔维斯特·斯科维尔 68

Self-advertising, 自我广告 95—97, 106, 112—113, 118

Semple, Robert, 罗伯特·森普尔 189

Sennett, Richard, 理查德·赛内特 59

Sensationalism, 煽情主义 5, 23, 95, 208

Sesser, Stanford, 斯坦弗·塞瑟 161

Sevareid, Eric, 埃里克·塞瓦赖德 183

Shanks, W. F. G., 山克斯 77

Shuman, Edwin L., 埃德温·舒曼 79—80

Simmons, Azariah, 亚撒利亚·西蒙斯 18

Sinclair, Upton, 阿普顿·辛克莱尔 153

"60 Minutes" (television program), 《60分钟》(电视节目) 183

Skepticism, 怀疑主义 122, 193—194

Social classes: democratization and, 社会阶层：和民主化 43—47, 49—50; and development of urban transportation, 和城市交通发展 102—104; and distrust of government, 和对政府的不信任 179; information and story ideals in, 各社会阶层对信息和故事的态度 90—91; and newspaper ideals and practices, 和报纸理念与经营 5; *Post and Dispatch* and, 和《邮报》 92; public opinion and, 和舆论 128—129; readership, *see specific newspapers*, 读者群，见各具体报纸; residential segregation by, 社会阶层隔离居住 130; and rise of penny press, 和便士报的兴起 30—31, 50—57, 60; science and, 和科学 76

Social control, 社会控制 8—9

Social investigation, 社会调查 72

Social standing of penny press, 便士报的社会地位 50—57

Society, 社会; defined, 社会的定义 58—60; *see also* Democratic market society, 另见民主市场社会

Spanish-American War（1896），美西战争（1896年） 61—65, 201

Spencer, Herbert, 赫伯特·斯宾塞 72

Springfield Republican,《斯普林菲尔德共和党人》 50

Stanley, Henry Morton, 亨利·莫顿·斯坦利 69

Stansbury, Arthur, 阿瑟·斯坦布理 25

Steffens, Lincoln, 林肯·斯蒂芬斯 72, 77, 81, 83—85, 98

Stevenson, Adlai, 阿德莱·史蒂文森 3

Stock quotations, 股票行情 91—92

Stolberg, Benjamin, 本杰明·斯托伯格 116

Stone, Melville, 梅尔维尔·斯通 99, 107

Stone, William L., 威廉·斯通 16

Story ideal, 故事理念 88—120

Subjectivity, 主观性 144—145, 149—150, 155—156, 192

Sullivan, Mark, 马克·沙利文 150

Sunday papers, 周日报纸 99—100

Swain, William, 威廉·斯温 18, 34

Swing, Raymond Gram, 雷蒙德·格拉姆·斯温 147

Sylvester, Arthur, 阿瑟·希尔维斯特 171—173

Syndicated columnists, 专栏作家辛迪加 150—151, 212—214

Taft, Robert, 罗伯特·塔夫脱 95

Taylor, George, 乔治·泰勒 45

Technological argument, 技术论 31—35, 197

Telegraph, 电报 34—35, 198

Telephone, 电话 111—112

Television news, 电视新闻 181—183, 218

Television viewing, 电视观看 116—117

Temperance movement（1820s），禁酒运动（19世纪20年代） 56

Thiers, Adolphe, 阿道夫·提耶尔 67

Thompson, Robert Luther, 罗伯特·卢瑟·汤普森 34

Thoreau, Henry David, 亨利·戴维·梭罗 56

Time（magazine），《时代》（杂志） 149, 156, 166

Tocqueville, Alexis de, 亚历克西斯·德·托克维尔 14, 43, 44

Trademarks, 商标 93

Transportation, 交通 33, 45, 102—104, 197

Trilling, Lionel, 莱昂内尔·特里林 176—177, 179

Trohan, Walter, 沃尔特·特罗安 149

Trotter, William, 威廉·特罗特 136

Tuchman, Gaye, 盖伊·塔克曼 186

Tumulty, Joseph, 约瑟夫·图马尔提 165

Tyler, George, 乔治·泰勒 65

Tyndall, John, 约翰·廷德尔 72

United Press, 合众社 150

University: emergence of, 大学:大学的兴起 122

Utica Observer, 《尤蒂卡观察报》 122

U-2 Incident (1960), U-2 战斗机事件(1960 年) 171, 172

Values: concealed in objectivity, 价值观:被客观性掩盖的价值观 183—186; despair of democratic, 对民主价值观的绝望 122—126; facts and, 事实和价值观 5—6, 195; in the marketplace, 市场中的价值观 121; objectivity and arbitrariness of, 客观性和价值观的任意性 157—158

Van Buren, Martin, 马丁·范布伦 47—48

Vesco, Robert, 罗伯特·维斯科 191

Victor Emmanuel (King of Italy), 维克托·艾曼努尔(意大利国王) 66

Vietnam war, 越南战争 173—175, 183—184

Voting rights for women, 女性选举权 131

Walker, Stanley, 斯坦利·沃克 136, 137

Walter, John, 约翰·沃尔特 33

Wanamaker, John, 约翰·沃纳梅克 78

Warner, Charles Dudley, 查尔斯·达德利·华纳 106—107

Washington, George, 乔治·华盛顿 163

Washington Correspondents' Club, 华盛顿记者俱乐部 70

Washington Post, 《华盛顿邮报》 145, 150, 175, 180, 182, 188

Washington Post - Los Angeles News Service,"华盛顿邮报—洛杉矶时报"新闻社 190

Washington Star,《华盛顿星报》 175

Watergate scandal, 水门事件 175, 178, 188, 189, 191—192

Watt, Ian, 伊恩·瓦特 36

Wealthy, the, see Social classes, 有钱人,见社会阶层

Weaver, Paul, 保罗·韦弗 184—185

Webb, James Watson, 詹姆斯·华生·韦伯 50

Webster, Daniel, 丹尼尔·韦伯斯特 25

Wechsler, James A., 詹姆斯·韦斯勒 122

Weed, Thurlow, 苏罗·韦德 15

Westenhaver, David C., 戴维·韦斯腾黑弗 130

Westliche Post,《西方邮报》 91

White, William Allen, 威廉·艾伦·怀特 126

Whitman, Walt, 沃尔特·惠特曼 104—105

Willmott, Peter, 彼得·威尔莫特 101—102

Wilson, Woodrow, 伍德罗·威尔逊 139, 142, 164—165

Wirth, Louis, 路易·沃斯 59

Witcover, Jules, 朱尔斯·维柯弗 182

Wolff, Michael, 迈克尔·沃尔夫 130

Woodward Bob, 鲍勃·伍德沃德 188, 191

Working class, see Social classes, 工人阶层,见社会阶层

World War I (1914—1918), 第一次世界大战(1914—1918年) 141—143, 164—166; see also Propaganda, 另见宣传

Wright, Mabel Osgood, 梅布尔·奥斯古德·赖特 105

Yergin, Daniel, 丹尼尔·耶金 169

Young, Michael, 迈克尔·杨 101—102

Ziff, Larzer, 拉泽·齐夫 73